U0452741

想象另一种可能

理
想
国
imaginist

俄罗斯：
罗曼诺夫王朝的大地

讲谈社 兴亡的世界史 08▶09  WHAT IS HUMAN HISTORY?

【编集委员】 青柳正规
阵内秀信
杉山正明
福井宪彦

【推荐学者】 张广翔

伊凡雷帝向英国大使霍西展示财富　亚历山大·利托夫琴科所绘，1875年，俄罗斯博物馆藏

"真十字架"圣物匣 "真十字架"是基督教的圣物之一。这件作品由君士坦丁堡的作坊于12世纪初完成,被放在莫斯科,象征拜占庭对莫斯科政治和宗教地位的肯定,即基督教世界的"第三罗马"和"新耶路撒冷"。圣彼得堡艾尔米塔什博物馆藏

# 俄罗斯：罗曼诺夫王朝的大地

[日] 土肥恒之 — 著
李文明 — 译

讲谈社 兴亡的世界史 08 ▶ 09 WHAT IS HUMAN HISTORY?

北京日报出版社

KOUBOU NO SEKAISHI DAI 14 KAN ROSHIA・ROMANOFU OUCHOU NO DAICHI
© Tsuneyuki Dohi 2007
All rights reserved.
Original Japanese edition published by KODANSHA LTD.
Publication rights for this Simplified Chinese character edition arranged with KODANSHA LTD.
through KODANSHA BEIJING CULTURE LTD. Beijing, China.

北京出版外国图书合同登记号：01-2019-5332

**图书在版编目(CIP)数据**

俄罗斯：罗曼诺夫王朝的大地／(日)土肥恒之著；
李文明译. —— 北京：北京日报出版社，2020.1
（讲谈社・兴亡的世界史）
ISBN 978-7-5477-3532-9

Ⅰ.①俄… Ⅱ.①土…②李… Ⅲ.①俄罗斯－历史
Ⅳ.①K512.0

中国版本图书馆CIP数据核字(2019)第228693号

地图审图号：GS（2018）6159号

责任编辑：许庆元
特邀编辑：马希哲
封面设计：艾　藤
内文排版：陈基胜

| | |
|---|---|
| 出版发行： | 北京日报出版社 |
| 地　　址： | 北京市东城区东单三条8-16号东方广场东配楼四层 |
| 邮　　编： | 100005 |
| 电　　话： | 发行部：（010）65255876 |
| | 总编室：（010）65252135 |
| 印　　刷： | 山东鸿君杰文化发展有限公司 |
| 经　　销： | 各地新华书店 |
| 版　　次： | 2020年1月第1版　2020年1月第1次印刷 |
| 开　　本： | 787毫米 × 1092毫米　1/32 |
| 印　　张： | 11 |
| 字　　数： | 218千字 |
| 图　　片： | 94幅 |
| 定　　价： | 80.00元 |

版权所有，侵权必究，未经许可，不得转载

如发现印装质量问题，影响阅读，请与印刷厂联系调换

### 推荐序

# 俄罗斯研究的日本视角

承蒙理想国的编辑抬爱,嘱我为日本学者土肥恒之先生《俄罗斯:罗曼诺夫王朝的大地》中译本作序。我愿意就阅读此书的感想与作者及读者进行交流。

土肥恒之先生的著作开宗明义,不是描述罗曼诺夫家族史,而是解释罗曼诺夫家族统治下的"帝制俄罗斯",重点展现国家与社会之间的关系,即以俄国社会史为切入点。这本书兼顾思想性、学术性、知识性和可读性,也照顾到通史的连贯性、问题的逻辑性和关联性,加上作者筛选史料能力强,善于娴熟运用俄文史料和研究成果,将罗曼诺夫王朝三百年间的兴衰娓娓道来,其笔下历代沙皇、王公贵族、封疆大吏无不十分鲜活,一些历史掌故引人入胜;加上辅之以大量插图和表格,图文并茂,增强了说服力和感染力,值得欣赏。

我们都是研究俄国史的外国学者,以文会友十分愉快。首先不得不说,研究俄国史获取俄文文献很难,筛选和梳理俄文文献更难。中国学者用中文发表俄国史方面的研究成果，需要将俄国的典章制度、专有名词、人名地名等译成中文，常常纠结于意译还是音译，很伤脑筋。土肥恒之先生的这本日文著作，先是将俄国的典章制度、专有名词、人名地名等用日文写就，而我们将这本日文著作从日文译成了中文，同样的俄国的典章制度、专有名词、人名地名等，中文和日文表述会有所不同，值得中国读者注意。择其要者有：日文称"外国人村"，中文称"外侨村"；日文称"原初编年史"，中文称"往年纪事"；日文称"普里卡司"，中文称"衙门"；日文称"屯田制"，中文称"军屯制"；亚历山大二世时期出现的"雪融"，中文称其为"解冻"；日文称"人民意志党"，中文称其为"民意党"；日文称1906年俄国举行"国会选举"，中文称其为"杜马选举"。不过，读者清楚这些日文和中文表述的细微差别就可以了，没必要在译文中强求一致。

土肥恒之先生的著作不乏精彩之处，择其要者有：特辖制、衙门制度、尼康的宗教改革、大使团出访西欧、叶卡捷琳娜二世与宠臣波将金、沙米尔与高加索山地民族的反抗、勒拿金矿与勒拿惨案、日俄战争、十月诏书与第一届杜马、尼古拉二世一家与拉斯普京、维特的经济政策、斯托雷平农业改革、尼古拉二世退位等。外国学者研究俄国史，不必忌讳什么能写，什么不能写，分析问题更容易客观。例如，瓦良格人留里克究竟为何方神圣，俄罗斯史学家为何对留里克建立的罗斯国家争论不休；鞑靼蒙古人征服罗斯的影响及后果；俄国数百年来对外扩张与多民族帝国形成，以及俄国政府对非俄罗斯人实行大俄罗斯化政策，等等。俄国学者言及鞑靼蒙古人征服罗斯时众口一词，说这是罗斯落后的根源，而涉及大俄罗斯化政策时，却往往三缄其口，很少正面评价非俄罗斯人的反抗。这些问题恰恰是我们可以充分阐释的空间。

土肥恒之先生的著作中充分注意到庞大的俄罗斯帝国形成问题。他认为，"伏尔加河是亚洲人的河流，因为该河两岸居住着众多的亚洲民族"。伊凡雷帝征服喀山汗国之后，伏尔加河才成为欧洲的河流。1581年秋，斯特罗干诺夫家族派叶尔马克率840名武装人员越过乌拉尔山脉，开始征服西伯利亚，得手后很快染指中国的黑龙江流域；1654年，俄国兼并东乌克兰，陆续从瑞典手中夺取波罗的海三国，三次瓜分波兰，吞并芬兰大公国，征服高加索和中亚。俄罗斯帝国内生活着两百多个信仰、宗教不尽相同的民族，土肥恒之先生强调，被征服民族长期反抗俄罗斯人的征服，例如高加索山地民族领袖沙米尔坚持反抗俄国占领二十五年，便是最突出的例证。

土肥恒之先生在书中用相当多的篇幅解释大俄罗斯化政策、村社土地重分制度、斯托雷平改革与解散村社、俄国殖民化过程与民族迁移、城市的职能和农村与城市分离，有很多独立的见解，也有进一步讨论的空间。以俄国社会史的视角观察罗曼诺夫王朝的兴衰，还可以关注俄国的工业化、等级制度、阶级形成、城市化等。

**俄国工业的腾飞**。俄国迟至862年才正式建立东斯拉夫人第一个国家，史称留里克王朝。到1480年左右，才建立以莫斯科公国为核心的俄罗斯中央集权国家，在经济上、文化上比西欧国家落后数百年，政治上则一直到1906年才接受君主立宪制。但是，到20世纪初，俄国已经成为中等资本主义发展水平的国家，按工业生产的绝对量计算，稳居世界第五位，远远超过奥匈帝国、意大利、西班牙和日本。俄国在生铁、钢、机器生产、棉花消耗量、矿物燃料的开采等方面，绝对指标已经接近法国，人均工业品产量虽然落后于发达资本主义国家，但也与日本、意大利和西班牙不相上下。那么，为何俄国工业能迅速腾飞呢？

首先，国家自上而下地对外坚持开放政策，坚持向西方学习，这是非常重要的。土肥恒之先生的著作中充分注意到了这一点，其笔下的外侨村（书中称"外国人村"）最为典型。1652年，阿列克谢政府在莫斯科郊外设置外侨村，宛若欧洲的小镇。根据1665年调查，该村有206户人家，其中欧洲人约一千人，仿佛"文化沙漠中的绿洲"，从器物上和物质上影响着俄国。彼得一世经常出入外侨村，结识了众多外国朋友，其中与苏格兰人戈登的关系尤为密切，从他口中得知航海的种种事情，自此痴迷于造船和航海。

从彼得一世时期起，俄国就开始主动向"船坚炮利"的西方学习。彼得一世身体力行，亲率大使团出访荷兰、英国、维也纳等地，向荷兰造船师学习造船，在英国参观军火厂、造船厂、博物馆、学校等，从欧洲国家延聘技师、工匠，还要求随行的贵族青年必须学习西方知识。后来的女皇叶卡捷琳娜二世也是善于向西方学习之人，在她统治期间，法国启蒙思想的春风沐浴着俄国社会，其启迪作用不可低估。

其次是重用外籍人士，如1725年设立科学院，聘任德裔学者；委任外籍军人带兵打仗；委任俄罗斯化的德国人担任政府要职，而且俄国最重要的国务活动家维特的祖先就是荷兰人。对于更新施政理念和提高施政效率而言，这些措施都是十分必要的。

最后，政府倡导发展工业，尤其是重工业。到1898年，俄国铁路线已经连接欧洲领土的所有省份、亚洲领土的七个地区，以及芬兰八省。大规模的铁路建设为黑色冶金业、运输机器制造业、采煤和石油业、水泥、玻璃等行业的发展提供了良机。再加上引进外资和保护关税政策，到了19世纪末，俄国已经完成了重工业技术革命，资本主义经济主导部门的生产力产生了跳跃式高涨，工业主导部门和基础动力部门的生产能力也丝毫不比英、法逊色。

**贵族政策**。从17世纪开始，俄国政府已经推行大俄罗斯化政策。乌克兰右岸地区被纳入俄国版图后，乌克兰人、波兰人和犹太人占到当地人口的99%以上，俄罗斯人还不到1%，但官方文件、身份证、通行证、声明都要用俄语，乌克兰语和波兰语则受到排斥。1830—1831年的波兰起义被沙皇镇压后，波兰语不再用于官方交流，更加无法与俄语相比。19世纪六七十年代，俄国进一步限制非官方语言，禁止用立陶宛语出版白俄罗斯的作品，禁止用乌克兰语演出。这种情况也涉及波罗的海诸省，Д.А.托尔斯泰担任教育大臣时，力主像波兰那样推行俄罗斯化，规定当地政府的公文从1877年起必须使用俄语。有意思的对照是，到了20世纪二三十年代，乌克兰地区的学校又开始用乌克兰语授课，教材和参考书用乌克兰文印刷，讲授乌克兰语的教师增加，这种乌克兰化的现象值得进一步对比研究。

俄国贵族的民族宗教成分复杂，非俄罗斯人的代表在俄国贵族的比例远比不上占总人口的比例。由于一系列原因，格鲁吉亚人在俄国贵族中（特别是入品的官员中）的比例高于俄罗斯人，波兰人在一些省份贵族中的比例也很高。与此同时，某些民族在总人口中比例很高，但贵族极少。例如，同格鲁吉亚出身的贵族相比，亚美尼亚出身的贵族少；同波兰人出身的贵族相比，立陶宛出身的贵族少；在波罗的海地区，德国人出身的贵族远远高于拉脱维亚和爱沙尼亚出身的贵族。

И. В. 萨哈罗夫教授曾以波良科夫家族为例，探讨了俄罗斯帝国贵族成员中犹太教徒的法律地位问题。尽管犹太人人数很多，在总人口中的比重相当高，但俄国贵族中几乎没有犹太人的踪影。这既反映了犹太人口的社会成分特点，也反映了政府歧视犹太人的政策（集中居住，中学和大学按比例录取犹太人子弟，几乎无机会担任国家公职）。不过，这些限制只针对信仰犹太教的犹太人，若放弃犹太教，改宗基督教，则不受上述限制。按照"莫伊谢夫法"，犹太人中最有才华、精力充沛、家境殷实者，可以克服各种限制，跻身世袭贵族之列。这种恩典就光顾到波良科夫家族。该家族成员为杰出的企业家和慈善家，雅科夫（1832—

1909)、萨姆伊尔（1837—1888）和拉扎尔三兄弟克服了巨大的困难，才获得了比较高的社会地位，最终升至三品文官，并获得最高级勋章。然而，他们晋升根据的不是"莫伊谢夫法"的字面含义，而是由于"君主的恩典"（且萨姆伊尔·波良科夫晋升未果）。并且，当1897年拉扎尔、雅科夫及其家人荣升贵族后，其后代难以分享这种权利，这促使1904年 Я. С. 波良科夫向内务大臣 П. Д. 斯维亚托鲍尔科－米尔斯基呼吁，请求沙皇授予其不受限制地得到世袭贵族的所有权利。波良科夫的请求石沉大海，具体细节不得而知，但肯定有内务部高官依据参政院和国务会议的官方立场，同样持断然拒绝的态度。

**村社土地的重分。** 在俄国，私有土地制度一直欠发达。土肥恒之先生注意到了农民土地互相交错，但有必要深入解释村社土地的重分制度。土地重分包括全部重分和部分重分，机制很复杂。1719—1858年，俄国进行了十次人口调查，每次均伴以土地全部重分，部分重分则因人口的流动、欠税者的份地被收回、自愿放弃份地等原因，也经常进行。兹里亚诺夫认为，因破产农民放弃份地引起的土地重分，加重了同村人的赋税负担，其他农民破产后也放弃份地，从而导致土地再度重分，非黑土带的一些村社土地重分异常频繁，盖因于此。在三圃耕作制之下，村社的耕地分为三类，每类田地通常因肥沃程度，平地、洼地、岗地，以及距离村子远近，划分为若干地块（地块数与村社有权得到份地者的数量相符），耕地纵横交错现象由此产生。数千万农民靠务农为生，致使耕地经常重分，草场几乎年年重分（有时与耕地一起重分），林地则多由村社公用，时而分给农民。在农民份地中，宅旁园地多靠近河边，土质最好，且侍弄精心，施肥充足，被农民视为命根子，所以极难对其重分。改革后，重分机制在非黑土带村社的土地上继续运行；而在19世纪80年代以前，在中部黑土带诸省的多数村社中，土地长期不再重分，使得村社的传统受到了一定程度的挑战。但因1861年改革过程中地主通过"割地"大量攫取农民原本就不充足的份地，加剧了农民土地的紧张状况；19世纪80年代，世界性农业危机波及俄国，地主为转嫁损失，大幅度提高地租，很多农民无力承租地主的土地，要求村社重分土地；农村青年和家境差、劳动力有余而份地严重不足的农民坚持土地重分，结果从19世纪80年代初黑土带村社重温土地重分，先是在唐波夫、库尔斯克、沃洛涅什和梁赞省，原国家农民的村社短短数载便有大半恢复了土地重分，继而中部黑土区和伏尔加河地区原地主农民的村社也再度实行土地重分。在农民土地利用方面，采用传统三圃耕作制的土地重分型村社仍居主导地位，这种村社保证了农民最低限度的生存需要，遏制了多数农民经济的急剧滑坡。中等农户唯有村社的呵护方能生存，俄罗斯史学家在这方面已基本达成了共识。

就大端而言，土地重分制度和互助传统、二重管理结构、道德传统、平均主义机制是村社长盛不衰的基础。1906年以前，政府对村社一直都是竭力维护的，此后斯托雷平政府转而强行解散村社，扶植小私有制和富裕农民阶层，目的是分化村社相对统一的共同利益，再造专制制度的社会基础。到1917年，村社制度巩固程度如何，无论是当时人，还是后世史学家，对此莫衷一是。米罗诺夫在其力作《俄国社会史》中，依据1861—1906年村社制度瓦解程度和1906—1916年斯托雷平农业改革的大量统计资料，令人信服地回答了这一难题。

1861—1906年，合法脱离土地重分型村社者为14万户，仅占950万农户的1.5%。此外，在1905年被列入土地重分型村社，但米罗诺夫认为，从1861年起土地不重分的农户有315万户，据他统计，土地重分型村社中还有37.7万农户成为土地私有者。这样一来，950万农户中有将近370万户对土地重分型村社大失所望，在某种程度上放弃了村社的传统原则。可见斯托雷平改革前，已有三分之一左右的农民向土地私有迈出了一步。

1907—1916年斯托雷平改革过程中,大量农民正式自愿地与土地重分型村社脱钩,但农民若与村社作对,麻烦就会接踵而至,很难过上正常生活,因此很多人不想正式声明脱离村社。结果,截至1917年,只有310万农户完全脱离了村社,并牢牢地控制住私有土地;230万农户与土地重分型村社若即若离,事实上土地转为按农户所有;74.7万农户虽然不满村社制度,但仍留在村社。从上述数据不难看出,斯托雷平改革未能强行摧毁村社制度。

**殖民化与民族迁移。**俄国不断对外扩张,攫取了无数的肥田沃土,以种种优惠条件诱使数百万农民迁往新征服的土地,由此引发数百年间的民族迁移。

俄国历代统治者都把开疆拓土视为一项基本国策,俄人这种稳步而惊人的征服"荒无人烟"土地的运动一再得手,疆界不断向周边延伸,络绎不绝的俄国移民(合法的和非法的)随即拥入"新土地"。据B. M.卡布赞博士统计,1795—1858年,俄国向新俄罗斯、北高加索、西伯利亚、乌拉尔山前地带、伏尔加河下游和外高加索地区移民350万人。由农民组成的移民主体跋山涉水,不辞辛苦,主要目的是获取边疆的肥沃土地,仅有为数不多的农民留在了城市。18世纪末至19世纪中期,农民殖民浪潮不断强化，结果从中部地区夺走了潜在的市民，失去了城市形成所需的物质基础、动力和力量。

为永久占领新征服的土地，俄国政府采取许多措施，鼓励北部、西北部、中部地区以及乌克兰左岸地区的农民迁往新俄罗斯、北高加索、西伯利亚、乌拉尔山前地带南部、伏尔加河下游和外高加索等地区，政府允许土地不足 5 俄亩的注册男子迁往边区，在那里可得到 8—15 俄亩土地，移民应将原居住地的土地交给同村人，后者应为此支付转让费，并从前者迁走后第二年的 1 月 1 日起连续三年缴纳所有赋税，移民在新居住地则免除三年所有赋税，免服兵役。对 18 世纪末迁往乌拉尔山前地带南部的农民，政府提供小额补贴，而在新安置之地，在纳税和服兵役方面予以临时优惠。政府既鼓励农民合法迁往边区，也默许农奴非法逃向边区，还将流放犯发配西伯利亚，免税十年。为加速开发边区，政府还提供优惠政策，邀请德国人、摩尔多瓦人、保加利亚人、希腊人、塞尔维亚人移居伏尔加河流域和新俄罗斯，到 1858 年，移居俄国的外国人已多达 55 万人。

在 19 世纪上半期，俄国"开发早"的北部、西北部、白俄罗斯、中部工业区、乌克兰，人口自然增长开始下降，而新征服的新俄罗斯、西西伯利亚、乌拉尔山前地带南部人口自然增长较高,反倒源源不断地得到"开发早"地区的人口补充,使得新征服地区的农业迅速发展,"开发早"地区则因劳动力流失而发展受阻。19世纪中期以前,中部黑土区粮食生产一直执俄国之牛耳,到19世纪80年代,新俄罗斯和伏尔加河流域的粮食产量已经超过了中部黑土区。在人口密度远远低于英国、德国、奥地利、法国的情况下,大量俄国农民奔向新征服的肥田沃土,不能不严重影响城市人口的补充,以及城市化的速度。

**城市的职能**。土肥恒之先生提出城市的第一要义是军事行政之城,可谓切中要害。我略作补充如下。在俄国,城市是巩固国家领土和进行经济活动的手段。从16世纪开始,俄国大规模扩张,边界不断向南部、东南部和东部扩展,先是在顿河地区建立起两批新城市,继之征服伏尔加河流域、乌拉尔山前地带,在西伯利亚地区设立首批防御城市。随着俄国版图不断扩大,其城市兴衰也充满了变数。实际上,变幻莫测的军事和政治局势决定了城市的地理分布,边界向外推进导致要塞型城市地位急剧变化,部分城市在失去军事意义后便不具备城市的地位。在影响城市设立的诸因素中,除了军事因素,行政因素也很重要。城市是作为管理、政治和税收监督的中心而设立起来。换言之,城市的设立首先为满足国家需要,此后才是反映生产力自然发展的过程。西方的城市成为行政中心的同时,也是地区的经济中心。俄国则相反,到 19 世纪,城市仍然以行政职能为主,并决定着其基础设施和社会文化环境。

上述问题只是自己的一些浅见,在此呈现给土肥恒之先生,以及国内的俄国史同行,期待进一步讨论。

张广翔

吉林大学教授

东北亚研究院俄罗斯所所长

# 目 录

**前　言　欧洲与亚洲之间 1**
　　苏联解体后的莫斯科 / 广袤无垠的俄罗斯大地 / 伏尔加河——从"亚洲的河"变成"俄罗斯的河" / 作为"欧洲大国"的俄罗斯

**第一章　中世纪的俄罗斯 17**

　　**基辅国家与"受洗"** ................................................17
　　基辅国家的建立 / 基督教信仰的开始 / 基辅国家的分裂 / 中世纪都市诺夫哥罗德的"自由"

　　**鞑靼人的桎梏** ......................................................26
　　蒙古帝国的盛衰 / 拔都的远征及对俄罗斯的统治 / "蒙古统治"的意义

　　**莫斯科俄罗斯的形成** ............................................33
　　莫斯科公国的勃兴 / 伊凡大帝统一全国 / "第三罗马"莫斯科 / 伊凡雷帝的夙愿 / 征服喀山与西伯利亚

**第二章　罗曼诺夫王朝的诞生 47**

　　**全俄罗斯缙绅会议时期** .........................................47
　　"动乱"与国民代表会议 / 米哈伊尔·罗曼诺夫被选为沙皇 / 战争与和平 / 莫斯科市民起义与"会议法典" / 俄罗斯农奴制的形成 / 全俄罗斯缙绅会议的终结 / "朕意治国"

　　**教会的分裂** ........................................................64
　　尼孔的教会改革 / 旧礼仪派的诞生 / 教会改革与司祭 / 司祭必须独身还是可以结婚？ / "丧偶的司祭们"

"大变革"的前夜......73
莫斯科的欧洲人 / "外国人村" / 俄罗斯各地 / 斯捷潘·拉辛之乱

## 第三章　彼得大帝的"革命" 83
### 被西欧吸引的年轻皇帝......83
克里姆林宫的权力斗争 / 摄政索菲亚的统治 / 彼得与"外国人村" / 亲政的开始 / 二百五十人的使团

### 战争与"俄罗斯帝国"的诞生......92
北方战争 / "尼斯塔德和平"与帝国的诞生 / 引入征兵制 / 贵族的军役义务 / 从户头税到人头税 / 常备军的必要性

### 新的都城圣彼得堡......103
"泪水与尸体之上" / "良好的行政就在议政院" / 宗教事务衙门 / 司祭的教育义务 / 波罗的海商路 / 皇太子阿列克谢的叛逆 / 大帝的崩殂与民众 / "革命"与彼得个人的角色

## 第四章　女皇的时代 121
### "宫廷革命"的时代......121
错综混乱的继承人问题 / 名门贵族的挫折 / "德意志人的统治"是真的吗?/ 彼得大帝之女 / 贵族解放宣言 / 彼得三世的半年

### 启蒙君主叶卡捷琳娜二世......134
"俄罗斯是一个欧洲大国" / 普加乔夫大起义 / 地方改革与都市文化

### 女皇与宠臣波将金......141
叶卡捷琳娜的亲信与宠臣们 / 瓜分波兰 / 波将金与"新俄罗斯" / 女皇的克里米亚巡幸 / 晚年的叶卡捷琳娜 / 保罗的短暂统治

## 第五章　沙皇的考验　153

### 自由主义与民族主义之间..................155
亚历山大一世的登场 / 斯佩兰斯基与卡拉姆津 / 与拿破仑的战争 / 莫斯科大火与胜利之路

### 皇帝与十二月党人..................166
"1812年之子"与宠臣阿拉克切耶夫 / 亚历山大的"死亡之谜" / 十二月党人起义

### 专制君主尼古拉与"国民性"..................173
尼古拉的即位与治安强化政策 / 近代文学与审查制度 / "专制、正教会、国民性" / 歌剧《为皇帝献身》/ 斯拉夫派与西欧派

### 尼古拉时代的内政外交..................181
官吏体制的扩充 / 工商业的发展与第一条铁路 / 对农奴解放的期待 / "欧洲宪兵" / 克里米亚败北与尼古拉之死 / 战后处理与"解放的传言"

## 第六章　进退维谷的近代困境　193

### "解放皇帝"亚历山大二世..................193
农奴解放之路 / 解放宣言与农民及贵族的反应 / "大改革时代" / 设置地方自治会 / 卡拉克佐夫事件

### 专制与知识阶层..................202
彼得大帝二百周年诞辰纪念 / 地方自治会里的活动家们 / 神职人员的文化贡献 / "到民众中去" / 民粹派的分裂 / 1881年3月1日 / 与恐怖活动的斗争 / 集体迫害与反改革

### 工业发展的背后..................218
铁路建设与产业发展 / 莫斯科的商人与教会 / 解放后的农村与打工农民 / 贵族的没落 / "神圣俄罗斯的乞讨者"

## 第七章　扩大中的"殖民帝国" 235

### 帝政俄罗斯与高加索..................................................235
历史地理学中的高加索 / 沙米尔与高加索战争 / 洛里斯—梅里科夫 / 巴库的石油产业

### 中亚的俄罗斯化..................................................243
乌里扬诺夫一家与楚瓦什人 / 中亚的殖民地化 / 近代俄罗斯的"恩惠" / 费尔干纳的棉花栽培

### 东西伯利亚与远东开发..................................................253
从伊尔库茨克到符拉迪沃斯托克 / 梦中的西伯利亚大铁路 / "伟大的冒险事业" / 西伯利亚移民 / 勒拿金矿与勒拿惨案

## 第八章　战争、革命与王朝末日 265

### 尼古拉二世与其家族..................................................265
皇太子尼古拉与大津事件 / 霍登大惨剧 / 皇帝家庭与"不治之症" / 维特的经济政策 / 走上历史舞台的俄罗斯马克思主义者

### 日俄战争与1905年革命..................................................275
日俄开战 / "流血星期日"事件 / "日本海海战"的败北 / "十月诏书"与第一届国会 / 斯托雷平的改革与挫折

### 第一次世界大战与王朝末日..................................................286
罗曼诺夫王朝三百周年纪念

### "妖僧"拉斯普京与皇后亚历山德拉..................................................289
小说与历史 / 第一次世界大战的开始 / "二月革命"与尼古拉二世退位

## 结语 295

**俄罗斯社会史的尝试** ...................................................... 297
多民族国家俄罗斯的形成 / 多民族帝国的真实形态 / 殖民地问题再思考 / 从都市所见的"俄罗斯与欧洲" / 俄罗斯的固有要素

主要人物小传 ................................................................ 307
参考文献 .................................................................... 315
历史年表 .................................................................... 321

# 前言

# 欧洲与亚洲之间

**苏联解体后的莫斯科**　1993年3月底,虽然已经进入早春,但莫斯科仍然颇为寒冷。融化的积雪卷杂着尘土,让城市的道路显得泥泞不堪。沾满泥淖的老爷车喷着尾气,在特维尔大街上高速行驶。戈尔巴乔夫时期,我曾经在莫斯科短暂地住过一段时间。除了那次短期之行外,1993年的这次访学是我第一回在俄罗斯长住。我这次来已是苏联解体之后,在新建立的国家"俄罗斯联邦"的首都,我生活了十个月。初来乍到的一段时间里,一方面由于天气寒冷,也因生活的不习惯,几乎每天都比较疲劳困惫。

不过,进入4月下旬,仿佛呼吸之间,天气变得暖和起来。树木也都几乎整齐划一地开始萌发新芽。街道也变得明媚、繁华起来。我也终于开始了有节奏的、步入正轨的日常生活,工作也得以顺利开展。这一次我是在俄罗斯科学院俄罗斯历史研究所访问、研究和学习，平时会往来于城里不同处所的档案馆与图书馆。阅读史料十分枯燥单调，也很乏味，但这些俄国史料在日本却是难得一见的，俄方教授也热心地指导着我的研究。每逢周六、周日，我和妻子白天会流连于莫斯科城里郊外的博物馆、老教堂、修道院，晚上则会观赏演唱会或芭蕾舞剧。老实说，我本来对芭蕾舞剧并没有太大的兴趣，在日本时只看过一两次。但是在莫斯科，芭蕾舞剧的票价并不贵，每天总有剧场上演着芭蕾舞剧。慢慢地我开始享受起莫斯科的生活，芭蕾舞剧的确引人入胜，剧场的舞台华丽炫彩，演员的装束也很漂亮。以前常常听说的俄国人对日本人的"危险的目光"，也从未遭遇过。

新的俄罗斯联邦在经济上向着自由市场经济大大地扭转了舵盘。虽然如此，现实中的莫斯科人每天感受到的生活却是寒冷严酷的。科学院的副院长甚至在一份报纸上愤慨地讲道："托了改革者们的福，三分之二的俄罗斯人变成了乞丐。"市中心的街道上、地铁的出入口等地方都站着外地流浪来的乞讨者。新的俄语词汇"巴姆吉"因乞讨者的出现而产生，这个词很快成为人们的日常用词。"巴姆吉"的意思是"无家可归者"。莫斯科人虽然会给予外地拥入的乞讨者一些施舍，但金额却是很少的，因为莫斯科人自己的手头也并不宽裕。

我通常乘坐有轨电车去档案馆，有时司机会在不是"停车站"

的地方把车停下来，不仅如此，还留着一车乘客兀自下车，不过很快就会看到他抱着两大块面包回到车上。虽然这种事情看起来也有些好笑奇怪，然而我眼里看到的却是莫斯科人的惨淡生活。顺便说一下，无论什么人都可以乘坐的、环保节能的有轨电车是既便宜又方便。不过，这些车辆似乎无一例外，全都没有更新过，所有车辆的车体都发出嘎嗒嘎嗒的声响。

有时我也会遇到政治上的紧张场面。在被莫斯科人称赞为"黄金般的秋日"的10月份的第一个星期天，我们去了顿河修道院。听说帝政时期著名历史学家克柳切夫斯基的坟墓就在这座修道院里，这里也埋葬着日本以前的女演员冈田嘉子。我们探访了克柳切夫斯基的墓迹，拍了纪念照片后回到附近的地铁站。可是地铁站周围却让人觉得有一种异样的骚动。回到住宿的宾馆后，电视里，美国电视频道正播放着最高议会大楼遭大炮轰击的镜头，这次事件也就是"十月事件"。日本大使馆数次打来电话，要我们尽量不要外出。后来，拿着手枪的民兵对我的住处进行了"搜查"。因为此时车臣问题日益严峻，他们需要反复审查那些不具备莫斯科居住身份的人。有一次，电视里正播放的克里姆林宫上演的"民族舞蹈节目"突然中止，并没有任何说明和告知。

我这些体验也许有些琐碎和敏感，但对莫斯科人来说可能是最习以为常的日常生活。我的研究领域是稍早时期的俄罗斯，无论是以前还是现在，对于正在发生的时事问题，我与门外汉几

1993年"十月事件"中，反叶利钦派包围白宫。作者供图

乎没有什么两样。报纸媒体上常常用历史上的事例来解释说明当前的政治经济事件，我也从中得到了很多启发，但我并不能仅仅以自己的见闻就简单地对眼前在俄罗斯所发生的变革做整体上的概括，因为我的所见所闻几乎仅限于莫斯科，而莫斯科是个"特别的城市"。新俄罗斯的诞生一定程度上影响了我们过去对俄罗斯史的固有看法。对俄罗斯史应做怎样的重新思考，是我们需要面对的新问题。这是一个很大的课题，我自己不足以给出答案，但一味地逃避也是不可取的，毕竟我也还是有一些自己的想法，一言以概之：苏联解体后十几年间，我对俄罗斯历史"原像"的看法与我一直持有的看法几乎没有什么大的改变。

在日本，英国史（近代）、德国史（中世纪）的研究在二战前就有着深厚传统与积淀，但真正意义上的俄国史研究却开始得很晚，日本的俄国史研究与英国史、德国史研究几乎无法相提并论。虽然日本对"红色的邻国"十分关注，但本质上真正称得上是学术的研究很晚才出现。日本俄国史研究的开拓者，最近刚去世的鸟山成人在1959年曾写道："日本的俄国史研究至今仍未达到可谓有研究史的程度。"

最近二三十年，日本学术界对俄国近现代史的研究有了长足进步。日本学者在俄国史研究方面主要做了如下工作。一部分日本历史学者对苏维埃史观下的俄国史结论与观点并不轻易地表示赞同，他们在很多领域进行了新的评判。还有一部分日本历史学者把注意力集中于帝政时期俄罗斯历史学家的著作以及欧美历史学家关于俄国史的著作，并对此进行研究。此外，还有一些日本历史学者重视俄国与其他西洋国家的比较研究。我也在这样的大背景和潮流中进行着自己的研究工作。的确，苏联解体后，由于新史料的出现，很多学者致力于对具体史实的修正，有的学者使用以前未能得见的史料在新研究领域里有所开拓，特别是宗教史等以往被视为禁忌的领域，成为俄国史研究的热门领域。即便如此，我仍觉得俄罗斯历史的基本脉络并不会因这些新史料、新研究而被颠覆。所谓"最新见解"，其中有不少是帝俄时期历史学者或俄国革命后流亡的历史学者曾讲述、讨论过的。苏联解体后，他们的著作得以重新出版，很多欧美学者的著作也被翻译出版，这些著作里所呈现出来的"见解"不正可以证明很多"最新见解"并不是新的吗？

因此，本书并不是一本提供给读者"新的俄罗斯史"的书。但如果仅仅老生常谈地重复过去的历史讲述，也是丝毫没有意义的。本书的论述不可能不参考学术界的最新成果，但本书有着明确的论述前提：俄国是一个介于欧亚之间的国家。本书将从这一历史地理的基点对俄国史进行整体性考察。下面我将对与本书关联的几个问题做简要阐述。

**广袤无垠的俄罗斯大地**

我们先把国家、国境的精确定义放到一边，暂且不论。俄罗斯这个国家给人最大的印象就是广袤无垠。我们必须首先确认这一无人不知、无人不晓的事实，并以此作为我们论述的前提。我们所生活的日本是一个四周被大海环绕着的小小列岛，这一客观地理条件强烈地支配着日本人的生活和观念，这是毋庸多言的。地理环境会框定一个国家的历史路程，也会框定一个国家的未来走向。

现在，从波罗的海之滨绵延到太平洋之岸的俄罗斯境内，没有什么"像样"的山地，整个俄罗斯大地几乎是一个巨大平原。但最初的俄罗斯人被赋予的地理条件并非如此。这样的辽阔国土是中世纪以来俄罗斯人移民扩张的结果。帝俄末期，长期执教莫斯科大学的俄国史教授瓦西里·克柳切夫斯基在《俄国史教程》第一卷的卷首便开宗明义地强调，"移民殖民"是俄罗斯历史的"基本事实"。他的论述如下：

> 数个世纪之间，斯拉夫民族并不是十分均等地逐渐占据整个俄罗斯大地的一角一隅的。受限于历史生活与地理环境，他们在这个平原上拓展活动领域并不是随人口增长渐次进行的。可以说，俄罗斯的人口迁徙并不是"自然地分布"，而是"人为

地移居"。他们像候鸟一样，从一个地方长途跋涉来到另一个地方，舍弃原先熟悉的"故土"来到新的土地，并占据那里，构建新的居所。……俄罗斯的历史是殖民拓土的历史。国家的领域伴随着殖民领域的扩大而扩大。有时呈现出衰退的情况，有时呈现昂扬的情况。这种历史上早已有之的"运动"至今仍在持续着。这一"运动"的势头随着1861年农奴制的废除显得更为强悍。废除农奴制使长期被人为限制住居住地的中央黑土地带的诸省人民走出故土，流向四方。人口的洪流去往新俄罗斯地区、高加索地区，进而越过伏尔加河来到里海对岸。特别值得指出的是，人口洪流还跨越乌拉尔山来到西伯利亚，并最终到达太平洋岸边。……这样的"移居"，也就是国土内的"殖民"是俄国历史的基本事实。其他所有的历史事实都或远或近、或多或少地与此相关。

这段论述之后，克柳切夫斯基还对"殖民的主要阶段"进行了划分。本书省略了对阶段划分部分的论述。在这种反复不断的"长期而古老的移民殖民运动"中，俄罗斯人开拓森林，走进草原。"森林与草原"是从根基上决定俄罗斯人生活的前提条件。

俄罗斯文学家德米特里·利哈乔夫关于俄罗斯人对草原的爱恋之情有着这样的描述："广大的空间无时无刻不在抓着俄罗斯人的心，即便想离开它也离开不了。"比如，俄国人常说的"随性

**克柳切夫斯基** 帝政末期历史学家。面对偏重政治史的史学倾向，他构筑了重视社会经济史的俄罗斯史

的自由"是周围其他国家所没有的概念与观念。这是一种与无边无垠的广袤空间扭结成的"自由"。即便是在河岸小道上拉纤的纤夫们也有着这样的"自由"情愫。正如利哈乔夫所说的那样，甚至连我们所耳目熏染的俄罗斯民歌也是如此。

俄罗斯节奏悠闲的抒情民歌之中也包含着广大世界的情怀。吟唱这些歌谣的场所，在哪儿都比不上屋外一望无际的原野。钟楼也要做得让钟声能在很远的地方还可隐约听见。俄罗斯人即便是设置新的大钟，也一定派人特地跑到很远的地方听一听钟声能否传到。

历史学家克柳切夫斯基把俄罗斯的历史理解为"殖民所创造的国家历史"。这样的历史，在结果上使俄罗斯人产生对"广袤空间"的欢喜与爱恋，这样的心境也正是文学家利哈乔夫对俄罗斯人特征的总结。两位大家的分析都很中肯，一语中的。但我们对俄罗斯的理解不能仅仅停留于此，因为俄罗斯人"殖民"之处并非无人居住的无主地，这些草原原本是有着更久远历史的骑马民族的世界。

**伏尔加河——从"亚洲的河"变成"俄罗斯的河"**

1550年前后,俄罗斯还是一个较大的"未开化"国家,位于伏尔加河支流奥卡河以南,由居住在广大森林地带的大约650万人口构成。大部分人口是农民,他们大多属于东斯拉夫民族,也就是俄罗斯人。然而,从1550年以后,经过大约三个半世纪,到19世纪末,俄罗斯成为一个从波罗的海到太平洋,从北极冻原地区到中亚寸草不生的沙漠地带的巨大多民族帝国。俄罗斯人占帝国人口的比重大约为50%。毋庸赘言,这种显著变化的主要原因就在于沙皇政府的殖民政策。

伏尔加河是俄罗斯中部滔滔绵延的大河。这是一条长约3530公里的河流,从莫斯科西北瓦尔代丘陵中的小型沼泽发源,向南流经平原与森林,并最终汇入里海。这条河常被俄罗斯人爱称为"母亲河伏尔加",俄罗斯人甚至还常常在嘴里念叨"伏尔加就是俄罗斯"。可是,直到16世纪中叶,伏尔加河仍然可以说是一条"亚洲的河"。因为,在伏尔加河中游,存在着一个继承了曾经统治俄罗斯的钦察汗国的国家喀山汗国(以及阿斯特拉罕汗国)。16世纪中叶,俄罗斯政府的军队灭亡喀山汗国后,伏尔加河才首次成为"俄罗斯的河"。如此一来,俄罗斯开启了向东方扩展的历史。俄罗斯人开始了从伏尔加河到乌拉尔山,进而越过乌拉尔山进入丰饶的南西伯利亚的殖民活动。在俄罗斯的殖民活动中,他们用手段挑起卡尔梅克、巴什基尔、鞑靼等草原民族之间的矛盾,使他们自相混战,或者巧妙施计让这些草原民

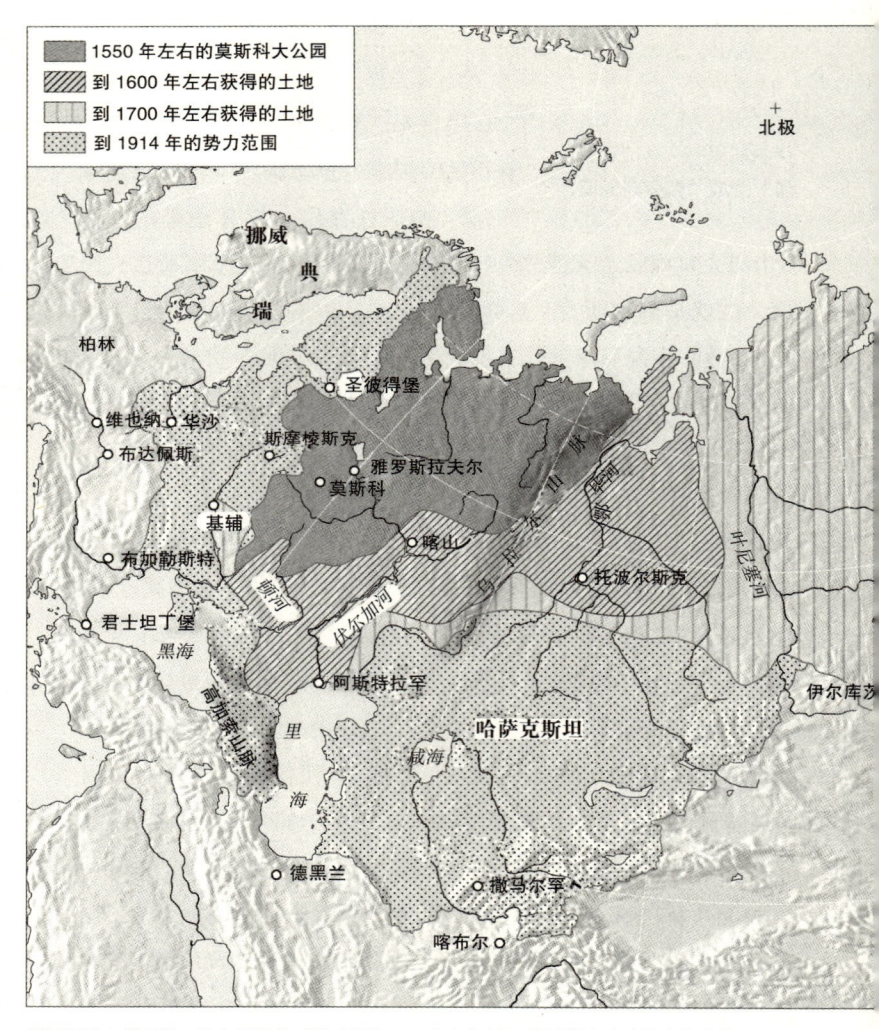

**俄罗斯的自然环境** 注入里海的"母亲河"——伏尔加河。俄罗斯人冲破茂密的森林,走进中亚的草原地带。

族的首领顺从并臣服在俄罗斯的统治之下。通过这些手段和策略，俄罗斯把这些草原民族编入自己的帝国。同时，为保护帝国心脏部位以及在新国土上居住的俄罗斯人免受游牧民族攻击，俄罗斯还构筑了一条长长的军事防线。

俄罗斯的"殖民"一般有着如下步骤和顺序。首先，他们会把"武装入殖者"作为先遣队派往目的地，当先遣队初步站稳脚跟后，国家会把新开拓的土地分配给贵族以及一些身份较低的"入殖者"。为耕作丰饶的新领地，贵族们把自己位于中央区域原有领地上的农奴强行迁徙到新领地。另外，因为这些新领土肥沃且无主地很多，非法逃亡的农奴也有不少人奔向这些新领土。就如同我们上面描述的那样，16、17世纪里，俄罗斯人在森林和干草原地带开展了殖民活动。其后的18、19世纪，他们不断地在西西伯利亚、南乌拉尔、伏尔加下游地区、北高加索重复着同样的殖民活动。

俄罗斯农民向边境地区的迁徙与政府向南、向东拓展疆土的政策是相互依存的。往边区迁徙的农民需要政府的保护，而政府也可以从这些农民那里获得税收与兵员，壮大自己的军事力量。我们所熟知的"哥萨克"原本就是向南部边疆迁徙的逃亡农民。随着他们的迁徙，伏尔加河、顿河、第聂伯河河口附近形成很多新的城镇。哥萨克放弃了原来的农耕生活，转而吸取了游牧民族的生活方式，在新建的城镇里过着自治的生活。善于骑马和

| 年代 | 总人口（百万人） | 1646年国境内 | | 1646年以后合并的地区 | | 人口密度（每平方公里人口数） |
|---|---|---|---|---|---|---|
| | | （百万人） | 百分比(%) | （百万人） | 百分比(%) | |
| 1646 | 7.0 | 7.0 | 100.0 | | | 0.5 |
| 1678 | 11.2 | 9.6 | 85.7 | 1.6 | 14.3 | 0.8 |
| 1719 | 15.6 | 13.6 | 87.2 | 2.0 | 12.8 | 1.1 |
| 1762 | 23.2 | 18.1 | 78.0 | 5.1 | 22.0 | 1.6 |
| 1782 | 28.4 | 22.1 | 77.8 | 6.3 | 22.2 | 2.0 |
| 1796 | 37.4 | 23.8 | 63.6 | 13.6 | 36.4 | 2.3 |
| 1815 | 46.3 | 28.6 | 61.8 | 17.7 | 38.2 | 2.7 |
| 1858 | 74.5 | 40.8 | 54.8 | 33.7 | 45.2 | 4.1 |
| 1897 | 128.9 | 52.0 | 40.3 | 76.9 | 59.7 | 5.9 |
| 1914 | 178.4 | 73.0 | 40.9 | 105.4 | 59.1 | 8.2 |

**俄罗斯的人口增长**　据米罗诺夫《俄罗斯社会史》第1卷制作

航海的哥萨克人的主要生计就是从事掠夺性的远征活动。

俄罗斯人在进行殖民活动的同时,对干草原上的原住游牧民采取了定居化、非游牧化的政策。他们剥夺游牧民族喂养牛羊家畜的牧草地,游牧民要么顺从地成为定居居民,要么被赶出牧草地。游牧民原本就对俄罗斯的非游牧化政策不那么顺从,再加上俄罗斯政府强制性地让他们改信东正教,所以游牧民的反抗运动也时有发生。不过,这些反抗并不能动摇俄罗斯的殖民活动。鉴于反抗,俄罗斯承认了有着不同宗教信仰的游牧民族在其所生活的"民族地域"中拥有一定的自治权。俄罗斯以这种方式把游牧民族统合到自己的帝国体系中。

**作为"欧洲大国"的俄罗斯**

如上所述,16世纪后半叶以来,俄罗斯不断向东、向南扩大着自己的领土,随之而来的是大量信仰伊斯兰教的人口被纳入帝国,使俄罗斯成为一个多民族国家。虽然向东发展是俄罗斯的一贯方针,但近代俄罗斯的统治者在"颜面"上仍是向着欧洲的。俄罗斯作为欧洲国家的一员,不断在国际舞台上增强自己的发言权。虽然在罗曼诺夫王朝建立前,俄罗斯已经显露出这样的倾向,但真正使俄罗斯成为欧洲一员并具有强力发言权的决定性人物还是彼得大帝。

17世纪末,彼得大帝亲政。他首先施行的政策就是向西欧先进国家派遣使团。在彼得大帝的统治下,俄罗斯以当时先进的

《叶卡捷琳娜二世》 18世纪末绘画，讽刺女皇以"欧洲大国"为目标的领土扩张

海洋国家荷兰及英国为模型，毅然决然在所有方面开展改革。他建设了新首都圣彼得堡，采取了以海洋为中心的重商主义政策，还对行政机构进行了焕然一新的改革。他命令上层贵族剃须，强行让他们穿西服。他还使教会势力完全成为世俗国家的从属。通过一系列改革举措，彼得大帝把俄罗斯的舵盘转向了欧洲。在他统治俄罗斯的三十年间，至少在表面上，俄罗斯成为一个看起来像欧洲的国家。此后的历代君主都沿着彼得大帝披荆斩棘开拓的这条道路前行。叶卡捷琳娜二世女皇吸取当时欧洲流行的"启蒙思想"进行了一系列的改革，因此她也成为与彼得大帝并列的"一代女皇"。"俄罗斯可以称为欧洲的大国"的说法也是始于这位出生于德意志的叶卡捷琳娜女皇的统治时代。

19世纪俄罗斯成为名正言顺的"欧洲大国"，是国际政治中的重要柱石。亚历山大一世打败拿破仑对俄罗斯的远征，主导维也纳会议；很多欧洲国家被革命动摇之时，尼古拉一世充当欧洲宪兵，追求"俄罗斯民族主义"；亚历山大二世解放农奴，并推进近代化改革。他们在历史舞台上所扮演的都是欧洲大国君主的角色。罗曼诺夫家族从彼得大帝开始一直与德意志王室有着联姻关系。无论怎么看，罗曼诺夫家族都是一个欧洲的王室家族。

然而，对大部分民众来说，西欧化是另一个维度的问题。对占人口大多数的农民而言，彼得一世的改革仅仅是加重赋税与强征兵役。头脑中根深蒂固地有着"土地是不属于任何人的，而是神的"这种稚嫩意识的农民，只能在强化土地共有制的所谓"西欧化"中，背负着愈加严重的课税。

进入19世纪，伴随着工业化的进程，农民大量进入城市打工，但这并没有给农民带来什么润泽。欧洲很多国家大力推行的、在农民中普及初等教育的事业，在俄罗斯直至19世纪后期才开展起来。虽然教会与圣像仍是他们的心灵居所，但他们对专制君主"沙皇"的崇敬也十分强烈。老百姓心里仍然深信不疑地抱着"好沙皇"的信念，对现实当中的皇帝家族却越来越投以严厉的目光。罗曼诺夫王朝末代皇帝尼古拉二世虽然绘制了仿照彼得大帝风格的古风画像，但专制政治却已在人们不自觉中没入历史大洪流。

本书所讲述和论述的中心是罗曼诺夫王朝三百年的历史。作为前提，"中世纪的俄罗斯"也是不可缺少的内容，即使有些地方讲述得不够充分，但也不能因此而省略这个部分。

（关于纪年，本书使用俄罗斯历法，也就是儒略历。如果把俄历日期换算成公元纪年，18世纪的日期可加上11天，19世纪可加上12天，1900年至1981年1月31日可加上13天即为公历纪年日期。）

# 第一章

# 中世纪的俄罗斯

## 基辅国家与"受洗"

**基辅国家的建立** 　　统治地中海世界的西罗马帝国在公元476年瓦解灭亡,又经过大约四百年,亚欧大陆的西端,在很多动因的促使下,欧洲形成"中世纪国家"的局面和时代。这些因素中最引人注目的就是以斯堪的纳维亚为发源地的维京人(也就是诺曼人)的"迁徙"活动。他们不仅仅是勇敢的航海家,公元855年,诺曼人带着明确动机,以强大军事力量登上法兰西这片土地。他们占领鲁昂后,对巴黎进行了包围,并在公元911年建立"诺曼底公国"。公国的君主吉约姆(威廉)继承了英格兰国王的王位,率领大军渡过海峡占领了英格兰,这个发生于公元1066年的事件也被称为"诺曼征服"。此后的五个世纪中，被海峡相隔的诺曼底公国和"诺曼底王朝"的英格兰结下了"难以分割的错综羁绊"。法兰西土地上的诺曼底战士进而又在11世纪以雇佣兵的身份向南进入意大利西西里岛，并征服了这个伊斯兰教徒的岛屿。公元1130年，他们在这里建立西西里王国。

诺曼人在东欧也开展很多显而易见、引人注目的行动。8世纪时，他们在拉多加湖建立了自己的据点。"传说中的人物"留里克率军南下，在征服诺夫哥罗德城之后，得知横亘大陆的第聂伯河水系的存在。留里克的家臣，属于别的种族的贵族阿斯科里德与基尔兄弟在公元860年率军攻打了东罗马帝国首都君士坦丁堡（现在的伊斯坦布尔），他们的军事攻击让当时的东罗马皇帝惊恐不已。在进攻东罗马途中，他们看到了位于第聂伯河中游的城市基辅，并产生吞并这座城市的野心。现在乌克兰的首都基辅当时属于统治着南俄罗斯一带广大地域的可萨国。阿斯科里德与基尔兄弟打下基辅城，取代可萨国成为基辅的新统治者。

但是，阿斯科里德与基尔兄弟对基辅的统治未能长久。公元879年，留里克死后，留里克家族的族长奥列格大公南下，杀害了阿斯科里德与基尔兄弟，同时征服基辅。这样一来，北部的诺夫哥罗德与南部的基辅便都处于留里克家族的统治之下。根据《原初编年史》的记述，公元822年，奥列格曾对基辅这座城市说过："你要成为罗斯各个城市和城镇的母亲。"应该可以说，在此之后"基辅国家"便成型了。不过，统治俄罗斯的诺曼人与统治法兰西的诺曼人的情况有所不同。在法兰西，诺曼的人口占优势；而在俄罗斯，诺曼人是少数派。由于人口较少，后来诺曼人被斯拉夫人同化了，同化的方式是通婚。基辅公国在前三代大公奥列格、伊戈尔、斯维亚托斯拉夫的统治下，将国家统治范围拓展到南俄罗斯。不过，对当时的统治者来说，土地与农业都是"副产品"，他们最关心的是来自周边民族的贡税，以及通过商业活动而获得的财富。征服俄罗斯的诺曼人本来就有向中东出售俘获的奴隶与皮毛赚取财富的传统，基辅公国继承了这一传统。位于第聂伯河中游小高地的基辅是"瓦良格（意为诺曼人）通往希腊之路"的重要地带，所以基辅公国也积极开展贸易活动，并寻找交易对象。他们把目光投向了君士坦丁堡。公元907年，奥列格对拥有四十万人口的大都市君士坦丁堡进行了远征。远征后，他与东罗马缔结通商条约。伊戈尔也进行了同样的远征，并缔结了通商条约。但另一方面，与周边民族之间的征战一直困扰着基辅公国的统治者：伊戈尔是在与德列夫利安人的战争中丧命的，斯维亚托斯拉夫也是在与佩切涅格人的战争中殒命的。

**基督教信仰的开始** 伊戈尔死后，实权没有被他的儿子斯维亚托斯拉夫所继承，而是落入伊戈尔的王妃奥丽加之手。奥丽加在对德列夫利安人的复仇行动中取得胜利，得以用"摄政"的名义统治基辅公国二十年。奥丽加在亲自前往诺夫哥罗德施行税制改革后，于公元957年对君士坦丁堡进行了访问。在这里，她受洗成为一名基督徒。不仅如此，还有传闻说她在君士坦丁堡期间曾被拜占庭皇帝求婚。"奥丽加的受洗"只是她的个人行为，并不意味着基辅公国成为基督国家。公元988年，奥丽加的孙子弗拉基米尔大公"受洗"才是基辅公国正式基督化的开始。

986年，拜占庭帝国发生叛乱，叛军另立了一位皇帝。为镇压叛乱，在生死存亡之际，皇帝巴希尔二世向基辅大公弗拉基米尔请求援兵。作为代价，巴希尔二世许诺将自己的妹妹安娜嫁给弗拉基米尔大公。于是，弗拉基米尔派出了六千人的军队协助拜占庭皇帝镇压了叛乱。安娜是出生于宫廷"绯衣之室"的皇女，高贵的拜占庭公主从未有过下嫁外国的历史。叛乱镇压后，巴希尔二世拒绝履行弗拉基米尔与安娜的婚约。而弗拉基米尔也出兵攻打了当时处于拜占庭统治下的克里米亚，占领了赫尔松涅斯，军事行动迫使拜占庭皇帝履行婚约。皇帝勉强同意履约，不过向弗拉基米尔提出了改宗基督的要求。这样，弗拉基米尔大公受洗成为一名基督徒，并与安娜公主正式结婚。

根据先前引用的《原初编年史》记述，弗拉基米尔大公回到基辅后，将原先信仰的佩龙神像砸毁。砸毁的神像被人扛着在城中巡回示众，最后投入第聂伯河。弗拉基米尔大公集合了基辅的所有人，让他们在河畔接受集体洗礼。关于东正教传入的过程，《原初编年史》中有一个有趣的记载。弗拉基米尔放弃"异教"信仰前，曾向信仰伊斯兰教的保加利亚人、信仰犹太教的可萨人、信仰基督西方教会的德意志人以及拜占庭基督教会派出使

弗拉基米尔的受洗礼

臣。使节对各个教会的长短利弊进行了考察,向弗拉基米尔大公进行了如下的报告:"那之后,我们来到希腊人的地方。他们把我们带到他们侍奉神的处所。那时,我们已分不清自己是在人间还是在天堂。大地之上就没有如此壮观的事物,没有如此美丽的事物。我们无法用语言和辞藻来描绘它。在那里,神与人同在,他们的勤勉是所有国家不能比肩的……如果希腊人的节律规章不好,人世间最贤明的、您的祖母奥丽加为何要受洗呢?"显而易见,这段记述是后人的"创作",但从中也可窥见当时人们对拜占庭基督教会的礼赞膜拜与憧憬之情。

圣索菲亚教堂的"黄金圣像"以及遍布君士坦丁堡大小修道院及教堂的华丽景象足以让这个俄罗斯使团成员瞠目结舌,讶异不已。通过这段记述，我们也可以知道，当时的基辅公国为实现改宗基督确实是下了很多功夫。斯拉夫人国家中的捷克在922年，波兰在966年，马扎尔人的国家匈牙利在1000年分别实现了基督化。因为，按照基督教伦理，受洗的统治者之间在国际上具有平等的地位，也就是说，通过受洗不仅可以确保国家的"独立"，同时也可以提高统治者自己的地位。弗拉基米尔大公的动机也在于此，通过与"中世纪的罗马帝国"相互提携，不仅可以提高基辅公国的国际地位，也可增强大公的威权。

今天我们对改宗之后的基辅教会与教堂的具体情况已不甚了然。但雅罗斯拉夫贤公在位时（1019—1054），基辅公国的基督宗教在制度层面上已经十分完备。基辅设置一个大主教，君士坦丁堡派出一位希腊神职人员主持这里的宗教活动。西里尔字母也传入了这个国家，圣像"弗拉基米尔的圣母"也被带到这里。不久，日后成为文学艺术中心的洞窟修道院也顺利奠基。到12世纪，仅基辅城一地就已修建了十七所修道院。

**基辅国家的分裂**　雅罗斯拉夫贤公之后，以各自占据的城市为中心，诸多"公"形成了自己的势力圈。诸"公"之间对抗不断，基辅大公国走上分裂之路。12世纪，弗拉基米尔·莫诺马赫即大公之位，他在一定程度上约束并统合了诸"公"势力，还战胜了游牧民族波洛夫人。基于历史事实创作的中世纪俄罗斯史诗《伊戈尔远征记》记述了伊戈尔王子与波洛夫人战斗的故事。由此可见，俄罗斯人与游牧民族之间的战争在弗拉基米尔·莫诺马赫之后仍持续不断。弗拉基米尔·莫诺马赫虽然可以说是基辅大公国的"中兴之祖"，但他仍未能阻止国家的分裂势头。12世纪中叶，在基辅大公国内部，已经存在十五个分裂的"公国"，大公之位亦频繁易主。12世纪后期，基辅大公国在事实上已经解体。

这样，各地的统治实权完全掌握在诸"公"之手。特别是其中的弗拉基米尔·苏兹达尔公国得以显著扩大自身的实力。弗拉基米尔·莫诺马赫分封他的小儿子尤里·多尔戈鲁基去统治俄罗斯中部的森林地带。南方诸"公"混战期间，远离战乱地带的弗拉基米尔·苏兹达尔公国吸引了来自南方的逃亡人口，同时对伏尔加河畔的其他部落进行了军事征服，公国还花大力气构筑、建造了下诺夫哥罗德城。弗拉基米尔·苏兹达尔公国把"首都"设在克利亚济马河畔的弗拉基米尔城，原先的基辅大公国主教也跟随着迁到此地。弗拉基米尔·苏兹达尔公国俨然就是基辅大公国的继承者。

**中世纪都市诺夫哥罗德的"自由"**

与基辅城相比，诺夫哥罗德城有着全然不同的命运。历史学家亚宁给这座城市总结出"三个特征"。首先，与基辅城、弗拉基米尔城以及后来的莫斯科城不同的是，诺夫哥罗德城是有着"人民会议制度"的"共和政治体"，而其他三座城都是处于"王政"下的公国。其次,诺夫哥罗德城是商路上的重要节点,与很多商业城市有着密切的贸易联系,其自身也是一座繁荣的商业城市。最后,与其他公国的"首都"城市不同的是,诺夫哥罗德城拥有较为广泛的周边领地,而城市生活则基本集中于"城市"内部,可以说诺夫哥罗德是一座中心城市。亚宁强调,要研究诺夫哥罗德城的独特性,需要对"白桦文书"予以充分重视,所谓"白桦文书"是指写在白桦树皮上的古代文书。

为何只有诺夫哥罗德城可以发展成这样的城市呢?第一要因是其所处的地理位置。诺夫哥罗德城在史料上首次出现于公元859年。如前文所述,这座城市不仅是波罗的海与地中海贸易商路上的重要节点。通过伏尔加河水系的连接,这座城市也是东方国家贸易商路上的重要城市。随着商业与手工业的显著发展,这座城市政治上的重要性也凸显出来。因此,基辅大公把此地分封给自己的嫡子。由于诺夫哥罗德城与基辅城一南一北,路途遥远,很多时候领有此城的诺夫哥罗德公爵并不长期在领地居住,如此一来,诺夫哥罗德城的实权逐渐被以当地贵族为中心的城市上层所掌控。城市的上层集团与修道院慢慢地向四周扩张领地,逐渐拥有了后来被称为"五个州"的较为广大的区域。就这样,形成了独特的城市型"国家",以诺夫哥罗德城为中心,支配着"属州农村"。如果类比的话,诺夫哥罗德城并非德意志型城市,而是中世纪的意大利型城市。

诺夫哥罗德城的最高权力属于被称为"维彻"的"公民会

议"，维彻是一种公民集会。"公民会议"选举大主教、市长、千人长等宗教或世俗的权力者。召集会议时，会敲响一个"大钟"，钟声便是"维彻"开会的标志。所有"自由民"都有投票权，但这并不意味着它是一个"平等的社会"。势力强大的贵族之间常常围绕着行政权互相倾轧斗争，这种政治斗争不断上演，"公爵"之位完全沦为名义上的存在，随着内部与外部因素的变化，废立公爵的事件经常发生。12世纪以后，诺夫哥罗德基本确立了以"维彻"为中心的贵族共和政体。

如前所述，诺夫哥罗德城控制着广大的农村地区，城市的繁荣也得益于这些农村地区。尤其是这些农村出产的大量黑貂皮和蜡被运往城市，汉萨同盟的商人们在城市里收购这些货物，把它们销往欧洲各地。每年的夏冬两季，德意志的商人们就抵达城内的汉萨商馆，他们带来毛织物和金银，与城里的商人进行货物贸易。诺夫哥罗德商人不仅与北欧大部分城市的商人有着贸易关系，也与俄罗斯其他公国蓬勃地开展贸易活动。商业以外，城里的手工业也有一定程度的发展，诺夫哥罗德出现了较为富裕的市民阶层。市民阶层虽不能打破贵族的寡头统治，却是维系城市"自由"的重要力量。

第一章 中世纪的俄罗斯

# 鞑靼人的桎梏

**蒙古帝国的盛衰** 基辅大公国陷入完全分裂状态的13世纪前半期,更精确地说是在公元1223年,俄罗斯东南部的迦勒迦河附近突然出现一支来自东方骑马民族的人马。他们随即对俄罗斯人与钦察人进行攻击,这个骑马的东方民族就是俄罗斯人所称的鞑靼人。这批鞑靼人很快又消失在干草原地带深处,并没有带来什么重大影响。然而,十三年后的1236年,鞑靼人带着庞大军队再次到来,很明显,这一次他们的目的就是要征服俄罗斯。在鞑靼人的掠夺与杀戮下,整个俄罗斯大地变得荒芜凄凉。此后,鞑靼人在俄罗斯统治了二百四十余年。在俄罗斯史上,这段历史被称为"鞑靼人的桎梏"。对这段历史的评价现在仍无定说。最让人产生疑问的是,为什么远在东方的蒙古人会进行"西征"?在此,我们简单地回顾一下当时的情势。

当时的俄罗斯人对东方游牧世界毫无所知。今天蒙古国周边的草原上,自古以来生活着很多游牧部族,以放牧马、绵羊、骆驼、山羊为生。他们都是非常优秀而好战的战士,部族之间的征伐从未间断过。"苍狼"铁木真以武力统一了各个部族,于1206年自称"成吉思汗",此后他用了大约二十年时间建立并巩固"大蒙古国"。成吉思汗不仅统一了蒙古,还征服了很多农耕地区。1227年,成吉思汗故去,他的子孙们继承了他的远征大业。成吉思汗的孙子拔都率军侵入俄罗斯和中欧地区。在征伐俄罗斯后,他又先后对波兰和德意志进行了攻击。1241年的列格尼卡战役让欧洲世界大为震动。紧接着,他的大军越过喀尔巴阡山脉,在匈牙利大平原上大败匈牙利军队。

在中国,1260年蒙古人建立元朝。元朝的第一代皇帝叫作忽必烈,他营建大都(也就是今天的北京)作为王朝的首都。此后不久,元朝灭亡南宋。元朝的兴起与日本也不无关系。元朝曾两次征伐日本(1274、1281),当时的镰仓幕府使尽浑身解数进行防御,最后靠着所谓"神风"才免于大难。整个日本为此大为震动。

这样,蒙古征服了大半个亚欧大陆,也带来了所谓的"鞑靼和平"。但这个帝国的结束却十分黯然。14世纪后期,亚欧大陆弥漫着自然灾害与瘟疫,帝国内部也是叛乱频发,蒙古帝国逐渐走向衰落,最后完败于明朝的洪武皇帝,退回到自己的故乡蒙古高原。

**拔都的远征及对俄罗斯的统治**

我们把主题回到蒙古入侵俄罗斯的历史上。1236年,拔都率领十五到二十万人规模的军队跨过乌拉尔山,在伏尔加河下游进攻了保加利亚人。第二年他们对梁赞公国开展军事行动,经过六天的战斗,梁赞城的人几乎全部被杀。随后,蒙古部队

第一章 中世纪的俄罗斯

**蒙古大军的攻击** 拔都大军在各地杀戮。16世纪的细密画

进入苏兹达尔,对这里的很多城镇同样进行了杀戮。之后,他们侵入弗拉基米尔大公国,1238年8月,弗拉基米尔的大公尤里死于激战之中。

这样,拔都的大军仅仅数月就几乎占领了俄罗斯所有主要城塞。不过,由于俄罗斯特有的"春天泥淖道路",拔都暂时放弃了对北方诺夫哥罗德的进攻,退至南部干草原地带休整。秋天一到,蒙古大军再次展开大规模军事行动。1240—1241年,大军攻打了基辅城。数年之后,罗马教皇派往哈剌和林的使节的报告书里留下了一段有名的记载:"我们在途中路过了此地,白骨露于野、千里无人烟的景象让我们十分震惊。过去的基辅是一个多么繁荣而又人口稠密的都市,而如今几乎成为一座空城。我要报告的是,这座城市里最多只剩下二百户人家,而且他们完全处于蒙古的控制之下。"拔都大军占领基辅后,继续在西南方向上灭亡了很多公国,对波兰和匈牙利的攻击也随之展开。

1242年春,大汗窝阔台的死讯传到拔都的行辕。闻讯后,拔都停止"西征",驻军于俄罗斯南部的干草原地带,在伏尔加河下游构筑了"萨莱城",这座城位于今天的阿斯特拉罕以北约一百三十公里之处。拔都在这里发号施令,统治着俄罗斯的广大地域。拔都建立的国家就是钦察汗国,"钦察"源自这片草原的

**诸公国的分立与拔都的进攻** 1236年拔都率领的蒙古军队越过乌拉尔山后不久,便对俄国的主要地区展开攻击和压制

名字。钦察汗国本来是蒙古帝国的一部分，但很快不受节制，自立为王。1243年，弗谢沃洛多维奇大公雅罗斯拉夫二世被招至王宫，在这里举行了臣服典礼。大公被确立为"罗斯诸公的长老"，并接受了"雅尔利克"诏书。三年后，雅罗斯拉夫大公还特地亲赴遥远的哈剌和林，出席大汗的即位典礼。乌格里奇、罗斯托夫、雅罗斯拉夫尔的公爵们也先后来到拔都的宫廷，表示臣服。切尔尼戈夫公爵米哈伊尔拒绝臣服，遭到杀害。俄罗斯各公国的"公"的爵位需要得到拔都的确认和授予，而"公位"的继承也需拔都的认可。拔都通过这种形式间接统治着俄罗斯。

当初，拔都设立"征税官"（达鲁花赤）制，通过征税官管理治安并直接征收"贡税"（Дань）。蒙古人达鲁花赤驻跸城镇近郊，他们依靠所属的部队征收每一年的贡税。汗国对俄罗斯人课以多达十四种"贡纳"。达鲁花赤的作风异常严苛，引起人们反感。汗国很快废止了达鲁花赤制，改由俄罗斯各公国诸公代为征收赋税。

根据《原初编年史》记述，蒙古人向俄罗斯人征收"粗暴而简单的人头税"。《原初编年史》是这样记述的："鞑靼人派出了人口调查官，他们按十户、百户、千户为单位统计了苏兹达尔、梁赞、穆罗姆等公国的人口。修道院长、修士、祭司、圣歌队等侍奉圣母的人员不在统计之列。做完人口调查后，鞑靼的调查官便返回复命。"通过这样的调查，鞑靼人统计了除神职人员以外的各地人口，并据此征收人头税。这种人头税究竟具有何种税收性质，我们仍不能解答。但从俄语相关词汇的语源上看，这种税收制度后来被俄罗斯部分地继承下来，如"金钱""国库""税关"等很多与税金及财政有关的俄语单词就源自蒙古突厥语。

"蒙古的遗产"除了人头税制度外，还有驿递制度与女性"隔离"制度。蒙古人并没有过多地介入俄罗斯人的"信仰"。他们认可教会的传教自由，并且给予神职人员免税待遇，教会财产也得到保护。他们对民众的信仰活动完全不做干涉。不过，蒙古时期也没有建立任何大型教堂。

**"蒙古统治"的意义**　二百四十年的蒙古统治是以间接方式进行的。特别是1380年的"库里科沃之战"后，俄罗斯获得了更大的自主性。所以说，蒙古统治的初期和后期是不可同日而语、不可相提并论的。大多数历史学家都认为蒙古的侵略与破坏带给俄罗斯的是负面影响。关于蒙古统治对俄罗斯的影响问题，历史学家也有两派观点：以克柳切夫斯基为代表的历史学家对蒙古的影响给予负面评价，这种观点占据主流；但也有历史学家认为蒙古统治是"正面的、创造性的"，持这种观点的代表人物是"欧亚学派"的历史学家乔治·维尔纳兹基。他在俄国革命后，经捷克逃亡至美国，在布拉格出版了《俄罗斯史的轮廓》（1926）一书。书中他主张："弱小的分裂俄罗斯"之所以能够变成"强力的、训练有素、统一专制的"国家，原因就在于蒙古的统治。莫斯科、俄罗斯的许多制度与法律法规，以及

"心理"等都是"成吉思汗的遗产",因此,莫斯科的沙皇及其国家就是蒙古帝国和钦察汗国的后继者及后继国。

以维尔纳兹基为代表的"欧亚学派"重视讨论蒙古在政治层面的影响,他们的观点具有一定的说服力。但是,这种观点也存在一些问题。比如,从中世纪的分裂公国走向统一的"绝对王权"是整个欧洲共通的历史现象,这样的"转换"并不一定需要"蒙古的影响"。从这个角度来看,欧亚学派所主张的"正面的、肯定的"观点显得过于片面。不仅如此,欧亚学派还十分轻视"鞑靼人的桎梏"给俄罗斯带来的负面影响。与基辅时期相比,鞑靼统治的最初几十年里,文化水准大幅下降,很多公侯既不会写字也不识字,大型的石造教堂也消失了,这些都说明文化在后退。蒙古的统治还切割了俄罗斯与拜占庭以及西欧的关系,使俄罗斯"相对地孤立"于欧洲世界。有历史学家认为,蒙古的统治使俄罗斯的发展至少迟滞了一百五十到两百年。

蒙古统治的致命之处在于对城市的毁坏。由于鞑靼人的攻击,俄罗斯大部分城市遭到破坏与掠夺,城市间的网络也被切断。在极短的时间内,城市受到沉重打击,城市里的大多数场所遭无情掠夺,仅北部的诺夫哥罗德与斯摩棱斯克侥幸免遭毁灭性的打击。库尔斯克、沃罗涅日等处于森林与干草原前哨位置的城市被完全破坏,经过三个世纪也未能重建,小的城镇则永远消失于历史。"诸城之母"基辅只剩下几百户人家,历经数个世纪也没能恢复其曾经的重要地位。还有一些城市虽然得到一定程度的恢复，但每隔一段时间总会遭到鞑靼人的洗劫。

贸易路线被暴力切断，多数城市人口锐减，手工业生产也因此受到负面影响。残存的俄罗斯城市，在经济活动方面极度衰退。在接下来的14世纪，先前被破坏的城市未能恢复过去的繁荣。在边境前哨地带，俄罗斯人开始构筑一些新的要塞。中心城市的衰退当然对农村与农民也产生否定性作用。文化衰退也是不可忽视之处。后来，在俄罗斯，由要塞形成的新城市未能呈现出欧洲城市那样的"市民文化"。

比城市的毁坏更严重的是"后遗症"。俄罗斯从"桎梏"中得到解放是在1480年。由于克里米亚鞑靼人的间歇性进攻，俄罗斯一直对国境警备小心翼翼，并且为此耗费了大量军力。这一点在本书中将会反复提及。

蒙古人占据南部的干草原使得俄罗斯人被迫长期离开"最好的土地"。因此，后来的俄罗斯无论是人口、经济活动，还是政治权力都转移到东北部。1299年，基辅教区的大主教也迁往弗拉基米尔的城市。新的"莫斯科俄罗斯时代"正蓄势待发。

# 莫斯科俄罗斯的形成

**莫斯科公国的勃兴**

现在，莫斯科是居住着一千一百万人口的大都市。特维尔大街中部的广场正对着市政厅，广场上安放着尤里的铜像。每年9月，都会在安放尤里雕像的广场上举办"建城节"。毫无疑问，这是有历史渊源的。莫斯科这个地名与尤里的馆舍及城寨被一起载入史书。首次出现记载的年份是1147年。1157年，莫斯科附近还出现了一个城寨，但被蒙古军队焚毁。而莫斯科惠蒙"地利"，虽然也在"鞑靼人的侵袭"中遭到破坏，但不久便得以重建并恢复了活力。莫斯科位于伏尔加河与莫斯科河交汇之处，这使得它成为连接西北地区与东南地区贸易的重要节点。除此之外，它与钦察汗国以及立陶宛大公国也有相当长的距离，因此较少遭受外部攻击。

建立之初的莫斯科公国是弗拉基米尔·苏兹达尔大公国的"分领国"。14世纪初，莫斯科公国的统治面积超过最初分封时的一倍。实力的壮大让莫斯科公具备与特维尔公争夺"弗拉基米尔大公"位置的力量。为夺得大公之位，莫斯科公与特维尔公都十分讨好钦察汗国的大汗，两"公"之间也发生过多次战争。伊凡一世卡利塔（1325—1340年在位）频繁前往钦察汗国国都萨莱，与大汗建立紧密的关系。因此，他不仅获得向其他公国征集税赋的权力，最终也得以从特维尔公手中夺得大公之位。1380年秋，他的孙子德米特里在顿河上游的库利科沃原野上大败钦察汗国马买汗的军队，德米特里因此还被称为"顿斯科伊"，意为"顿河英雄德米特里"。虽然取得了胜利，但并不意味着他们从此摆脱"桎梏"。两年后，莫斯科又被鞑靼军队短暂占领。虽如此，毫无疑问，顿河的胜利让莫斯科公国在俄罗斯诸公国中树立了威望,这个威望使它肩负起统一俄罗斯的使命。

伊凡一世在位时,教区主教也从弗拉基米尔迁到莫斯科。虽然大部分主教依然是希腊人,但伊凡成功地把宗教权威与世俗权力结合起来。俄罗斯正教在莫斯科世俗统治者的庇护下,也获得了长足发展。比较明显的事例是,修道院原本通常设立在城镇周围。14世纪开始,在远离城镇的乡村、森林及荒野,也修建了很多新的修道院。莫斯科近郊有名的谢尔盖耶夫圣三一修道院、北方的索罗维斯基修道院、索洛韦茨基修道院等等,都是在这一时期建立的。很多修道院是由出身低微而又"富于进取心"的人所修建的,他们从大公那里领受大片乡村土地,役使农民建设修道院的领地。因为这些修道院的"扩张路线",修道院常常与周围的村落发生冲突。在俄罗斯北部,这种新型的修道院,14世纪出现了四十二所,15世纪出现了五十七所。

**谢尔盖耶夫圣三一修道院** 16世纪祈祷与劳动的场景

第一章 中世纪的俄罗斯

## 伊凡大帝统一全国

15世纪前半期，为争夺大公之位，莫斯科大公国内部不断上演血腥斗争的惨剧。1425年，顿河英雄德米特里之孙瓦西里二世在其父过世后，以九岁幼龄继承大公之位。然而瓦西里二世的叔父加利奇公爵尤里觊觎大公之位，向瓦西里二世发起挑战。尤里死后，其长子瓦西里·科索伊、另一个儿子德米特里·舍米亚卡和他们的父亲一样，继续对大公之位发起挑战。尤其是德米特里·舍米亚卡既非长子，年龄也不大，但却有着雄大的野心，局势也因为他变得更加混乱。他们的挑战使莫斯科大公国陷入近三十年的"毫无仁义"的战争。这场战争极其残酷。瓦西里二世曾因战败被加利奇公爵瓦西里·科索伊俘获，被弄瞎眼睛，"失明大公"的绰号由此而来。瓦西里失明十年后，德米特里·舍米亚卡也如同他的兄长一样，对瓦西里二世发起攻击。这样的乱局直到后来的伊凡三世（1462—1505年在位）继承大公位之后才得到完全收拾。1462年，二十二岁的伊凡正式即"莫斯科大公"之位，他的文治武功为后来的俄罗斯帝国奠定了基础。

伊凡三世最大的功绩就是"统一全国"。在他统治期间，莫斯科大公国先后合并罗斯托夫、雅罗斯拉夫尔、特维尔等公国，以及西南部的大小公国。1471年，伊凡三世派大军开始了对诺夫哥罗德的统一战争，1478年取得最终胜利，诺夫哥罗德原先的"共和国制"被废止。诺夫哥罗德象征着自由与独立的"民众会议"的大钟被运往莫斯科，大约一千名贵族被强行迁往异地。

广大的土地分封给了莫斯科的士族,伊凡三世大公军队的核心——士族阶层——因为获得大片新土地而实力大增。此后,诺夫哥罗德由莫斯科派出的官员直接管辖。

伊凡三世是历史上第一个"统一俄罗斯的君主",也是首位使用"沙皇"称号的君主。莫斯科克里姆林宫长达两公里的城壁虽坚如磐石,

伊凡三世 莫斯科大公,统一了俄国,初称沙皇

但伊凡的统治权力却并未像城墙那样固若金汤。确实,在俄罗斯,"独立自主"的各个大小公国已不复存在,但大小公侯仍以贵族身份出席"贵族会议"这个传统的政治权力中心。伊凡也不可能完全无视他们的力量。为此,伊凡把身边的"秘书官"与"士族"送入"贵族会议",以抑制贵族在会议中的力量。伊凡还对"世袭"的传统宫廷式的行政及财政制度进行改革,迈出建立官僚制国家机构的第一步。

伊凡的另一个功绩是摆脱"鞑靼人的桎梏",获得真正的独立解放。钦察汗国在库里科沃之战后分裂为诺盖、喀山、阿斯特拉罕、克里米亚、昔班尼等小汗国,以及自称"钦察汗国正统继承者"位于伏尔加河下游的"大汗国"。"大汗国"的艾哈迈德汗虽有意重整河山,在1472年还发动远征,结果却未能如愿。此后不久,伊凡三世停止向大汗纳贡。1480年,大汗率十万大军

来到奥卡河上游的乌格拉河畔，与伊凡的军队隔河对峙。结果，大汗的军队没有继续进军，而是选择了退却。于是，第二次远征草草收场（16世纪初大汗国灭亡）。以这次对峙为标志，俄罗斯彻底摆脱了"鞑靼人的桎梏"。然而，外部的威胁并没有因此完全消失，新的危险很快便如约而至。可是，无论如何，1480年毫无疑问是俄罗斯历史的转折点。

## "第三罗马"莫斯科

接下来再讲述一下伊凡三世的婚姻。伊凡最初的大公妃是其宿敌特维尔公爵的女儿玛利亚。1467年，玛利亚去世，有人怀疑她死于毒杀。伊凡的第二位大公妃是"中世纪罗马帝国"拜占庭皇帝的侄女索菲亚·帕列奥罗格公主。1453年，拜占庭帝国的首都君士坦丁堡被奥斯曼帝国军队攻陷。皇帝君士坦丁十一世战死，悲壮的"君王死社稷"。皇帝的弟弟与索菲亚等部分皇室成员逃亡罗马。他们一家与其说是受到了罗马教皇的庇护，不如说是被天主教与希腊正教"折中派"的尼西亚教区主教，也是枢密卿的贝撒里昂接受。而索菲亚与俄罗斯的大公的婚聘之事也因此产生。

俄罗斯大公与拜占庭王室的通婚并非首次。如前文所述，让俄罗斯变成希腊正教化国家的弗拉基米尔大公的大公妃就是拜占庭皇帝巴希尔二世之妹安娜公主。五百年来还有一些别的通婚事例。在索菲亚与伊凡三世联姻之前，1411年，伊凡三世的姑母还嫁给了后来成为拜占庭皇帝的约翰内斯八世。但是这次嫁到俄罗斯的索菲亚是一个在罗马长大的拜占庭公主，俄罗斯人非常怀疑她不是一名天主教徒。虽然有此疑虑，1472年6月，索菲亚与她的随从还是从罗马出发，并于年底抵达莫斯科。在克里姆林宫接受了主教的祝福后，她当天便与伊凡三世大公完婚。有人说她是"容姿非凡的美女"，也有人说她并不那么漂亮。因为她的肖像画并没有保存下来，对于这个争议我们也无从考究。索菲亚公主与伊凡三世共生育九名子女，其中包括沙皇瓦西里。

**历代莫斯科大公**

| 莫斯科公、大公 | 在位年 |
| --- | --- |
| 丹尼尔 | 1283—1303 |
| 尤里 | 1303—1325 |
| 伊凡一世（钱包大公） | 1325—1340 |
| 谢苗 | 1340—1353 |
| 伊凡二世 | 1353—1359 |
| 德米特里·顿斯科伊 | 1359—1389 |
| 瓦西里一世 | 1389—1425 |
| 瓦西里二世（失明大公） | 1425—1462 |
| 伊凡三世（大帝） | 1462—1505 |
| 瓦西里三世 | 1505—1533 |
| 伊凡四世（雷帝） | 1533—1584 |
| 费奥多尔 | 1584—1598 |

**信仰的世界** 10世纪末由拜占庭正式传来的基督教，不仅独树一帜地得到发展，也深深扎根于社会。圣像崇拜成为俄国正教的重要特征。图为圣像画作家鲁勃廖夫的代表作《三位一体》，15世纪初，142厘米×114厘米，特列季亚科夫美术馆藏

伊凡三世与索菲亚公主的婚姻成为俄罗斯东正教继承"拜占庭遗产"的象征。莫斯科通过这场婚姻提高自身威信的政治意图十分明显，不过这场政治秀与其说是为了对外彰显国威，莫如说是统合国内大小公侯的需要。从时间来看，婚姻缔结之时正是莫斯科大公国刚刚占领洛夫哥罗德，时局十分不稳之际。

索菲亚的入嫁让俄罗斯与意大利的关系日益趋近。很多罗马和君士坦丁堡的技术人员跟随索菲亚来到莫斯科。此后莫斯科也多次派出使节，并从文艺复兴时期的意大利带回大量工匠。这些建筑师与工匠大多来自米兰，这也正是为什么建于16世纪的克里姆林宫城墙与意大利北部城堡的建筑风格十分相似。历代沙皇举行"加冕仪式"的圣母安息主教座堂也出于意大利建筑家之手。虽然建筑家和工匠是意大利人，但这些教堂却是按照俄罗斯神职人员的要求建造的。

伊凡大帝的继承者是瓦西里三世（1505—1533年在位）。他

继续推进着父亲未完成的事业。在瓦西里三世的统治下，领土进一步扩大，修建了众多富有俄罗斯风情的教堂，构筑了很多军事要塞。这一时期，普斯科夫近郊一位名叫斐洛菲斯的修道士提出"莫斯科就是第三罗马"的概念，他主张第一罗马与第二罗马（君士坦丁堡）因逸脱了正确的教义而崩坏，第三罗马（莫斯科）将岿然不倒，因此也不会再有第四罗马。第三罗马的概念很快成为莫斯科大公国的新意识形态。16世纪席卷欧洲的马丁·路德"宗教改革"对俄罗斯并未产生太大影响。但在这一时期，俄罗斯的教会中产生了否定教会土地所有权、提倡"苦行修行"的"清廉派"。与之对立的是"所有派"，"所有派"认为教会的特权与土地应当受到保护。这一派的代表人物是约瑟夫·波罗茨基。由于"所有派"鼓吹莫斯科大公的权力是神授予的，因此他们得到了世俗权力的支持。

**伊凡雷帝的夙愿**

1533年即位之时，伊凡四世尚在四岁冲龄。这位后来治世长约半个世纪的君主就是赫赫有名的"伊凡雷帝"。因其特立独行的性格，后世对他的评价也是毁誉参半。他统治期间，一以贯之的方针就是对大贵族、诸公侯权力的削减与剥夺。十七岁亲政时，他开始以源自罗马恺撒大帝的称号"沙"自称。从这时起，摆脱名门贵族的束缚以及集权于君主一人便成为他毕生追求的夙愿。

1549年，伊凡雷帝设立"重臣会议"。"重臣会议"是一个

**雷帝伊凡四世** 俄罗斯史上最具个性、最强有力的君主

拥有强大权力的新国家机构，不受贵族及公侯把持的"贵族会议"节制与约束。通过这个机构，伊凡雷帝推进他在各个领域的改革。伊凡雷帝还设立了"使节官署""财政官署""人事官署""规划官署"等俄语名叫"普里卡司"的一系列中央官署。普里卡司最早在伊凡三世时就有设立，伊凡雷帝更加强化与完善了这些国家机构。地方行政方面，伊凡雷帝逐步废止了原先由贵族充任的"州官乡司"，转以自治制代替贵族官制。另外，他还设立咨议机关——"国民代表会议"。通过这个机关，中小士族阶层与工商业者得以参与国政，并可在此反映"地方的声音"。另外，伊凡雷帝还从中下层士族中选拔一千余人，分给他们莫斯科近郊土地，让他们组成"千人队"，增加沙皇直属军队的力量。为维护莫斯科治安，他还设立了一支"洋枪队"。

1564年年末，伊凡四世突然离开莫斯科，来到亚历山德罗夫村，这一举动让人讶异不已。在那里，他让人给贵族与神职人员送了封信。信中说，因不能容忍贵族的背叛行为和教士的帮凶行径，他决定退位。这一系列举动是伊凡雷帝的政治谋略。"退位"消息传出后，工商业者与普通民众大为震惊，纷纷向贵族施压。最后，贵族们不得已承认沙皇拥有绝对权力。

返回莫斯科后的第二年,他又推出新的土地管理政策——"特辖制"。整个俄罗斯的土地被分成"国家领地"与"皇室特辖领地"两种。在"皇室特辖领地"组织了"特辖领地管理队"(黑衣队),这个管理队成员身着黑色衣装,马鞍前一律饰以狗头,专门从事清理"沙皇敌人"的暗杀行动,不少贵族、士族和平民便死于他们之手。这个有些脱离正常轨道的反贵族政策给后世带来极大混乱。1558 年,利沃尼亚战争爆发并演变成为长期战争。这场战争使伊凡雷帝统治后期的俄罗斯走向衰落。1584 年,伊凡雷帝撒手人寰。1598 年,伊凡雷帝之子费奥多尔一世无嗣而死,绵延数百年的留里克王朝落下帷幕。

**征服喀山与西伯利亚**

征服喀山汗国是伊凡雷帝最大的丰功伟绩。俄罗斯人从"鞑靼人的桎梏"中解放之后,克里米亚、喀山等游牧兵团仍频繁袭扰边境,有时还会侵入腹地。伊凡雷帝曾写过这样的句子,"遭克里米亚、喀山之祸害,半数国土沦为荒野"。事实上,游牧民族把很多俄罗斯人俘虏充作奴隶使用,或在奴隶市场上贩卖。于是,征服喀山汗国、阿斯特拉罕汗国之事被提上伊凡的议事日程。因想从喀山获得新的分封领地,士族们十分支持伊凡的征服计划。1552 年,俄军来到可以临视喀山城的伏尔加河右岸,在此构造要塞。8 月,俄军包围喀山,10 月攻陷。征服后,伊凡在喀山各地树起十字架,修建教堂,拆毁所有清真寺。莫斯科的教会会议决定在喀

叶尔马克(？—1585) 西伯利亚的征服者

山设立一个主教区，任命古里伊为第一代喀山大主教。我们现在所熟知的莫斯科克里姆林宫红场附近的瓦西里圣堂也是为纪念喀山之战的胜利而建立的。这座瓦西里圣堂有着九个绚丽多彩的洋葱头屋顶，现在已成为莫斯科的标志性建筑。

鞑靼的贵族大多前往莫斯科侍奉新的君主。他们也有改信俄罗斯正教而获得高位的，但改宗并不是"侍奉"俄罗斯君主的必要条件。有的人通过与正教徒女性结婚而获得进入统治阶层的身份。征服喀山二十年后的1575年，伊凡雷帝册封"喀山王子"西美昂·贝克布拉托维奇——他被认为是成吉思汗的直系后裔——为"全罗斯大公"。在受封的前五年，西美昂与俄罗斯人结婚并成为侍奉伊凡的臣子，他还受洗成为一名正教徒。不过，一年后他又从大公之位上退了下来。

伊凡四世的统治时代还有很多不可欠缺、生动有趣的事迹史实。最后，我再简单评述一下进军西伯利亚之事。西伯利亚一词源自"西伯利亚汗国"。1581年，在伊凡雷帝的许可下，为支援北方富裕盐商斯特罗加诺夫家族，叶尔马克带领一千五百余人的哥萨克部队和三名祭司进攻了西伯利亚汗国的首都。激战中，叶尔马克殒命。此后哥萨克骑兵不断在西伯利亚的河川要冲构筑要塞堡垒。1587年,俄罗斯人在西伯利亚建立了第一座城镇——托博尔斯克,这座额尔齐斯河岸的城镇位于西伯利亚汗国首都卡什雷克下游十七公里之处,是俄罗斯在西伯利亚最初的行政、宗教及传教中心。

# 第二章

# 罗曼诺夫王朝的诞生

## 全俄罗斯缙绅会议时期

**"动乱"与国民代表会议**

1598年留里克王朝绝嗣之后,俄罗斯进入长达十五年的"动乱"时期。这一时期中,包含"冒牌货"在内,有数人被拥立为沙皇。邻国波兰与瑞典也对俄罗斯的王位产生觊觎之心。俄罗斯面临着生死存亡的危局。西部边境的几座城市被波兰侵吞,诺夫哥罗德被并入瑞典。如此一来,西部与西北部的边境地带几乎处于不设防的弃置状态,盗贼匪逆在这些地区横行跋扈。在南俄罗斯,"僭称沙皇者"此起彼伏,克里米亚的鞑靼人也开始蠢蠢欲动。原来已经并入俄罗斯的"喀山公国"也出现独立的迹象。举国上下,仅莫斯科及其附近城市尚算安定,但这样的安定也只是相对而言的。

1601年，俄罗斯发生持续三年的大饥荒，人口锐减三分之一。因为这样的"动乱"，莫斯科的人们不仅物质生活上穷困凋零，精神世界也茫然失所。后来把这个国家从危乱中解救出来的便是"全俄罗斯缙绅会议"。

俄罗斯的"全俄罗斯缙绅会议"（俄语：зе́мский собо́р；英语：Zemsky Sobor）在日语中有时翻译为"全国会议"，经常把它与欧洲的"身份等级制议会"相提并论。зе́мский 是俄语"土地""国土"的形容词形式，собо́р 是"集会""会议"之意。它的职能可以理解为各个身份阶层的代表通过这个会议审议沙皇提案，以这种方式制衡君主权力。但是也有观点对上述理解持不同看法。有观点认为，这个机构只是沙皇的"咨询机构"，没有固定的组织形式，也不具备约束沙皇的权限。话虽如此，也并不能说"全俄罗斯缙绅会议"就没有一点点的权力，17世纪前半期，这个会议两次发挥出左右国家前途命运的功能。

"全俄罗斯缙绅会议"的首次召开是在1549年，也就是伊凡雷帝在位期间，当时参加会议的有贵族会议的成员，神职会议的成员等神、俗精英，以及地方士族的代表、城市工商业者的代表。参加者共有数百人，其中神、俗精英人数较少，而地方士族与工商业者等中下层的人数居多。会议的议事程序没有一定之规，召开的时间间隔亦无明确规定。一般说来，会议按照沙皇提出的要求，审议对外战争、限制修道院财产以及编纂法典等事务。不过，虽说是审议，却基本都得遵循沙皇的旨意。

全俄罗斯缙绅会议还有一个重要功能，就是先皇故去后对新皇的"确认"。伊凡雷帝过世时，其子费奥多尔一世的继位就得到了会议的确认。但费奥多尔一世去世后，没有留下子嗣。为了确定继承人，召开了共六千人参加的全俄罗斯缙绅会议，选举出鲍里斯·戈东诺夫为新沙皇。与费奥多尔继位时的"确认"不同，鲍里斯与皇室没有血缘关系，他的皇位是全俄罗斯缙绅会议选举产生的。此后，全俄罗斯缙绅会议便拥有了"真正的正式权力"。

**米哈伊尔·罗曼诺夫被选为沙皇**

米宁和波扎尔斯基的人民军在打败波兰军队解放莫斯科之后，驿传全国，通告召开选举新沙皇的全俄罗斯缙绅会议。五十人的城市代表、高级神职人员、贵族、宫廷官僚、地方士族以及哥萨克代表共七百人参加了这次会议。大国波兰与瑞典各自推荐本国的王子作为候选人，但当时的俄罗斯人在强烈爱国心的驱动下，"外国"候选人几乎没有选中的可能。最终，俄罗斯的名门贵族罗曼诺夫家的族长，时年十六岁的米哈伊尔被选为新沙皇。

罗曼诺夫家族不仅是可以追溯到14世纪的古老贵族，而且与前朝皇室也有着姻亲关系。伊凡雷帝的第一位皇后安娜斯塔西娅就来自罗曼诺夫家族。安娜斯塔西娅的兄长尼基塔是一位出色的政治家，他的十三名子女全部迎娶或嫁入豪门贵族，并通过联姻构筑了强有力的纽带关系。尼基塔之子，也就是沙皇

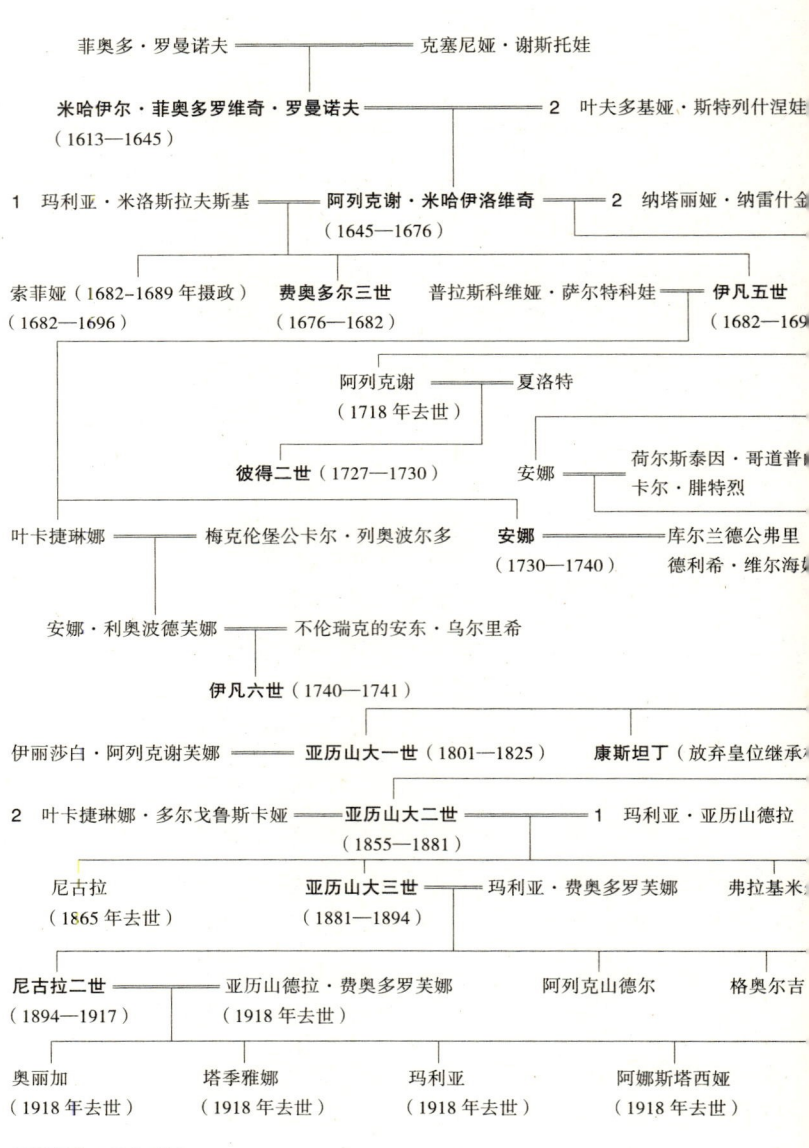

```
                    菲奥多·罗曼诺夫 ═══════════════ 克塞尼娅·谢斯托娃
                                         │
            **米哈伊尔·菲奥多罗维奇·罗曼诺夫** ════════════ 2  叶夫多基娅·斯特列什涅娃
            （1613—1645）
                                         │
1  玛利亚·米洛斯拉夫斯基 ═══════ **阿列克谢·米哈伊洛维奇** ═══════ 2  纳塔丽娅·纳雷什金
                              （1645—1676）
                                         │
索菲娅（1682-1689年摄政）  **费奥多尔三世**   普拉斯科维娅·萨尔特科娃 ══════ 伊凡五世
（1682—1696）            （1676—1682）                             （1682—169
                                         │
                    阿列克谢 ═══════ 夏洛特
                    （1718年去世）
                                                        荷尔斯泰因·哥道普
                    **彼得二世**（1727—1730）        安娜 ┤
                                                        卡尔·腓特烈
                                         │
叶卡捷琳娜 ═══ 梅克伦堡公卡尔·列奥波尔多   **安娜** ═══════ 库尔兰德公弗里
                                      （1730—1740）   德利希·维尔海
                    │
            安娜·利奥波德芙娜 ═══════ 不伦瑞克的安东·乌尔里希
                              │
                    **伊凡六世**（1740—1741）

伊丽莎白·阿列克谢芙娜 ═══════ **亚历山大一世**（1801—1825）   **康斯坦丁**（放弃皇位继承
                              │
2  叶卡捷琳娜·多尔戈鲁斯卡娅 ═══════ **亚历山大二世** ═══════ 1  玛利亚·亚历山德拉
                                  （1855—1881）
                                         │
尼古拉              **亚历山大三世** ═══════ 玛利亚·费奥多罗芙娜      弗拉基米
（1865年去世）      （1881—1894）
                                         │
**尼古拉二世** ═══════ 亚历山德拉·费奥多罗芙娜            阿列克山德尔      格奥尔吉
（1894—1917）      （1918年去世）
                                         │
奥丽加              塔季雅娜              玛利亚              阿娜斯塔西娅
（1918年去世）      （1918年去世）        （1918年去世）      （1918年去世）
```

**罗曼诺夫王朝世系图**

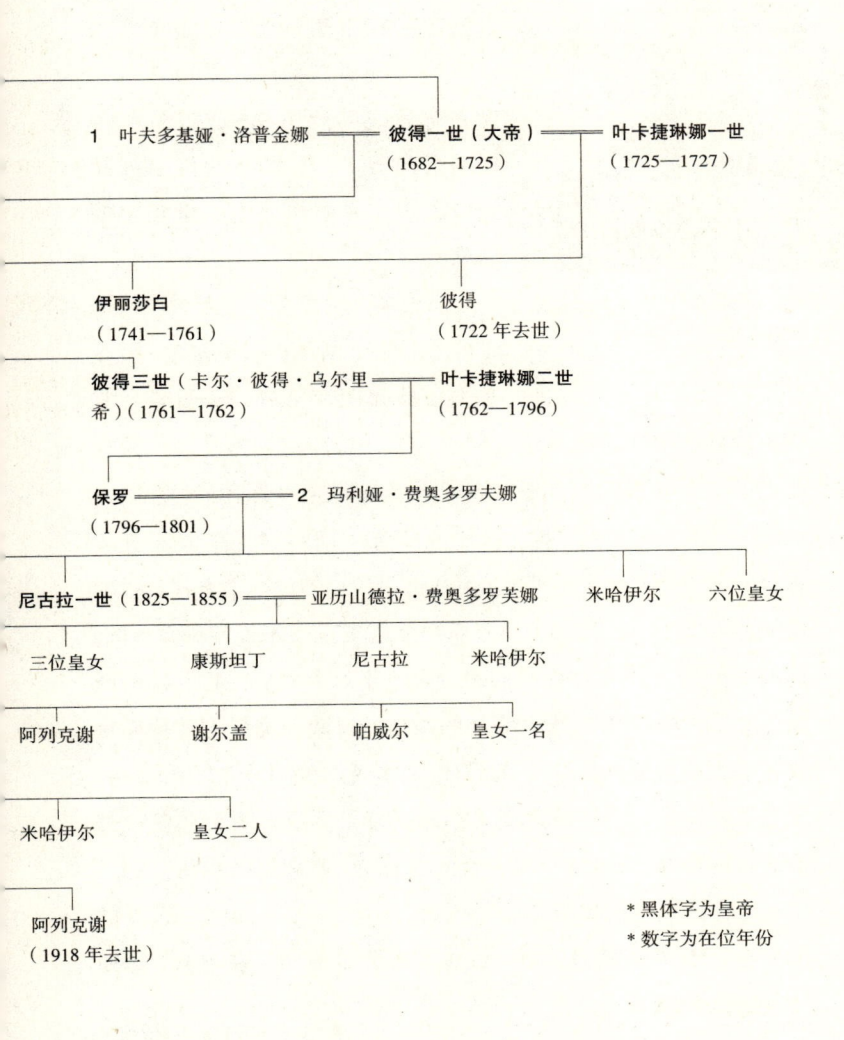

```
1  叶夫多基娅·洛普金娜 ━━━ 彼得一世(大帝) ━━━ 叶卡捷琳娜一世
                              (1682—1725)        (1725—1727)


伊丽莎白                              彼得
(1741—1761)                       (1722年去世)

彼得三世(卡尔·彼得·乌尔里 ━━━ 叶卡捷琳娜二世
希)(1761—1762)                  (1762—1796)

保罗 ━━━ 2 玛利娅·费奥多罗夫娜
(1796—1801)

尼古拉一世(1825—1855) ━━━ 亚历山德拉·费奥多罗芙娜    米哈伊尔    六位皇女

三位皇女    康斯坦丁    尼古拉    米哈伊尔

阿列克谢    谢尔盖    帕威尔    皇女一名


米哈伊尔    皇女二人


阿列克谢                                    *黑体字为皇帝
(1918年去世)                               *数字为在位年份
```

**米哈伊尔·罗曼诺夫** 十六岁被选为沙皇,创建罗曼诺夫王朝

米哈伊尔的父亲——费奥多尔——也是留里克王朝末代君主费奥多尔一世的表兄弟。据说,费奥多尔一世在弥留之际将王朝的"权柄"传授给了费奥多尔。此举也可以理解为费奥多尔是费奥多尔一世指定的继承人。

但后来,鲍里斯·戈东诺夫被选作沙皇。鲍里斯指控费奥多尔·罗曼诺夫家族搞阴谋活动,罗曼诺夫家族也因此失势。费奥多尔被剔去头发,以菲拉列特之名软禁在北方的一所修道院里,他的妻子也遭遇同样的命运。戈东诺夫及他的儿子费奥多尔二世的统治被打倒后,菲拉列特以罗斯托夫主教的身份恢复名誉与身份,但在选举沙皇的过程中遭到波兰的逮捕与囚禁。菲拉列特的不幸对罗曼诺夫家族来说却是幸运的,他的家族因此博得社会的同情,而他年仅十六岁、毫无政治经验的儿子米哈伊尔被选举为新的沙皇。以武装力量把俄罗斯从波兰人手中解放的哥萨克义军对"菲拉列特的儿子"十分支持。历史学家通常认为,哥萨克义军的支持是罗曼诺夫家族获得帝位的第一要因。因此,米哈伊尔也被称为"哥萨克的沙皇"。

这样,米哈伊尔当选为新沙皇。1613年2月21日,选举的结果在挨着克里姆林宫的"红场"对公众发布。在得知"莫斯科与全罗斯的君主,沙皇米哈伊尔·费奥多罗维奇"当选的消息后,莫斯科民众发出欢天喜地的呼声。3月初,以谢莱梅切夫为团长的使节团前往米哈伊尔与他的母亲森雅·伊万诺夫娜寄身之地——科斯特洛马的伊万切夫修道院。母子二人回想着苦难的遭遇,强烈拒绝接受选举结果。后来由于虔诚的母子笃信上帝,而当选是神的意志,神的意志是不可违背的,他们无法加以拒绝。三个月之后,这位"面色惨白的虔诚少年"启程前往莫斯科接受加冕之礼。

**战争与和平**

全俄罗斯缙绅会议在米哈伊尔统治初期发挥着"恒常性的权力附属物"的作用。1613年之后的十年里,全俄罗斯缙绅会议每年都召开,且参会者众多。以前的权力中枢"贵族会议"失去了往昔的风头。要想在战乱中重建荒芜的国家,需要得到"国民"的支持,为了和外国入侵者及内部叛乱者作战,地方上的士族常被征召入伍,而为填补军费开支的巨大财政赤字,工商业者也常常被额外加收"临时税"。为了让这些"不受欢迎的政策"顺利实施,必须借助全俄罗斯缙绅会议的"权威",但这并不意味着全俄罗斯缙绅会议可以决定所有具体政策。立法的决定权一如既往地掌握在沙皇手中,沙皇的权力也没有因缙绅会议受到"限制"。

1619年,俄罗斯与波兰缔结和平条约,囚禁于波兰的菲拉列特回到俄国。与他的儿子不同,有着权力欲的菲拉列特回国后

第二章 罗曼诺夫王朝的诞生

立即就任"总主教",后来还获得"大君"称号。事实上,菲拉列特运转着国家政治。他的目标是让国家回到正常的轨道与秩序。因为偶然的机会,他了解到波兰的王权被"国会"所挟制,因而对全俄罗斯缙绅会议的召开持否定态度。后来他停止选拔地方代表,很快全俄罗斯缙绅会议便不再召开。为备战波兰,他创建了欧洲式的步兵——"新军",也强化了原有的骑兵部队。1632年4月,在菲拉列特的强烈意志之下,为收复西部重镇斯摩棱斯克,俄军与波军重开战事。后来,菲拉列特在战争中病死,这场战争也有始无终地以俄国的失败结束。

斯摩棱斯克之战的失败给俄国留下很多教训。失败的最大原因就是俄波两军激战之时,传来了克里米亚人从后方袭击的消息。消息说,克里米亚的鞑靼人多次袭击肥沃的南方地区,掠夺了南方城镇乡村的人口与家畜。原先,米哈伊尔政府以分封土地为交换,让地方士族担负起防卫边疆的责任。经过这场战争,俄罗斯人发现这种防守方式并未奏效。自1635年起,俄罗斯在南部边境构筑类似古罗马莱茵河、多瑙河防线或中国万里长城那样的"别尔哥罗德防线"。这个防线全长八百公里,防线上的城镇都以要塞形式建筑,城与城之间用土墙或木栅栏接连。16世纪前期,俄罗斯也曾在莫斯科附近构筑"图拉防线",但并不完善。"别尔哥罗德防线"的构筑花了二十年时间,它有效地防卫了鞑靼人的入侵。因此,南方获得了较长一段时间的安定环境,贵族们获得了大片南方干草原地带的肥沃土

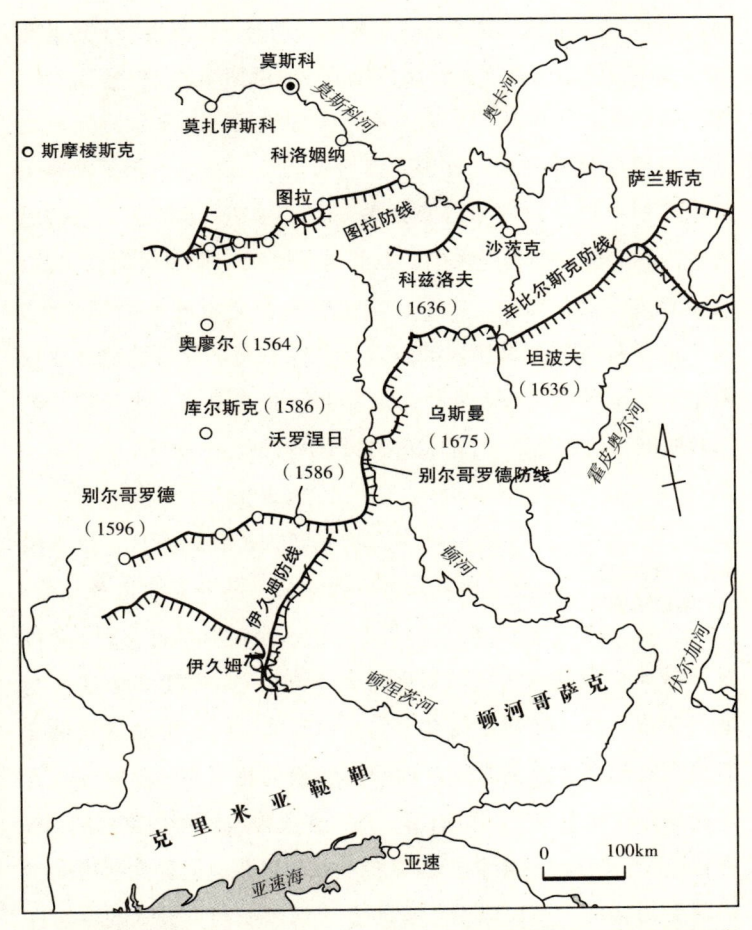

**防卫鞑靼进攻的南方防线** 米哈伊尔政府为防备克里米亚鞑靼的进攻而构筑了俄罗斯版的"万里长城"

地。1679年，俄国又花了近两年的时间构筑了长五百三十公里的"伊久姆防线"。从此之后，南方便成为了俄罗斯的"粮仓"。

1637年，米哈伊尔召开"菲拉列特时代"几乎没有开过会的全俄罗斯缙绅会议。此时，顿河哥萨克的部队占领了奥斯曼帝国要塞亚速，为防守这个要塞，他们向中央求援。本来按照传统，政府应立即予以援助，但此时刚刚结束斯摩棱斯克之战，国家财力不足。因此，米哈伊尔决定召开全俄罗斯缙绅会议，以全俄罗斯缙绅会议决议的方式让前线的哥萨克部队放弃亚速要塞。被围困四年后，哥萨克最终弃守亚速要塞。米哈伊尔的执政时间很长，几乎全部的精力都用于恢复国内秩序上。

**莫斯科市民起义与"会议法典"**

1645年，罗曼诺夫王朝第一代沙皇米哈伊尔去世。他的长子阿列克谢世袭皇位。但在形式上，这次皇位继承也得到了全俄罗斯缙绅会议的确认。阿列克谢是一位很不得民心的君主。与他的父亲一样，阿列克谢在十六岁时即位，但很快他就遭遇莫斯科市民起义。起义是因掌握政府实权的鲍里斯·莫罗佐夫大幅提高盐税而引发的，鲍里斯·莫罗佐夫曾担任阿列克谢的"扶育官"。虽然政府承诺将撤废其他项目的税收，但提高盐税的举措仍受到莫斯科市民以不买盐的方式加以抵制。慌张的政府在两年后取消了这一措施，但仍旧要征收三年高额盐税。庶民被如此荒唐的决定激怒。1648年6月初，市民团体在沙皇巡幸时递交请愿书，但却遭到驱散。因此，一部分市民闯入克里姆林宫，要求政府交出高官，这天夜里，叛乱的市民在莫斯科放火，烧毁数千栋房屋，不少人因此丧生。莫斯科市民以这样的方式反抗莫罗佐夫的政策。6月5日，事态进一步扩大，阿列克谢泪流满面地现身民众面前，当众将莫罗佐夫撤职并移送修道院，以此请求人民原谅。

1648年的"盐税起义"就此平息。但市民与士族对把持朝政的上层集团仍然不满，因而要求召开全俄罗斯缙绅会议。虽然如此，市民们并不是真的要"反王朝反皇权"，他们认为，沙皇太过软弱，使大权旁落权臣，暴政是权臣的恶行，他们起义的目的是要"清君侧"。市民与士族以帮助沙皇更好地施政为由，要求召开全俄罗斯缙绅会议。7月10日，阿列克谢同意了市民的要求。一周后，全俄罗斯缙绅会议正式召开，共三百一十五人出席，其中地方士族与城市工商业者占据大部分席位。为更好地处理君主与地方关系事务，缙绅会议决定由"善良睿智的人"组成"特别委员会"以制定新的法典。这部法典通称《会议法典》，在翌年1月编纂完成。与1613年选举米哈伊尔继位一样，全俄罗斯缙绅会议这一次又发挥了十分积极且重要的作用。

《会议法典》对俄罗斯社会与城市的再构建方面贡献巨大。自中世纪开始，各城市都存在享有免税特权的教会领地与贵族领地，这种免税特权对免税区域以外的工商业者极为不利，他们要求废除这些免税特权。特别委员会认可了工商业者的要求，并在法典第十九章中明文写入工商业者的要求。之后，一些大领主的免租领地被没收。

1649年7月，俄国政府下令驱逐英国商人。这一方面是因为在17世纪三四十年代，抱有危机感的俄罗斯商人不断要求政府"妥善处理"外国商人问题。另一方面，1649年1月，英国国王查理一世遭到处决的消息传到俄罗斯，阿列克谢政府把这一事件定性为"极大的恶事"，随后俄罗斯决定驱逐英国商人。

**俄罗斯农奴制的形成**

《会议法典》满足了市民的基本要求，但同时也"划时代"地确立了俄罗斯的农奴制。从此，领主——贵族和士绅——与农民的关系发生根本性转变。关于这一点，我们在此追溯一下历史。

《会议法典》确立了"领主裁判权"体制，农民的迁徙、结婚等人身自由权都受到限制，受到这些限制的农民成为农奴。而在中世纪的俄罗斯，农民具有迁徙权，在身份上是自由的。这个时候的农民与后来的农奴有着本质区别。1497年伊凡大帝的《法令集》以及1550年伊凡雷帝的法典里都规定，农民在"秋天尤里日"前后各一周的时间内，可以从领主或国有土地上迁往他地。但这些法律又规定负债的农民不具有迁徙权，因此很多农民事实上未能享有真正的迁徙权利。虽然如此，也有很多农民以巧妙的方式成功地实现迁徙。所以，后来的法典变得愈加严格，越发对农民不利。

莫斯科大公国时期，君主为增加自身的军力，给予一些人

"士绅"的身份,分封给他们小块的土地,让他们"骑着马、带上武器和随从",听从君主的旨意,承担远征或守卫的兵役任务。因兵役之需,士绅们必须确保其领地内有至少

**俄罗斯的农民** 17世纪铜版画。中世纪俄罗斯的农民在人格上是"自由"的,也有迁徙的权利

二十户农民居住耕作,以提供足够的供应保障,但事实上很多士绅的领地内并没有二十户农民。

士绅的土地比旧贵族要小得多,因此他们对农民的压榨也很苛刻。所以,很多农民希望利用迁徙权迁往剥削较轻的大贵族领地,而大贵族也欢迎更多的农民迁入。贵族们甚至还替负债的农民偿还债务,使他们可以"合法"地迁来自己的领地。伊凡雷帝统治时,因战争频仍,灾害不断,国内很多地方荒芜,领主们普遍缺少农民,为争夺农民,贵族与士绅产生了利益冲突,并日益激化。当然,士绅为维护自己的利益,开始向政府施压。

1581年,政府发布法令,暂时停止农民的"迁徙权"。整个16世纪80年代,发布这种时效性法律的事情发生过很多次。1597年,政府发布了一项让领主可以搜索五年内逃亡农民的法律。有历史学家推测,1592年,政府曾发布全面禁止迁徙的法

令。但虽多经努力，历史学家并没有找到这个推测中的文件。

随着俄罗斯在南方不断扩大领土，农民"逃亡"的问题也日益严重。大量农民在未得到领主同意的情况下，不断"非法"地"逃亡"到南部土壤肥沃地带。由于农民多从剥削较重而领地较小的士绅那里迁往剥削较轻土地广大而肥沃的贵族那里，因此士绅们希望能获得更长的"搜捕追溯期"，以索回更多农民。贵族们为了获得更多农民，则希望缩小"追溯期"。如果农民被束缚在土地上，对土地较多的贵族来说，意味着他们引诱更多农民迁入的"合法大门"遭到关闭。

地方士绅不断上奏沙皇，要求沙皇做出"正确的裁判"，以废止"搜索农民的期限"。1637年、1641年、1645年，针对士绅的要求，政府折中地将"搜捕追溯期"延长至十年。士绅们对此并不满意。莫斯科市民起义爆发后，全俄罗斯缙绅会议再次召开。在订立新法典的特别委员会里，士绅人数众多，因此他们在《会议法典》第十一章中的"对农民的审判权"条目里，废止了对逃亡农民的"搜捕期限"，这意味着领主可以索回所有以前逃亡的农民，农民从此被紧紧地束缚在领主的土地上。《会议法典》是俄罗斯在法律上确立农奴制的标志。

**全俄罗斯缙绅会议的终结**

《会议法典》印刷了一千两百部，分发给中央官署与全国各地的长官。法典订立大约五十年后，曾尝试进行修改，但这部法典作为俄国的基本法使用了一百五十年。在莫斯科市民起义之后，全俄罗斯缙绅会议召开的次数越来越少。1653年，为支持"乌克兰独立战争"，俄国在与波兰开战之时，全俄罗斯缙绅会议召开了一次，此后便几乎没再召开过。为什么不再召开了呢？

一般认为，《会议法典》订立后，在农民问题上，士绅得到了满意的结果，因而不需要再召开会议。另外，法典消弭了贵族与士绅的隔阂，两个阶层走上了融合之路。还有一点就是，士绅群体自身也发生了变化。过去，在地方上以城镇为单位，从士绅中选拔人员组成军队服务于君主，而全俄罗斯缙绅会议的代表也是以城镇为单位选拔。

然而，这一切在17世纪后半叶发生了根本的变化。随着以步兵兵团为中心的"新军"的形成，原先护卫皇室的地方士绅转变成新军队里的将校军官，他们获得新的政治角色与利益。成为新军军官的士绅阶层逐渐脱离了与地方的紧密关系，他们也不再需要关注地方事务。也就是说，新军的创设解体了过去"士绅治理地方"的体制与观念。士绅们不再需要召开维护他们在地方利益的全俄罗斯缙绅会议，原先在地方上总管军事与民政的官署也变成了专职的军事机构，民政由莫斯科派出的"地方长官"管理。

另一方面，原先与士绅联手的莫斯科市民群体也发生分化。在从事工商业的市民阶层里逐渐产生"富人"，市民自治的权力逐渐落入富人之手，而大部分市民则不得不忍受越来越多的税赋负

阿列克谢·米哈伊洛维奇 头戴象征沙皇权威的皇冠，手持王杖与王球

担。因军费之需，市民承担的税赋愈加沉重，一般税赋外，政府还大幅提高酒税。这样，市民阶层也分化成两个群体，同时他们与士绅之间的共同利益与需求也逐渐消失。原先支持全俄罗斯缙绅会议的两个主要群体——地方士绅与莫斯科市民都发生了本质变化。因而全俄罗斯缙绅会议也失去了存在的根基。

**"朕意治国"**

关于阿列克谢的统治，科多希金在《阿列克谢统治下的俄国》一书中有相当详细精辟的记载与论述。科多希金原本是俄罗斯驻外使馆的一名官员，后来逃亡至与俄罗斯敌对的瑞典。作为俄罗斯官僚体系中曾经的一员，他对俄国的情况应该是十分了解的，因此《阿列克谢统治下的俄国》是一本具有很高史料价值的书籍。书中，他指出："米哈伊尔在名义上虽也是专制君主，但如若不与贵族商议，他想做任何事情都办不成。"但阿列克谢则不同，"现在的沙皇拥有最高的专制君主的称号，而且他完全按照自己的意志统治国家"。

无论是对外宣战还是缔结和约等大小问题，他都专断独行，从不与贵族及贵族会议的官员商量。"沙皇想要的东西，都按自己的意思去做"。

科多希金的说法非常正确。17世纪的贵族会议，构成人员的人数虽有所增加，但影响力却直线下降。原先三十人左右参加的贵族会议在人数上增长到一百五十三人，但这个会议最终沦为流于形式的空架子。参会的贵族几乎每天都在抚摩下巴上的胡须消磨时间。另一方面，处理行政事务的常设行政官署超过四十个。这样的增长有着较大的意义。1640年以后的半个世纪里，中央与地方政府的行政官僚人数增长了近三倍，一个新的"行政官僚阶层"应运而生。

在行政官僚制趋向成熟与完善的背景下，阿列克谢于1654年设置"君主的枢密院"，其成员以最为信任的近臣充任。阿列克谢甩开了原先的统治体系，与枢密院的近臣共同治理国家。阿列克谢酷好围猎，为此在枢密院中豢养了两百人左右的"养鹰人"，照顾他的近三千只老鹰与大雕。他还在枢密院里为自己准备了一个"上书房"，在这里批阅奏章，接见大臣，发布上谕敕令。俄罗斯的"专制的""绝对主义"王权自此开始。阿列克谢是一个拥有"大俄罗斯、小俄罗斯、白俄罗斯的专制君主"称号的沙皇。

# 教会的分裂

**尼孔的教会改革**　　阿列克谢·米哈伊洛维奇是一位笃信上帝的沙皇。他严格遵守戒律,祈祷虔诚,还常常到访修道院。在耶稣升天瞻礼日的那个星期,他只有三天用膳,四天不食,每餐也仅以一片黑面包或白面包、腌蘑菇或酸黄瓜以及一杯低度啤酒充饥。他丰富的神学知识使他能够亲自检视过问宗教及教会问题。然而十分讽刺的是,他在位期间俄罗斯的教会发生了分裂。

当时的俄罗斯教会存在很多问题。俄罗斯正教里掺杂着许多民间的原始信仰和神秘主义,常被称作"二重信仰问题"。此外,地方上的祭司无知无能,对神学一知半解的不在少数。宗教利益的时间长短也成为争议的话题。针对这些问题,俄罗斯教会开始讨论对宗教进行改革,改革的焦点在于教会仪式和典礼书。俄罗斯从10世纪末开始接受君士坦丁堡教会的信仰,但在之后的数百年中,特别是君士坦丁堡陷落之后,俄罗斯教会在礼仪与经典等很多方面越来越偏离原本的希腊正教,比如用两指画十字,赞美诗只唱两遍,祈祷时要跪拜,等等。

俄罗斯的神职人员一致认为"第三罗马"莫斯科应该对宗教进行改革。他们认为,土耳其人统治下的希腊人已经不能保证其信仰的"纯粹性",因而在君士坦丁堡陷落后,莫斯科有义务承担起保护正教会信仰纯粹性的使命。他们有部分人希望以"莫斯科手抄本"为依据，改革宗教礼仪，修订宗教典籍。

但也有很多人提出强烈的反对意见，反对者认为应该寻找希腊的手抄本，并以希腊手抄本为依据进行一系列改革。当时很多来自希腊、富有学识的修道士"亡命"俄罗斯，莫斯科唯一的"印刷厂"就是希腊流亡修道士帮助建立的。东方教会的牧首也常常到访莫斯科，并与沙皇或其亲信会谈。东方教会牧首希望俄罗斯帮助光复君士坦丁堡，甚至还私下承诺事成之后尊莫斯科牧首为全世界正教会的宗主。"第三罗马"的理念让俄罗斯走上追求成为罗马帝国或拜占庭帝国那样的"帝国之路"。

1652年，莫斯科和全俄罗斯牧首出缺，阿列克谢以诺夫哥罗德大主教尼孔叙补，这一年尼孔四十七岁。尼孔遵照沙皇旨意，以希腊手抄本为依据对宗教经典与宗教仪式进行改革。根据尼孔的改革方案，划十字需要三指，赞美诗需唱三遍，围着教堂列队行走的方向也改为自西向东。这些改革举措当然招致不少反对，但尼孔毅然决然实施了这些改革。

即使是之前赞成改革并与尼孔共同谋划改革的"虔诚信者们"，如若反对新的改革方案中的任何一点，都会遭到流放。沙皇的亲信司祭伯尼法切夫被禁止参与改革活动，大司祭阿巴科姆被流放到北方。尼孔高压且强行的改革引来同样强烈的反对，但他丝毫没向反对者妥协。像希腊人私下承诺的那样，尼孔把自己当作全世界正教的总牧首。

**总主教尼孔** 试图进行教会改革，但却招致分裂

然而，好景不长，1658年阿列克谢以一个很小的借口解除了尼孔的牧首之职。尼孔满怀期待地认为他会得到沙皇的谅解，但最终未能如愿。两年后，教会会议选举出新的牧首。阿列克谢之所以这样做，是有缘由的。尼孔太傲慢了。他曾引用古代把世俗首领与宗教首领关系比作月亮和太阳的说法，认为牧首地位在沙皇之上。在莫斯科以西六十公里之处，尼孔修筑了壮丽的宫殿式修道院，并命名为新耶路撒冷。他还把剥夺教会特权的《会议法典》称作"恶魔之书"。非但如此，在阿列克谢撤销其牧首之职后，尼孔针锋相对地开除了阿列克谢的教籍。虽然后来尼孔服软低头，但他与阿列克谢之间的矛盾已是覆水难收。1666—1667年的教会会议上，再次确认对尼孔牧首之职的撤销。之后，尼孔被流放至北方苦寒之地。虽然如此，尼孔的改革措施却得到教会会议的承认，反对者被贴上异端的标签。

**旧礼仪派的诞生**　　俄罗斯的这场宗教改革本质上是宗教礼仪的改革,与"信仰上帝即可得救"的路德宗教改革有着根本不同的性质。俄罗斯的宗教改革只是对礼仪进行改革,并没有改变教义。但即便如此,改革引发的波动还是影响了全国所有人。最强烈的抗议来自位于北方白海孤岛上著名的索洛韦茨基修道院。修道院所在的索洛夫基岛自古就是流放政治犯之地。修道院里居住着273名修道士和服务于修道院的400多名"俗人"。这里的修道士拒绝接受俄罗斯正教会使者带来的新典礼书,"俗人"也支持修道士的行为。阿列克谢政府派来火枪队,包围了这座建筑坚固的修道院。此后,修道院里通过了"不再为沙皇祈祷"的决议,把这场对立染上了反沙皇、反政府的色彩。政府军的长期围笼使修道院内部分化出"激进派"与"稳健派"两大派别。最后,修道院里只剩下最顽固的350人。1676年1月,政府军对修道院发动总攻。经过激战,修道院的人有62人被捕,至少200人死亡,也有少数人逃出。逃出的人流散到全国各地,索洛韦茨基修道院之战的消息也传遍全国。

索洛韦茨基修道院的叛乱并非特例。拒绝接受尼孔改革的信徒依然遵守着尼孔以前的"旧礼仪",被称为"旧礼仪派"(也有称之为"分离派"的)。旧礼仪派的信徒不可避免地遭到迫害,他们很多人逃亡到俄罗斯的边境地带,还构筑了很多小据点。俄罗斯北部广袤而人迹罕至的森林为他们提供了天然的荫蔽,"旧礼仪派"在这些地方修建了很多小规模的"隐修所"。"隐修所"之间互相联系，一以贯之地坚持着"旧礼仪"。但很快，很多"隐修所"被政府军发现并遭到清洗。当强大的政府军抵近时，走投无路的"古礼仪派"信徒只得以"火的洗礼"这种集体自杀的方式进行最后的抵抗。一般认为，17世纪末有约两万人因此丧生，最多一次有两千人集体自杀。

除了这些公然叛乱和过激抵抗之外，更多的人采取的是和平抗争的方式，他们秘密地、默默地遵守着原来的"旧礼仪"。也有人以不参加教会的活动方式表达他们的意思，但不参加教会活动并不是那么容易做到的。

**教会改革与司祭**　　当时的一般信徒以及地方城镇、乡村的司祭们是如何看待这场礼仪改革的呢？当时的普通人从来都没有读过《圣经》，对他们来说，宗教典礼与仪式就是信仰的全部。仪式即是信仰，即是救赎。而改革后，从司祭口中说出画十字时改两指为三指、绕堂行进时改成与原来相反的行走方向等新的礼仪，普通信徒是十分惊讶的。地方司祭自己也好不到哪里去，他们只能勉强读写，仅具备很少的神学知识。司祭们按照改革方针去做，只是因为他们服从了上级的指示。

17世纪70年代，在俄罗斯的很多地方，尼孔的礼仪改革并没有被深入地接受。很多教堂依然按照旧的典礼书进行宗教行事。1683年,梁赞教区主教帕贝尔在多地巡察,惊讶地发现很多村镇的修道院仍然使用过去的典礼书。但这并不能理解为新的礼仪在这些修道院里遭到了抵制,有的修道院是因为没有接到改革的指示,或者是因为新的典礼书还没有发放。毋庸赘言,俄罗斯是一个幅员辽阔的国家,在很多偏远的地方存在着交通不便、孤立的修道院。因而,有时候上级的指示不一定都能传达得到,新的典礼书未能及时送达当然也在情理之中。况且,从莫斯科把新典礼书送到偏远的乡村,客观上也需要很长的时间。这种新旧典礼书混用的状况直到17世纪末才得到根本改善。

反对使用新典礼书,坚守旧礼仪的司祭与教徒总体来说并不多。有时候他们反抗的并不是新礼仪,而是"强压"的方式。大部分郊区的司祭都很老实地执行了"上级的指示"。真正危险的是那些被剥夺神职的司祭,以及因种种原因逃亡的司祭等"边境地区的司祭"。他们为"旧礼仪"的正统性辩护,宣传着他们的主张,莫斯科里也有同情他们并为他们提供庇护场所的社会精英,比如莫罗佐娃夫人。当然,在国家与教会权力未能有效达到的边缘地区,交通不变的"隔绝"地带,"旧礼仪"的司祭不遗余力地开展着他们的传教活动。比如,顿河哥萨克地带便是他们很好的传教场所。

**司祭必须独身还是可以结婚？**

1666年的教会会议不仅决定改革宗教仪式，在"丧偶的司祭"可否结婚的问题上也做出了新的决定。司祭丧偶后，如能得到主教的特别许可，可以再婚并继续从事神职，但年轻的司祭有时会被要求"降级"。之所以做出这个决定，是因为过去君士坦丁堡的教会法并没有禁止司祭再婚的规定。现代，有些人提到基督教就只会联想到天主教或基督新教，因此较难理解东正教允许神职人员结婚、再婚之事。在此，我们简单回顾一下基督教关于司祭结婚问题的历史。

现代人在教堂举办婚礼被视为理所当然。但是，圣保罗等第一代教会首领不仅对神职人员结婚持否定态度，对世俗人的结婚也持有否定的观点。《哥林多前书》里，保罗说："我说男不近女倒好。但要免淫乱的事，男子当各有自己的妻子，女子也当各有自己的丈夫。""我对着没有嫁娶的人和寡妇说，若他们常像我就好。倘若自己禁止不住，就可以嫁娶。与其欲火攻心，倒不如嫁娶为妙。"保罗虽然如此告诫，但在当时不仅是世俗的人，教职的人结婚也是相当普遍的。401年罗马教会会议和535年克莱罗蒙教会会议都规定神职人员不可结婚，但这类规定并没发挥出很大作用，司祭结婚的现象到公元1000年左右依然如初，没有什么改变。马克·布洛赫在《封建社会》中指出："农村郊区的司祭们本来就没有接受过良好的教育，收入也较低，他们的生活与教区的居民几乎没有不同……他们几乎全都娶妻生子"。其实，不光下级神职人员，司教、教皇等高级神职人员也有结婚的。

根据关口武彦的研究，自1073年即教皇位的格里高利七世开始，连续五代教皇都来自修道院，他们共统治教会四十六年，这期间他们对"神职人员的淫行"进行了严厉的弹压。培德鲁斯·达米亚尼在给教皇的信中对神职人员的妻子进行了

**克里姆林红场上的宗教仪式** 背后为瓦西里大教堂

强烈的人身攻击："你在给别人行按手礼之时，圣灵便来到了你的手上，但你却用你神圣的手去触摸妓女的阴部。"他认为：司祭用手去触碰基督徒的身体，又去触碰妓女的身体，是疯狂的渎神行为。在这些修道院出身的教皇的主导下，已婚者不再担任司祭，并且把司祭的妻子称为"姘妇""妓女"或"奸妇"。此后在拉丁教会中，独身不再是私人的义务，而是对神职人员的规定。如此一来，神职与世俗之间便划下了明显分界线。不过，很多农村的司祭仍然"事实上拥有婚姻"，村民虽会劝诫他们，但这些司祭也并未受到严厉的惩罚。

第二章 罗曼诺夫王朝的诞生

**"丧偶的司祭们"** 在神职人员结婚的问题上，东方教会与拉丁教会稍有不同。生活在5世纪前半期的埃及司祭帕拉努提奥斯说过："不应对神职人员加以沉重的负担。因为婚姻并非丑事。如果未婚的人担任神职，那么担任后他不再结婚便可；如果担任神职前已经结婚的人，并不应该要他们与妻子离婚。"他是"神职人员可以结婚论的古典拥护者"。691年，特鲁鲁斯主教会议承认了"司祭的婚姻"。具体而言，倘若司祭在叙任前已经结婚，那么叙任以后也可以继续保持着原来的婚姻；但是主教以上的高级神职人员必须由修道士出任，这一规定事实上对高级神职人员提出了独身的要求，也等于认可了"结了婚便不洁"的思想。虽然如此，与西方教会相比，东方教会的这一规定仍显得缓和得多。俄罗斯正教会继承了东方教会的"思想"。

中世纪以后的俄罗斯，司祭或者辅祭不得不在受任神职前结婚。他们通常拥有一个人口较多的大家族，司祭的职位也常常由他们的子息世袭传承。对村里的农民来说，一个不熟悉的外来司祭还不如世袭的司祭。正教会的上层组织也清楚，不学无术的世袭司祭会给教会带来弊害，但考虑到亡故司祭遗族的抚养问题，有时村民们也会提出请求，因此教会也常常容许司祭世袭。

"丧偶的司祭"可否结婚？回答是，原则上禁止。但1667年的教会会议承认了691年特鲁鲁斯主教会议的思想，在司祭再婚问题上有所缓和。司祭在丧偶后，若要再婚且继续任神职，需要得到主教的认可,并且级别会降低。

新的规定带来多大的影响呢?对年轻的司祭来说,再婚不是"受欢迎的选项"。因为,得到主教的认可比较难,而且降级后收入也会减少。最重要的是,再婚会招致"社会上的不信任"。再婚的司祭会被原先的同事批斗,还会被要求"赎罪";社会上的人会认为他们"脆弱所以再婚",因而蔑视他们。因此,极少有司祭冒着社会上和精神上的莫大风险而选择再婚。

丧偶的司祭有的还会要求进入修道院,在修道院里他们能够开启新的人生。进入修道院不用数年,他们便可以成为有身份保障的修道士,甚至还能获得更高的位置。在丧偶的司祭群体里,出了很多后来的主教、大主教乃至牧首。牧首尼孔便是其中之一。

## "大变革"的前夜

**莫斯科的欧洲人**

中世纪的所谓"文化",其第一要义就是宗教与信仰。通常来说,欧洲的"近代"开始于 16 世纪。从马丁·路德的宗教改革以及其后不久便爆发的"宗教战争"开始直到 17 世纪中期,信仰一直是西欧的中心政治问题。17 世纪后期,西欧才终于出现"启蒙时代"的动向,经济的重要性也开始凸显出来。中世纪后期的欧洲便有囤积奇货、异地交易的商业活动，17世纪以后欧洲的商人开始制造大船，在全世界开展贸易并迅速积累财富，进而产生了追求"国富"的"重商主义"，其中最具代表性的国家就是"海洋国家"荷兰与英国。重商主义浪潮波及或冲击了几乎所有欧洲国家，连向来与西欧关系淡薄的俄罗斯也被卷入其中。

最早来到俄罗斯的西欧商人是英国人。1552年，本想探寻通往波斯新路径的英国商人霍尔西，因遭遇海难误打误撞地漂到白海岸边的俄罗斯港口。他们被带到莫斯科，伊凡雷帝召见了他们并允许霍尔西设立贸易公司——"莫斯科公司"，这样便开启了俄英通商之路。不久，执波罗的海谷物贸易之牛耳的荷兰商人也来到俄罗斯。但俄罗斯商人发觉英国商人不单从事国际贸易，对俄罗斯的国内市场也抱有很大的野心，因而强烈要求政府驱逐英国商人。1649年，英国爆发革命，国王查理一世被处决，俄罗斯政府借机驱逐了英国商人，但不久他们便卷土重来。

根据最近几十年的研究，整个17世纪，共有1361名外国商人获准进入俄罗斯。他们大多在阿尔汉格尔斯克的"定期贸易"期间到来，并停留几个月。外国商人中荷兰人最多有664人，其次是英国319人，汉堡210人，吕贝克61人，不来梅14人，此外还有113名国籍不明的商人。根据估算，每年大约有200名商人来到俄罗斯。

商人以外，还有很多外国人以雇佣兵的身份生活在俄罗斯。17世纪30年代斯摩棱斯克会战时，雇佣兵人数显著增加，战后有所减少。根据现有史料，1682年在俄罗斯的外国雇佣兵有381人，十几年后的第二次亚速战争时，俄军中有1000名雇佣兵。军人以外，俄罗斯政府还雇用了一些从事医药及各种手工业的外国人。

随着西欧与俄罗斯的交往日益增多，一些去过俄罗斯的西欧人把他们的见闻以旅行记的形式付梓出版。这些旅行记大多把俄罗斯描述成一个未开化的国家。1516年，赫贝斯特因奉神圣罗马帝国皇帝之命，出使俄罗斯。他曾于1516—1517年间以及1525—1526年间两次在莫斯科停留。1549年，他出版了《莫斯科国志》，详细介绍了俄罗斯的方方面面，这部书对欧洲人的俄罗斯观产生了较深刻的影响。书中他用极其负面的语言把俄罗斯写成是"沙皇专制、道德低下、不尊文化"的国家。1591年，英国人弗莱彻出版了《论俄罗斯国家共同体》一书。

就内容的详细程度而言，所有早期欧洲人的俄罗斯记述中以亚当·奥列留斯的《莫斯科及波斯旅行记》为最。奥列留斯曾奉荷尔斯泰因公国君主之命在17世纪30年代三次访问俄罗斯，1649年把自己的见闻用德语写成书出版。后来，这本书被翻译成西欧各国的语言。这本书在记述上比《莫斯科国志》详尽得多，但主要观点、思想却没有太大差别。尼古拉斯·比臣曾作为荷兰使节团一员，后来成为阿姆斯特丹市市长，在他的《日记》中也详细记述了1664年年底至1665年年初在俄罗斯四个月的见闻。由于《莫斯科国志》的先入为主，负面形象已经映入比臣的大脑，因此他也把俄罗斯说成是"除了沙皇,其余都是奴隶"的国家。

**"外国人村"** 　　不管是商人还是军人,在莫斯科居住的外国人总数还是相当少的。这些外国人有着自己的生活习惯与文化传统,在日常生活中难免常常与周围的俄罗斯人发生矛盾。教会上层向来厌恶外国人,且担心外国人污染"圣都莫斯科",鼓动政府对外国人进行一系列限制。后来,俄罗斯政府规定,外国人不得雇用俄罗斯人作为使唤用人,不能穿俄罗斯服装,不可从俄罗斯人手中购买耕地。但是仅有不可购买耕地这一条规定被严格地执行,因为俄罗斯政府也知道他们需要这些外国人。

1652年,阿列克谢政府在莫斯科郊外设置了一个"外国人村",要求外国人一律在四个星期内迁此居住,若继续居住在莫斯科将会受到处罚。这样的措施有些类似中世纪欧洲城市对犹太人的隔离方式。但是莫斯科的"外国人村"并没有限制自由出入的栅栏岗哨。根据1665年的调查记录,村中共有206户人家,其中126户是军户。按照一个家庭五口人计算,村子的人口大约为1200人。除去充当用人的土耳其人和鞑靼人,欧洲人大约有1000人。法国外交官努维尔17世纪80年代曾居住在莫斯科,也证实了这一数字。村里当时有两个路德教会教堂和一个改革派教会教堂,村子的通用语为德语。

莫斯科郊外的这个村子,有一条笔直的大道,两旁长有树木，再两旁是带有院落的两层或三层的小楼，另外还有广场、喷泉，宛若一个欧洲风格的小镇。克柳切夫斯基称它为"莫斯科东郊的小西欧"。圣彼得堡大学的普拉特诺夫更是给予村子"文化沙漠中的绿洲"这样的高度

**莫斯科的贵族们** 17世纪中叶的莫斯科贵族，亚当·奥列留斯旅行记中的描绘

评价。这个外国人村子在"物质上""器物上"影响了俄罗斯。不过，在文化上带给俄罗斯来自西欧影响的则是基辅神学院。

直到17世纪初，乌克兰仍处在信仰天主教的波兰的统治下。为解决乌克兰的东正教信仰危机，1631年基辅洞窟修道院院长，也是后来成为基辅大主教的彼得·莫基拉创设了基辅神学院。当时的法国、西班牙等天主教世界普遍存在这种普及中等教育的"学院"，莫基拉的基辅神学院就是以耶稣会的学院和波兰的神学院为蓝本而建立的。

基辅神学院里讲授希腊语、教会斯拉夫语以及拉丁语。如此大胆的举措引来了强烈的反对声。但这里的学员通过拉丁语学习了很多西欧世界的先进知识和现代思想，他们的博学多识在莫斯科引起了巨大的正面反响。一些莫斯科的贵族还把自己的子弟送到这里学习，也有贵族专门从基辅招聘家庭教师。基辅神学院的毕业生西美昂·波罗茨基以颂诗家的身份成为沙皇阿列

克谢子弟们的教师。西美昂的弟子梅德韦杰夫也成了费奥尔多的侍臣,梅德韦杰夫也想在莫斯科建立一个类似的神学院,但这一计划遭到教会上层的反对,梅德韦杰夫也因而殒命。

**俄罗斯各地**

17世纪末的俄罗斯已俨然是一个幅员辽阔的大国,而且有着继续扩张领土的倾向。此时俄罗斯全国的人口大约一千万,人口密度却连每平方公里十人都不到,而同时期的法国人口有两千万,人口密度每平方公里三十四人。俄罗斯最大的城市莫斯科人口仅约二十万,第二大城市雅罗斯拉夫尔的人口尚不满五万。除了莫斯科较为特殊外,整个俄罗斯的城市与农村都十分贫困,行政组织也不完备。

17世纪,担任地方行政的是从莫斯科派往地方行政中心城市的"地方官"。1620年,地方官有185人,1690年增长到约300人,稍大的城市往往有两名地方官。这些地方官多为退伍军人,从政府领取俸禄,任期大约两年,任务主要是征税等民政事务。随着地方官群体的增多,俄罗斯的地方行政也日趋"行政官僚化"。这些地方官在地方上横征暴敛,滥用权力,常常激起当地居民抗议和上访。越是山高皇帝远的地方,贪污就越严重。西伯利亚甚至有"污职天国"的恶名。西伯利亚的地方官职位因此也成为地方官们梦寐以求的位置。

西伯利亚是各种皮毛的宝库。最初是猎人来到这个地方,然后商人也紧随而来。西伯利亚的皮毛资源使得这一地区成为沙皇政府不可或缺的税收来源。16世纪末到访俄罗斯的英国人弗莱彻说：俄罗斯税收的三分之一来自皮毛。根据17世纪的史料记载，西伯利亚出产的皮毛有：貂、黑狐或白狐、白鼬、银松鼠、河狸、山猫、黑北极狐或白北极狐、兔、狼、黑豹等。17世纪中期，居住在西伯利亚的俄罗斯人大约有六万，当地原住民人口是俄罗斯人的三四倍。原住民需要缴纳一定数量的皮毛充税。

皮毛之中最为珍贵的是黑貂皮，毛质优美柔滑，欧洲的王公贵族很早就对其爱不释手。17世纪中期，俄罗斯每年出产大约二十万张黑貂皮。但由于滥捕，很快就导致貂皮资源的枯竭。

俄罗斯人最早在西伯利亚构建了很多堡垒和要塞，后来其中一些发展成为"商业城镇"，城镇周边的农业也有所有发展。1661年，俄罗斯在贝加尔湖附近建立了伊尔库茨克城，并把它作为东西伯利亚的首府。到17世纪末，俄罗斯已将领土推进至太平洋西岸。然而在广袤的西伯利亚，居住的俄罗斯人仅有十五万。

**斯捷潘·拉辛之乱**

1667年，阿列克谢政府统治之下的顿河哥萨克传出内部不稳的消息。哥萨克原本多是俄罗斯和波兰的逃亡农民，他们聚集在大河河口附近的据点，有时也构筑城堡要塞。在这些大小不一的据点里，他们选举自己的首领，过着自治的生活。哥萨克最明显的特征就是与农业生产诀别，过上游牧民族一样的马背生活。他们组成一队队人数不等的武装骑兵，掠夺草原上的游牧民和渔民。哥萨克的主要生活资源都来自抢夺。在所有哥萨克中，顿河哥萨克人数最多，有大约两万人。莫斯科的中央政府对哥萨克是睁一只眼闭一只眼，定期配给谷物、盐、火酒等物资，以此让哥萨克为中央戍守边境。

顿河哥萨克的传统远征路线是波斯方向。与以往的远征不同，1667年的这次远征没有得到居住在切尔卡斯克的首领的许可。少壮派哥萨克在资深哥萨克斯捷潘·拉辛的带领下开始远征，斯捷潘·拉辛这一年四十岁。虽然付出了巨大的代价，但斯捷潘·拉辛带领的队伍通过两年的里海远征还是颇有斩获。斯捷潘·拉辛名声大振，很多哥萨克都围拢到他的周围，他因此取得了切尔卡斯克的控制权。

1670年春，斯捷潘·拉辛率六千人的部队再次出征。然而这次并没有向伏尔加河下游进发，而是溯河而上，攻占了很多伏尔加河沿岸城市，并在被占领的城市实行哥萨克自治制度。斯捷潘·拉辛的这次远征明显带有叛乱的性质。拉辛部队颇受下层农民欢迎，农民们呼应拉辛，袭击领主的馆舍，很多农民还加入了拉辛的叛军。

拉辛在呼吁造反的檄文中宣传道：当今沙皇的太子也在队伍中，失宠的牧首尼孔也在军中。拉辛宣称，自己并不是要反沙皇，反对的是贵族为首的"奸佞恶臣"。一些游牧民族因为长期受到

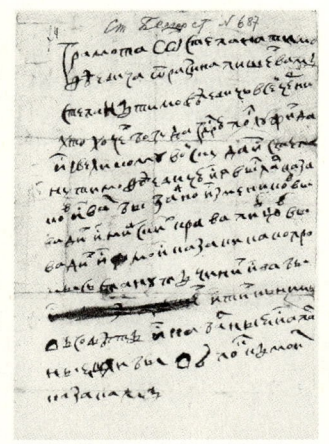

**斯捷潘·拉辛的叛乱**　左图为拉辛手书《魅惑书》，右图为被押送前往莫斯科的斯捷潘·拉辛，右图右上为其弟弗洛尔

沙皇政府的经济、宗教迫害，也加入拉辛叛军队伍。

针对拉辛的反叛檄文，阿列克谢政府首先宣布了所谓在叛军之中的太子早已病死的死讯，还把尼孔迁往较远地方拘禁。1670年10月，政府军与叛军决战于辛比尔斯克，除了少数经验丰富的哥萨克骑兵外，拉辛的大部分士兵甚至连像样的武器都没有，叛军在装备最新武器的政府新军面前很快败下阵来。战斗中负伤的拉辛逃回切尔卡斯克。在那里，拉辛被曾经的战友擒获并交给政府军。拉辛的移交意味着哥萨克放弃了"顿河自主裁决"的传统，也意味着放弃了自治的传统。1671年6月，拉辛被处死在莫斯科红场。

阿列克谢政府不仅一举摧毁了哥萨克的自治体制，还要求哥萨克向沙皇"宣誓效忠"。哥萨克的首领几乎没有反抗之力,至此,边境地区"自由自治的哥萨克共同体"被彻底置于沙皇的统治之下。

# 第三章

# 彼得大帝的"革命"

## 被西欧吸引的年轻皇帝

**克里姆林宫的权力斗争**

1672年5月30日拂晓,阿列克谢又喜添一名皇子,此皇子便是后来的彼得大帝。

1669年阿列克谢的皇后玛丽亚·米罗斯拉夫斯卡娅去世。玛利亚皇后为阿列克谢生育了十三位子女。两年后,阿列克谢又续弦迎娶一位新皇后——娜塔莉·纳雷什金娜。

彼得虽是男性子嗣,但从长幼秩序上讲并不具备继承皇位的资格。外戚纳雷什金家族逐渐获得很多朝廷的重要位置,势力日渐壮大。米罗斯拉夫斯基与纳雷什金两个外戚家族间的矛盾慢慢浮现。阿列克谢在世时尚能维系稳定的局面,但1676年阿列克谢去世后,两个外戚家族立即围绕皇位展开争夺。最终米

**费奥多尔三世** 十六岁即位,体弱多病,在位仅六年去世

罗斯拉夫斯基的外甥费奥多尔夺得皇位。这一年费奥多尔已有十六岁,并非幼君,按理不会再有祸乱。但他的身体并不那么健康,为下一场皇位争夺埋下了隐患。

费奥多尔三世在位虽仅有六年,却是一位聪慧进取的沙皇,试图改变这个古老的国家。他废除了已经"形骸化""空壳化"的门阀制度,起用人才不论出身。他对拉丁文化的冲击与影响也并不介意,甚至还主动吸取了一些,这在古老的东正教传统的国家是难能可贵的。有人把他的改革称为"费奥多尔改革",并认为这场改革是彼得大帝改革的先声。无奈天不假年,身体孱弱的他在1682年4月离开人世。他的皇后是波兰贵族之女,不过两人没有留下子嗣。

费奥多尔三世还躺在病榻之时,皇位之争已然上演。米罗斯拉夫斯基家族试图拥立费奥多尔三世的同母弟、已有十六岁的伊凡继位,但伊凡身体状况更差,且有精神疾患。伊凡的异母弟彼得此时虽仅有十岁,但体魄健硕。彼得的舅族纳雷什金家族联合牧首乔基姆争得了皇位。于是,在费奥多尔三世过世后,皇母娜

俄罗斯:罗曼诺夫王朝的大地

塔莉当上了摄政，彼得也正式即位。但米罗斯拉夫斯基派很快便卷土重来。

费奥多尔和伊凡的同母姐姐索菲亚公主二十五岁，不甘失败。在彼得继位的次月，即1682年5月，索菲亚煽动火枪队（译注：一译"射击者部队"）兵变，袭击纳雷什金派主要人物，大约四十人遇袭身亡，彼得与他的母亲娜塔莉仓促出逃。兵变后，索菲亚自任摄政，掌握了国家大权。彼得与伊凡成为共同的统治者。"双沙皇"的体制从拜占庭史中可以查到先例。彼得与娜塔莉居住在莫斯科郊外的皇村。在皇村居住期间，彼得未能得到正规的皇家教育，除了一些宫廷仪式外，他也很少能够去克里姆林宫。

索菲亚与她的兄弟们一样，从小受到良好的教育，而且是一位极具野心的公主。当时驻莫斯科的法国外交官努维尔曾这样评价索菲亚："她虽没有读过马基雅维利，但她似乎是按照马基雅维利说的那样办事行动的。"

**摄政索菲亚的统治**

索菲亚以摄政身份掌握大权后，任用宠臣瓦西里·戈里津，甚至还传出了他与戈里津有着情人关系的丑闻。她掌权后面对的第一个棘手问题就是解决帮助她夺权的火枪队问题。火枪队中以队长赫万斯基为首的很多人是旧礼仪派的支持者，索菲亚最终还是镇压了"赫万斯基派"。此后俄罗斯的宗教政策有所缓和，对非正教徒采取了一

**摄政索菲亚** 费奥多尔与伊凡的姐姐，一心想成为皇帝

些容忍的措施。俄国在这一时期还收容了一些法国胡格诺派新教徒，以基辅神学院为模型设立了"斯拉夫、希腊、拉丁科学院"。宠臣戈里津也是西欧通，结交了很多外国友人。另有传闻，戈里津曾考虑过解放农奴。

与内政相比，索菲亚的对外政策则是乱作一团。在她主导下，俄罗斯加入了反奥斯曼帝国的"圣神同盟"。1687年春，戈里津率大军征伐克里米亚。这次远征无功而返，戈里津完全没有考虑到饮水补给的问题，致使大军未战即退。政府把这次撤退掩饰成"暂时的撤退"。1889年2月，大军再次开拔。7月便凯旋，莫斯科举办了盛大的庆功会，戈里津也表现出一副得胜将军的姿态。但谎言很快被揭穿。

索菲亚的政府让很多人大失所望。这个背景下，彼得的支持者展开了攻势。1689年1月，彼得的支持者让已成年的彼得迎娶了一位下层贵族之女，举行结婚典礼。婚礼的举行让索菲亚失去继续摄政的正当理由。之所以与下层贵族联姻，就是要动摇克里姆林宫里旧的位阶序列。

彼得完婚后，索菲亚仍不打算还政。她的亲信建议她当"女皇帝"，但这个建议是否索菲亚本人授意，至今仍是个谜。不管是否有自立为皇帝的计划，1689年8月，索菲亚还是策划了对彼得的袭击计划。彼得半夜得知阴谋后立即离开住处，前往莫斯科郊外的谢尔盖圣三一修道院。第二天，神、俗高官陆续集结于彼得陛前，拥护彼得，此时胜负已分。最后，戈里津被流放北方，索菲亚被幽禁于新圣女修道院。这样，政治实权又转移到了纳雷什金家族这边。

**彼得与"外国人村"**

1689年，纳雷什金家族在政治斗争中取得决定性胜利，彼得也如纳雷什金家族所愿开始亲政。虽然如此，彼得并没有能够真正地亲政，他这个时候对政治还没有产生很大的兴趣，每天在交朋会友、玩耍饮酒中度过。政治权力被他的母亲娜塔莉及外公列夫·纳雷什金所掌握。彼得与欧多克娅婚后不久便闹出不和，但两人在婚后第二年还是生下了长子阿列克谢，又过一年生下了次子，只是次子不满一岁便夭折——沙皇家族的男性子嗣夭折的好像特别多。

彼得从小就酷爱军事，经常与同龄朋友聚在一起玩战斗游戏。最初这个游戏还只是游戏，后来却变成了实战，甚至还有人员死伤。亚历山大·缅希科夫后来成为彼得大帝的股肱爱臣，就是因为他是其战斗游戏时的玩伴，长大后也一直侍奉彼得左右，成为当时权力仅次于彼得的第二号实权者。据说亚历山大是一名下级军人之子，小时候在街头卖饼为生，因展现出充沛活力与智勇才能而得到彼得大帝的重用。

彼得在莫斯科郊外的外国人村结交了很多外国朋友，这让他的视野大为开阔。他经常去苏格兰出身的帕特里克·戈登宅邸访问，戈登后来成为彼得的军事顾问。他还与来自瑞士的雇佣兵弗朗茨·莱佛尔德交往密切，认识彼得前，莱佛尔德已经在俄罗斯生活了十五年。彼得学会饮酒与玩耍就是这位莱佛尔德诱导的。外国人村的朋友中最为亲密是安德烈·维尼乌斯，他曾教彼得学习荷兰语。安德烈的父亲是在俄罗斯建立第一所制铁厂的荷兰商人。彼得还在外国人村遇见了他的第一位情人，一个酒吧老板的女儿。彼得就这样在玩耍中学习并增长见识，然而彼得这样的生活方式遭到了上层神职人员的反对。彼得对他们毫不在意，反而组织了所谓"至狂至醉宗教会议"，以荒诞不经的行为反抗着上层神职人员的干涉。

**亲政的开始**

1693年7月，彼得离京巡幸白海港口阿尔汉格尔斯克——俄罗斯当时唯一的海港。在此，他见到了外国商船。第二年，彼得巡察此地。彼得一生热衷于造船与航海，可能就是从这两次出巡开始的。巡游中，他还来到索洛韦茨基岛上的修道院，身着正装参加教会仪式。1694年1月，彼得母亲去世，彼得正式开始执掌大权。两年后的1696年，其异母兄伊凡五世也离开人世。伊凡一直像个木偶一样出席一些宫廷仪式，据说彼得对他产生了同情怜爱之心。

彼得亲政后的第一场对外战争仍旧发生在南方。目标与索菲亚公主一样，争夺土耳其控制下的顿河河口要塞——亚速。然而，1695年夏季的第一次出征，彼得吃了败仗。由于没能切断土耳其从黑海的补给线，克里米亚鞑靼人又从背后突袭，让俄军首尾不能相顾。

但彼得并未因此而怀忧丧志，相反，他立刻重整旗鼓。他集中精力创建了一支海军，在顿河中游设立了一座造船厂。他命令不分神职、世俗，大小官员一律为战争捐款，还集中了全国的劳力采伐木材用来造船，很多外国人也参加了这场造船运动。速度与大规模动员是彼得改革的特征，这一特征在这次战争中便表现了出来。

1696年5月末，俄罗斯大军再次南下，俄军这次仅用了不到两个月时间便攻克亚速。彼得原本打算把这座城作为新的贸易港口而加以建设，还计划改名为"新阿尔汉格尔斯克"，但很快就放弃了这个想法。莫斯科举行盛大的阅兵式迎接凯旋的俄军，为表彰军队的功绩，彼得甚至站在海军司令的身后。虽然这场胜利只是局部的，但能够战胜大国奥斯曼帝国，这足以让俄罗斯和彼得驰名欧洲。

**二百五十人的使团**　　1697年3月初，带着亚速战争胜利的荣耀，为进一步对抗奥斯曼帝国，俄罗斯政府派出约二百五十人规模的大型访欧使团。俄罗斯向西欧派遣使团并不鲜见，但特殊的是，这次的使团中还包括一个三十五人的"志愿者"小组,目的是到荷兰学习造船术。彼得自己也在三十五人小组之中,他假借"米哈伊洛夫"的名字,成为使团的普通一员。之所以要匿名,一方面是可以省去烦琐的接送仪式,另外也不想让莫斯科觉得他不在国内。彼得通过这次出使,亲眼看到西欧文明的先进之处,促使他决心大规模学习西方。在他这次修学旅行中,儿时玩伴缅希科夫一直跟随左右。

使团在往返途中分别踏足了柯尼斯堡、德累斯顿和维也纳,但使团最主要的目的地是当时世界上最先进的海洋国家荷兰与英国的首都——阿姆斯特丹与伦敦。8月,使团到达阿姆斯特丹,在这里,彼得与十个随从获得了东印度公司造船厂的许可,干起了"造船木工"的活儿。11月,他们还参加了木帆护卫舰的下水仪式。

在阿姆斯特丹停留的四个半月里,彼得把大部分时间用于学习造船技术。但他与荷兰执政威廉三世进行了会面,并参观了医院、植物园、风车和烟火大会等。特别是博物馆之行给彼得留下深刻印象,他对浸泡在酒精中的婴儿标本和人体解剖实验十分好奇,甚至还带回了一些展品。阿姆斯特丹这个被运河所联通的世界贸易中心让彼得倾倒,他计划以阿姆斯特丹为模型,在俄罗斯建设一个新首都——圣彼得堡。

翌年1月,彼得一行渡过海峡来到伦敦。他本想在这里学习造船的理论知识,然而后来却没有时间静下心来读书。他下榻在德特福德的皇家协会会员约翰的宅邸,因为英国皇家海军造船厂正位于德特福德。在这里,他认识到英国才是世界第一的航海国家,也认识到英国的财富就是得益于航海贸易。除了了解航海的情况外,彼得还参观了天文台、

**彼得一世的西欧体验** 彼得在英国德特福德造船厂学习技术。右边拿锯子的人就是彼得

锻造厂、武器库、皇家协会,还有一些大学。他还踏入了伦敦塔。彼得了解到,英国虽然名义上也是君主制国家,但皇家的预算却受到议会的限制,这让他觉得英国不是应该学习的好模式。

在伦敦,彼得买了大量的商品,如大商人垄断经营的烟草,以及钟表、磁铁、地球仪、刀剑等物品。他想把这些物品带回俄罗斯作为仿制的样本。他还买了几名黑人奴隶,据说女奴价格三十英镑,童奴二十英镑。当时英国向西印度群岛大量贩卖黑奴,英国的上层家庭也流行购买奴隶作为用人。彼得此举也可能是在赶时髦。彼得一行在英国停留了三个月,据说英国政府向彼得下榻的约翰家支付了三百五十镑的损坏赔偿。

5月,彼得一行来到德累斯顿,6月抵达维也纳。维也纳是神圣罗马帝国的宫廷所在地,当时的皇帝是利奥波德。1683年在第二次维也纳之战中,神圣罗马帝国的军队战胜了奥斯曼帝国军队。1697年在森塔会战中,奥斯曼军队在此败走。在此时的利奥波德看来,奥斯曼问题已不是主要问题,让他感觉处理起来比较棘手的是西班牙王位继承问题,因此对于

第三章 彼得大帝的"革命"

彼得提出的联合抗击奥斯曼帝国的提议，利奥波德表现得并不积极。

彼得原本还打算继续到威尼斯访问，但后来传来了莫斯科爆发兵变的消息：曾经帮助索菲亚公主夺权的火枪队再次暴动，试图杀害彼得。彼得闻讯后立即取消访问计划，紧急回国。这次浩浩荡荡的西欧访问之旅结束。彼得从西欧国家带回九百名技术人才，其中大多数是航海造船的工匠与水手，还有一些建筑师和医药家。通过此行，彼得更加确信无疑地认识到学习西方的必要性。

# 战争与"俄罗斯帝国"的诞生

**北方战争**

如前所述，彼得的对外政策继承自摄政索菲亚，政府将战略目标锁定于来自南方奥斯曼帝国的威胁。亚速远征也体现了这种外交政策，虽然战争的目标较之前有所控制，但俄罗斯也首次创建了第一支海军舰队"亚速舰队"。然而，单靠俄罗斯自身的力量，也只能取得这些成果而已。要想进一步压制奥斯曼帝国，需要向欧洲寻求战略上的盟友，派遣大使团的外交目的便是试探在欧洲结成反奥斯曼同盟的可能性。不过，事与愿违，此时的欧洲正处于西班牙王位继承战争的前夜，没有国家对反奥斯曼同盟感兴趣。

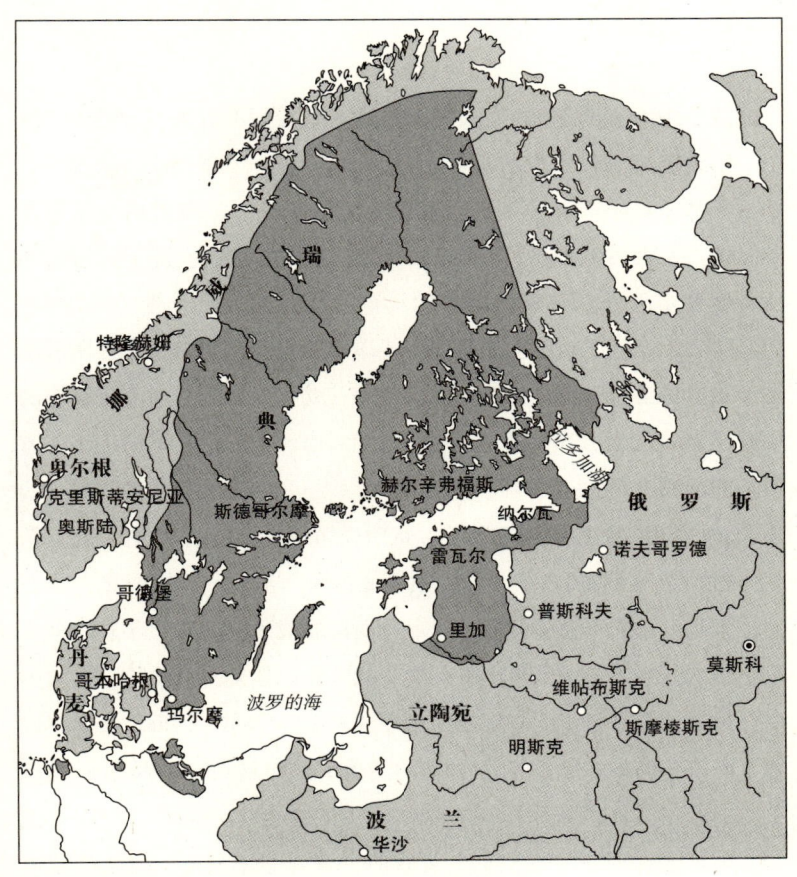

**彼得时代的北欧** 北方战争前夜，瑞典是环绕波罗的海的大国

在从维也纳回国的途中，彼得接到消息，莫斯科起义业已平定。回国的路上，彼得与波兰国王奥古斯都进行了秘密会晤，此外还向哥本哈根派出密使。俄罗斯、波兰和丹麦都曾在与瑞典的

第三章 彼得大帝的"革命"

战争中沦丧国土，三国在这一点上有着相同的过去。于是，三国间便结成了对瑞典的军事同盟，即所谓"北方同盟"。欧洲三十年战争的英雄古斯塔夫·阿道夫领导瑞典后，瑞典成为军事大国，是握有波罗的海制海权的"波罗的海帝国"。除了斯堪的纳维亚半岛外，瑞典在波罗的海南岸也领有大片土地。1679年，年仅十五岁的幼主卡尔十二世即瑞典王位。俄、波、丹三国看准这次机会，掀起了收复失地的战争。就这样，俄罗斯皇帝彼得的注意力发生了180度大转弯，把矛头由南方的土耳其转向了北方的瑞典。

1700年8月，在等待与奥斯曼帝国正式停战之时，俄罗斯便断然对瑞典宣战。俄罗斯宣战之时，进攻丹麦的瑞典大军在卡尔十二世的统率下，已经使丹麦退出战争。虽然很年轻，但卡尔十二世却展现出非凡的军事才能，据说他是古代亚历山大大帝狂热的崇拜者。面对俄罗斯的军事行动，卡尔十二世率领大军经由波罗的海，在贝尔瑙登陆，突袭了正对瑞典要塞纳尔瓦进行围笼作战的俄罗斯军队。虽然俄军的规模远超瑞军，但由于俄军是仓促间拼凑编列的，士兵的训练也很不充分，因此在瑞典军队强势攻击下，大批俄军士兵毙命，炮兵部队也丧失殆尽。大战刚刚开始，彼得便吃了败仗。也有观点认为，彼得并未亲临战场指挥作战，是造成失败的重要原因。不管如何，总之因亚速远征而名满天下的彼得，因这场战役的失败而声望扫地。如果卡尔十二世乘胜追击，那么近代的大国俄罗斯可能将不复存在。

历史往往让人意外,卡尔并没有乘胜追击俄罗斯,而是剑指波兰。为什么瑞军没有继续攻击俄罗斯,原因也许有两个,一是卡尔认为纳尔瓦之战后,俄罗斯已是穷途末路,随时可以收拾;另一种可能是卡尔忌惮俄罗斯严寒的冬天。

*战场上的彼得大帝* 决定北方战争胜利的波尔塔瓦之战中的彼得大帝,罗摩诺索夫画

但真正的原因究竟如何,我们现在仍然无据可考。总之,从结果来看,这一次卡尔失算了。瑞典虽然最终成功地更换了波兰国王,并在波兰树立了一个傀儡政权,但与波兰的战争却耗费了七年之久。这七年时间给了彼得充裕的时间来重整军备与战时体制。

1706年8月,卡尔在波兰国王的出生地萨克森停留,而瑞典大军也终于整装完备开始向莫斯科进发。在接近俄罗斯边境时,卡尔的军队突然遇到了一个意想不到的事态。彼得早已预先将边境一带付之一炬,大片区域化作焦土。由于俄罗斯采取焦土作战的方针,瑞典军队想在当地征调军粮的算盘落空。另外,南下的瑞军补给部队在莱斯纳亚村附近遭俄军拦截消灭。不过,彼得这边也传来一个坏消息,彼得甚至怀疑是不是自己耳朵听错了。俄罗斯合并乌克兰后,很多事情进展得都很顺利,乌克兰理应不会出什么乱子。然而就是这个让彼得很放心的乌克兰,其首

第三章 彼得大帝的"革命"

领马泽帕突然叛变。马泽帕希望利用这次机会，借助瑞典的力量试图让乌克兰再次获得独立。彼得迅速派出其左膀右臂缅希科夫应对乌克兰的变故。反乱最终得以控制在最小规模。跟着马泽帕站到瑞典一方的兵力总计不过数千人而已。

俄瑞两军的决战之地在乌克兰要塞波尔塔瓦。卡尔的军队由于长途跋涉，车马劳顿，疲惫不堪，而俄军则是以逸待劳，从容应对。俄军不仅在规模上超过瑞典，在装备与训练上也远居优势。1709年6月28日，两军展开决战。傍晚时分，胜负已定。瑞典军队全面溃败，几乎遭到全歼。卡尔与马泽帕在慌忙中狼狈地渡过顿涅亚浦耳河，逃往奥斯曼帝国。波尔塔瓦之战是决定俄罗斯在北方战争中取得最终胜利的转折之战。

**"尼斯塔德和平"与帝国的诞生**

瑞典虽然在波尔塔瓦之战中败北，但北方战争并未结束。卡尔在此后五年中，停留在奥斯曼领地内的班德尔，近乎执拗地鼓动奥斯曼苏丹向俄罗斯开战。也因此，彼得大帝的俄军曾一度陷入困境。但瑞典最终还是未能挽回败局。1714年，瑞典海军在汉科湾海战中败给了年轻的俄罗斯波罗的海舰队。年底，长期在外的国王卡尔回到国内。然而由于经年征战，国内的经济已凋敝不堪。1718年年底，卡尔在靠近挪威的要塞遭流弹击中而殒命。这枚子弹不是从正面打入的，而是击中了卡尔的背部，因此内部犯案的说法很有说服力，不过真伪已难以分辨。俄军大胜的战局下,不仅原先的同盟军再次加入战斗,普鲁士也加入了进来。连战连捷的俄罗斯军队最终登陆瑞典本土,直接对瑞典展开攻击。和平谈判终于开始。

1721年8月末,在芬兰南部港口小镇尼斯塔德,交战双方签订和约。除"瑞典领波美兰尼亚"外,瑞典在波罗的海南岸的领土全数尽失,"波罗的海帝国"也从此解体。俄罗斯获得了波罗的海三国,也就是爱沙尼亚、利沃尼亚及英格里亚,因此确保了波罗的海的出海口。通过这场战争,俄罗斯成为了东北欧的强国,也成了一个霸权国家。

祝贺和约签订的庆典在俄罗斯持续了一个月。此时的俄罗斯已经将首都由莫斯科迁到圣彼得堡,而元老院也把"国父""大帝"乃至"皇帝"的称号送给了彼得。"皇帝""帝国"的称呼原本是有着历史由来的,在欧洲只有神圣罗马帝国才拥有这些称号。因此,欧洲大国并没有立刻接受俄罗斯的这些新称号。然而,欧洲国家的承认却也只是个时间问题。随着俄罗斯在国际政治舞台上发言分量逐渐增加,"俄罗斯帝国"这个名号也最终固定下来。因此,自1721年开始,俄罗斯进入"帝政时期"。

**引入征兵制**

彼得时代最大的北方战争持续二十多年之久,其他战争亦是延绵不断。17世纪的整个欧洲也都处于战争的阴霾之下,和平倒是例外之事。历史学家克柳切夫斯基对彼得时期战争与改革的关系曾论述道:"战争是彼得改革的原动力","战争决定着改革的顺序,改革的速度与方式源自战争。改革措施因应着战争的需要被一项一项地推出"。这样的见解固然正确,但彼得统治后期的改革却是明显带有计划性的,因而并不能说彼得的改革全都是应战之举。虽然如此,就军事改革而言,我们仍不能忽略当时的战争因素。

1705年2月,在纳尔瓦遭遇军事上的失败后不久,彼得向全国所有乡村发布征兵令。征兵令规定,"每二十户中征用一名适于服役的单身丁口"加入军队充当士兵。俄国的征兵制由此诞生。同年12月,又以相同的标准再次征兵。翌年10月,取消单身与已婚之别,一律纳入征兵范围。此后,俄国基本上每年都进行征兵。直到在波尔塔瓦会战取得胜利后,征兵的条件才稍有缓和。1713年1月,将征兵人数由"二十户征一"减为"四十户征一",翌年2月又降低为"七十五户征一"。然而征兵并不顺利,每次征兵都需要"箭头一般地"催促各村完成征兵人数。彼得统治期间,平均每年从全国的村庄征用约两万兵丁,而前期这一数字则高达三万。

最初,服兵役并没有一个明确的期限。一旦从征入伍,就意味着与村庄、家庭永久的分离。农民因此对征兵十分忌惮,然而每个村又必须有人应征服役。当时的村庄是如何决定人选的呢?抽签是最为公平的方法,估计很难说这一方法没被各个村庄所使用。但不久,大多数村庄逐渐采用让村中的"懒人"和"酒鬼"入伍的惩罚式方法来决定服兵役的人选。这是当时俄国农村特有的现象。俄国农民需向贵族和修道院等领主缴纳田赋,也要向国家缴纳租税,而村庄对田赋与租税的缴纳是负有连带责任的,也就是说,如若有人滞纳税赋,所欠份额要么由整个村庄集体补齐,要么由有能力的农民代缴补齐。在这种体制下,贫困的人或者劳动能力低的人成了整个村庄的负累。所谓"懒人""酒鬼",仅仅是一种荒谬的空口之言。因为如果让富裕的农民服兵役,会降低整个村庄的经济实力,而领主对此也并不支持,所以国家的兵役重担基本都推给了赤贫的农民。就这样,贫困的村民仅仅获得了少得可怜的补偿金便被村庄除名。

**贵族的军役义务**

指挥农民士兵的将校的情况又如何呢?将校无一例外全都由贵族担任,不过在彼得时代,军中的贵族不再像以往那样悠闲。如前所述,17世纪的贵族在战争、远征和过境警备时才"骑着马、带着仆从、全副武装"随军出行,除此之外的时间里,贵族们仍可在一定条件下到自己的封地生活。然而,彼得的战争不再允许贵族们像以往那般悠闲。

从北方战争之始到波尔塔瓦战役期间,俄国采取许多措施,最大限度地动员青年贵族和可以从征的贵族加入军队。1711年,俄国设立元老院,"补任官署"因此撤废,其职权被移交给元老院附属的纹章局。新的机构对贵族的服役情况进行统计,并实施审查。另外,1714年,为强化贵族的土地所有权,俄国引入"一子继承制",而"下赐封地"体系也同时终结。此后,贵族在享受俸禄的同时也必须承担永久服务国家的义务。最终,俄国颁布《官阶表》(1722年),以服役期限和功绩对贵族施行分级。

由此一来,彼得赋予了贵族们为国家服务的义务,特别是军役义务。贵族们不得不终身服役,直到因患病或负伤而离开战斗序列为止。彼得所立法律几乎没有考虑贵族的退役、休假,他们不能再像父祖那样居住于自己的庄园。休假只能在战争之后通过每个人的申请才可获得批准,期限也仅有四个月、六个月或十二个月。完全退役的条件只有两种,一种是获得"陆军参事会认可的医师的证明或者敕令",另外一种是死亡。

**从户头税到人头税**

人头税是彼得改革中的一个重大问题,其创设也是与战争密切关联的。波尔塔瓦战役的前一年,亦即1708年,彼得发布谕旨,对全国的家族人口进行普查。俄国在17世纪后半叶开始征收"户头税",当时户是征税的基本单位。前文所讲述的征兵也是以户为单位课征的。征兵依据的户籍簿是1678—1679年全国普查时编订的。此后约三十年间,俄国没有实施全国普查。在此期间,全国的户数增加颇多,政府希望统计新的户数,从而获得更多的税收。因为长期化的战争早已让国库见了底。

新普查共花费三年时间,结果却让政府大失所望。总户数由795万变为635.5万,减少了20%。虽然一些地区的户数有所增加，但大部分地区是减少的，占全国总户数三分之一的中央区莫斯科州更是减少24%。

不过，政府并不接受这样的结果。户籍总数之所以减少，有两个原因：一是国家派出的普查官收受贿赂，在统计簿册上填写了较少的数字；二是农民为避免国家的征税，很多家庭拆除了自己居住的小屋并聚集到大家族之中。俄国农民居住的"原木屋"构造极其简单，推倒这些屋子并非难事。国家在前一次普查中就已经知晓统计数据的不实。因此，国家没有采用新的统计结果，依然使用三十年前的旧簿册向农民课税。

五年后，政府再次尝试在全国进行普查，这次普查被称为"郡长调查"。然而，普查尚在进行之中，便发现很多数据并不理想，因此这次普查没有进行到底便半途而废。政府发现这次普查已然存在与过去相同的不正之风。当时的俄国地方行政非常粗陋，不仅人手不足，而且未形成有效的行政网络，单靠威吓性的指令并不能显著奏效，因而对农民的课税不得不再次回到使用旧簿册的老路上来。但不久之后，俄国从法国得到启发，创设了一种从根本上革除过去纰漏的新税制。新税制以人作为征税的单位，户不再作为征税的单位。这种新税制便是人头税。

1718年11月，彼得发布谕旨："所有的人都要登记（限期一年），要如实申告某村某处有多少名男子。"翌年1月，元老院以敕令的形式公布了人口普查的实施办法，要点只有一条，即农村的所有男子都应纳入统计，包括新生儿与老人，因为将户头税转为人头税是本次调查的目的所在。然而调查进行得并不顺利，除了在预计之内的不正之风与隐匿现象，俄国传统的"家奴"、逃离本籍的逃亡农民、流浪汉以及"自由人"等各种各样的问题也使得本次调查迁延日久。最终，耗费了两年的时间才得到了四百万人口的数字。

**常备军的必要性**

彼得的税制改革不单是一场为改变课税单位而进行的改革，这一税制改革最初是作为军事税而被考虑设计的。尼斯塔德和平条约签订后，北方战争结束。俄国虽然在战争中取得胜利，但面临的国际形势依然严峻。以往那样在战争结束后便解散军队的做法是无比危险的，因此彼得深刻地认识到建立常备军的必要性。维持军队每年大约需要耗费四百万卢布，而战争中征收的很多临时税在战后失去了"战争需要"的正当理由，因此彼得迈开了废除所有临时税并以人头税代替户头税的改革步伐。

课税金额是其中一个重要问题。在这一点上，彼得的做法还算合情合理。最初，他将四百万卢布的总税额平摊到四百万丁口的人头上，每人课税一卢布。一年后，随着丁籍调查的深入，全国丁口总数达到了五百万，并最终达到五百四十万。与此相应，每个丁口所需缴纳的税额也降为八十戈比，进而降至七十四戈比。历史学家博格斯洛夫斯基在其未完的著作中对彼得每天的活动有着详尽的记述，书中他对这场税制改革评论道："改革者并不是为国家经济考虑的财政家,而是一位仅仅对数字进行操弄的算术家。"1724年,俄国开始对每位男子征收七十四戈比的人头税。过去,一些历史学家强调新税带来的重负,而现在也出现了一些与此相反的见解。无论如何,人头税的设立给俄国财政带来了根本性的变革。这一改革是出于战争需要而进行的,因此在某种意义上也带有军事性。

## 新的都城圣彼得堡

**"泪水与尸体之上"**

圣彼得堡是彼得大帝"革命"的象征之城。与传统而因循的古都莫斯科不同的是,圣彼得堡在所有方面都充满着世俗性与计划性。这座富于进取精神的新都市的特征在三百年后的今天仍得以传承。

1703年,即纳尔瓦战役失败后,彼得在涅瓦河河口三角洲的沼泽地带构筑了一座要塞。这座要塞后来又被扩建为新的城市。这个地方虽然寒冷、潮湿、气候恶劣,每年还会遭受洪水之害,几乎所有不利因素都汇集到了一起,但对当时的俄罗斯而言,却是距离欧洲最近的地方。城市的名称圣彼得堡源自守护圣人圣彼得。这座城市虽然最初只是作为要塞建设的,但在建立后的第二年,彼得便流露出在此建立新都城的构想。之后,他对这座城市的规划、建设以及财政预算和人力资源都给予了极大的关怀。

圣彼得堡不是一夜建成的，它的建设以1712年为界限可分为两个阶段。第一阶段是对北边沼泽地夯实加固的基础建设时期。为此向全国的村庄和城镇下达了征召四万名民夫的指示，但实际应召的人数却不足三万。民夫的工作是单纯的土木建设劳动，恶劣的气候与衣食、居住条件让很多人罹患疾病，也有很多人因辛苦的劳作而丧命。有一份报告指出："由于高强度的劳动、寒冷的天气和饥饿，使得六万人丧命于此。"这一数字的真假信凭无从查证，但疾病与死亡的确是"弥漫于此的现象"。一个世纪后，知识分子卡拉姆津曾发出这样的批评："这是一座建立在泪水与尸体之上的城市。"

虽然彼得亲临现场，在木屋里坐镇指挥着这场与洪水的战争，但仍然难以消解地基的脆弱。1714年，彼得发布了一个有名的敕令。该敕令规定：进入新首都的每辆货运马车需向城市缴纳三个五俄磅的石头，货船依照其大小，每艘缴纳十个到三十个十俄磅的石头。货运马车与货船向城市缴纳石头的义务共持续了六十年。这座石造之城的基础由此得到了加固。

基建完成后的另一课题是人口，而人口问题也是通过强制手段解决的。政府制作了一张贵族迁徙清单，并命令拥有五百户以上农奴的富裕贵族需在瓦西里耶夫斯基岛上修建两层的馆舍。此外还命令从全国各地迁徙富裕商人和工匠。彼得还把当初设立在莫斯科的各类专业学校也搬迁到新首都，还新建了一些学校。

通过一番努力，圣彼得堡的人口终于在彼得统治末期达到了大约四万的规模。

人口一旦增长，就不得不考虑粮食的问题。要向帝国边境的新首都居民供给粮食，需从全国各地调配粮

**彼得宫殿** 彼得大帝的夏宫。1721年建成，模仿凡尔赛宫的样式，喷泉为当时的最新技术

食，而为了运输粮食，又不得不修建道路、开凿运河。然而在拉多加运河、上波罗乔克运河开通之后，首都高物价问题并未得到解决。虽然代价很大，但国家并未停止对这座新城的资金投入。城市建设也没有被放弃。对于圣彼得堡的建成，有历史学家指出"虽然没有直接的证据"，但彼得建设规模如此庞大的工程，也有着政治目的，即追求与古代罗马君士坦丁大帝修建"庞大庄严的首都"（君士坦丁堡）比肩。

**"良好的行政就在议政院"**

在城市建设的同时，政府机关的播迁也在紧锣密鼓地进行着。1712年是这座新城的转折点。首先是宫廷从莫斯科迁来。对彼得而言，莫斯科是一个因袭守旧、与改革唱反调的"反动"之城，毫无留恋可言。元老院的设立让原本已经有名无实的贵族会议走到了尽头。元老院本来是彼得由于远征等原因不在首都时处理政务的临时机构。迁至圣彼得堡后，这个机构负责制定执行彼得意志的具体

第三章　彼得大帝的"革命"

方针，并传达给中央与地方的各个机关，同时也担负着监察各项政令执行情况的职责。

中央官厅的各个部门也在进行着根本性的改革。彼得采用了一种与以往数十个官署所不同的新的行政形态，就是当时欧洲流行的议政院（俄语原词为"院"）。德国哲学家莱布尼茨曾有句名言："只要有议政院就可能进行良好的行政。议政院的运行机制就如同钟表一样，它能起到让齿轮之间保持着相互作用的运转。"彼得对这句话深信不疑。由此一来，彼得设立了包括"外务院""陆军院""海军院"等主要议政院在内的十二个院。各院的决定都经由合议而定，且有详细的规则加以约束。主要议政院的正职长官由彼得的亲信出任，所有副职都由精通这一行政形式的外国人担任。院在设立之初共有716名人员，其中外国人就占了近10%（共66人）。外国人起到了很大的作用，薪俸也是俄国人的五六倍之多。在意大利建筑家托雷津设计建设的位于涅瓦河畔的议政院里，新的国家行政体系启动了。

在开展一系列改革时，彼得也将改革草案交予很多政治家讨论。也就是说他采用了所有问题委于审议的"民主主义手法"，但从结果来看，一切还是遵从了彼得的意志。因为"沙皇专制"是不容动摇的。另外，官阶表虽然确立了根据年资、功绩晋升的"平等"原则，但彼得还是有一些特别宠臣，彼得给予他们法律所不允许的法外恩典。

**宗教事务衙门**

十二个新设立的参政院以外，俄罗斯还设立了处理宗教事务的"神职参议会"。神职参议会最初与负责世俗事务的参政院并列设置，但此举招致神职人员反对。在神职人员的要求下，神职参议会更名为"神圣的宗教事务衙门"。这一机构被赋予"在宗教事务方面拥有与元老院同等的权力"。然后，宗教衙门的权力徒具形式，新的宗教事务机构在权力上与参政院并无二致。虽然我们不知道彼得是否知晓他父皇在位时期的"尼孔事件"，但彼得十分清楚自己之所以继承皇位，正是高级神职人员搬弄权势的结果，他也非常清楚这些神职人员对自己所推行的改革强烈不满，甚至直接明了地表示反对。自亲政伊始，彼得便在削减教会权力方面倾注了大量精力。

1700 年，总主教阿德里安去世，教会改革在这一年也迈出第一步。阿德里安的前任约阿基姆对高官中开始流行的剃须与穿西服的现象非常厌恶，并坚持不懈地对这样的现象提出批评，虽然这些西化的新习俗在彼得之前即已有之。阿德里安继承了前任的路线，由于厌恶外国人，阿德里安对彼得的大型访欧使团颇有非议，也反对后来所进行的一系列改革。不仅如此，他还在反改革阵营中充当前锋的角色。阿德里安去世后，彼得并没有立即任命继任者。这一年的 12 月，彼得任命一位"代理"代行总主教职权。1701 年，阿列克谢时期遭裁撤的修道院官署得到重建，官署长官由世俗人士充任。

一系列改革之后，正教会在形式上成为侍奉于沙皇权力的机关之一。教会土地财产收益被国库征收，神职者的权力也被限制于"神职"本身。1720年8月，总主教职位遭正式裁撤。新的宗教事务衙门是彼得教会政策与教会改革的最终产物。宗教事务衙门的长官由教会人士雅波卢斯基出任，不过，彼得另外设置了"总督"一职，用来监视宗教事务衙门。这与监视元老院的做法相同。

费奥凡·普罗科波维奇为彼得的教会政策提供了理论上的支持。费奥凡·普罗科波维奇是来自基辅神学院的学者，也有着在波兰与罗马的耶稣会学院的学习经历。他在教会与世俗关系领域见识卓著，颇有才能的他还是一名擅长修辞学与辩证法的"赞美诗作家"。此时的彼得正需要这样的人才。才智聪慧的费奥凡·普罗科波维奇遇上锐意进取的彼得，一位如千里马，一位如伯乐。得到彼得重用的费奥凡·普罗科波维奇在圣彼得堡以刀笔之功为彼得的教会改革披荆斩棘、树规立矩。在代表作《君主意志的正义》中，费奥凡·普罗科波维奇把拜占庭式的、"沙皇权力源于神"的范式与同时期欧洲自然法思想相糅合，并以此为世俗权力高于神职权力提供思想理论依据。神职参议会的准则《神职条例》也出自费奥凡·普罗科波维奇之手，条例中，他强调了教会改革的必要性，以及神职参议会的制度化优点。特别值得一提的是，费奥凡·普罗科波维奇还非常关注司祭的教育问题。

**司祭的教育义务**

难以置信的是，作为一个基督国家，彼得之前的俄罗斯没有一所为司祭提供教育的正规神学校。俄罗斯的司祭是世袭的，父辈司祭会教给子辈司祭简单初级的教会仪式，但司祭们并没有接受过真正意义上的神学教育。《神职条例》对司祭们的昏聩蒙昧、不受民众尊崇的形象与状态提出尖锐批评。有鉴于此，条例要求所有司祭在叙任前有义务接受教育，以达到任职的资格。为提高司祭的业务能力，各管区不得不把创办神学校提上日程。除此之外，为方便司祭们传教讲经，还需编印一部简明易懂的神学入门书，供所有教堂常备。过去也曾有人提出在全国创办神学校的建议，《神职条例》出台后，这样的建议终于成为现实。

普罗科波维奇亲自编撰了教义入门书，书中对正教教义进行了简明易懂的阐释。入门书采用一问一答的形式，十分通俗易懂。1720年之后的五年中，入门书共出版十二次，发行总量超过一万六千部。民间的司祭被要求定期在教堂讲读入门书。可是，设立神学校的工作却进展缓慢，有的地方即便开办了神学校，也很难招到学生。彼得要求神学校学生必须学习希腊语和拉丁语，他还严格规定"不愿学习之人不得承袭其父的司祭、辅祭之职"。但这样的规定已远远超出一般神职人员的理解能力，比如，一般的司祭对为何要学习拉丁语这个"异端的语言"很不理解。民间的司祭家庭中，子弟们常被视为家中的劳动力，所以司祭一般不会主动送子弟去学校学习。一些强制入学的孩子也常常一瞅着机会就逃学。即便如此，至彼得末期，共设立创办了四十六所神学校，在籍学生约三千名。神职人员接受教育的义务有强化其身份世袭的倾向，这是因为在过去的村庄中，农民等非神职人员也是有机会成为司祭的，也可以说，在过去的村庄里，司祭是一个相对开放的社会群体，而改革事实上封堵了这条路。

1722年，彼得进一步以国家安全的名义，向司祭们下令清查被举报人秘密。理由虽是预防谋反于未然，但此举让俄国的司祭们变成了收集政治情报的代理人。彼得跨越了一条不可逾越的红线，教会也因此沦为政治的侍女。

**波罗的海商路**

彼得的经济政策最初以扩充军备、充实军需为重点。制造武器所倚赖的冶铁业等重工业，军服自给自足所需的纤维业等轻工业，与前一个世纪相比都得到飞跃发展。除此之外，彼得的政策中，也可看到增进"国富"的思想：很多产业部门进行了工业化改造，产品也实现了外销，国家收入也因此增加。彼得的思想与法国路易十四时期财政大臣科尔贝的重商主义如出一辙。为实现富国目的，俄罗斯有很多方面都亟待改革，而其中最重要的课题就是国际贸易港的位置问题。白海的阿尔汉格里斯克港不仅距莫斯科较远，而且因漫长的冰冻期，一年之中有半年之久不能正常使用，不仅如此，阿尔汉格里斯克还存在接连不断发生的海难问题。也就是说，阿尔汉格里斯克作为对外贸易港口有着双重、三重的缺陷。

因此，新首都圣彼得堡取代了阿尔汉格里斯克，成为新的国际贸易港。

彼得在新首都建设之始，便呼吁西欧各国商人利用波罗的海商路路线。作为鼓励，他降低了很多方面的费用。然而直到与瑞典缔结和平条约，这一呼吁并未奏效。因为新首都与俄罗斯内陆间的道路尚不通畅，另外走这条海路还需冒着被瑞典海军抓捕的风险。

**圣彼得堡港**　面临波罗的海，北方战争后迅速成为国际贸易港

彼得对圣彼得堡港的吞吐量问题十分急躁。他最初提出全国所有货物都必须经圣彼得堡才可运往国外，1715年他把目标降为原来的一半，而一年之后，这一目标又降为原来的六分之一。可以说，直至北方战争结束，阿尔汉格里斯克的优势地位并未动摇。1721年，抵达阿尔汉格里斯克的外国商船有110艘，而与此相对，圣彼得堡却仅有60艘。不过，尼斯塔德和约缔结的第二年，圣彼得堡便反超阿尔汉格里斯克，此后经由圣彼得堡进行贸易的外国商船呈现急剧增长的势头。1724年1月，彼得对进口货物征收高达75%的进口税，以此来给外国商品不断涌入的形势刹车。

波罗的海贸易发展的同时，连接圣彼得堡与国内城市的贸易路线也逐渐形成，河川之间也修筑了运河——虽然此时已有用运河连接伏尔加河与顿河的构想,但直至苏联时期,这一构想才得以现实。与同时期欧洲的君主一样,彼得十分重视与东方国家的贸易。他曾向中国派出使团,也尝试开拓通往印度的商路。彼得晚年派出的北太平洋探险队的主要目的虽然是学术活动,但也不能说这些探险活动与通商毫无关系。

**皇太子阿列克谢的叛逆**

彼得有过两段婚姻。1689 年,彼得与第一位皇后欧多克娅·洛普金娜举办婚礼结为夫妻,这一年彼得十七岁。这场婚姻是彼得的支持者们操作下的政治联姻。婚后第二年,欧多克娅为彼得生了一名皇子,名为阿列克谢。又过一年,第二位皇子出生,不过据说这位皇子出生不久便不幸夭折。后来,彼得与欧多克娅渐行渐远。彼得每天都会去外国人村里的一个酒馆,在那里他认识了老板孟斯的女儿安娜,并与她结下私情。彼得随访欧大使团回国后的第一晚,便寄宿在安娜的住处。欧多克娅皇后最终还是被彼得打入修道院,这也意味着彼得与欧多克娅的婚姻实际上已不复存在。这对当时年仅八岁的皇太子阿列克谢来说,简直是一夜之间失去了母亲。

后来,彼得又钟情于缅希科夫府邸的女佣玛尔塔。玛尔塔的生父是立陶宛的农民,彼得并未因其身份低贱而持有偏见。至1709 年年底,彼得与玛尔塔共生育了两位皇女。1708 年,玛尔塔改信东正教,更名为叶卡捷琳娜·阿列克谢耶夫娜。1712 年 2

月,彼得与叶卡捷琳娜·阿列克谢耶夫娜举行"花烛之礼",就这样,这位农民的女儿,曾经的宫女正式成为沙皇的皇后。

彼得是一位强权父亲,他要求皇太子阿列克谢接受严格的帝王教育。而阿列克谢对此却十分反感,长期抵制。阿列克谢对德意志人老师的政治、外语以及军事学课程充耳不闻。懒惰懈怠的阿列克谢让彼得忍无可忍,他甚至严厉训斥阿列克谢:"如若你不按我要求的做,我就不认你这个儿子。"父子不和的消息不胫而走,成为公开的秘密。

**皇太子阿列克谢** 反对父皇彼得大帝,被判死刑

即便受到训斥,阿列克谢也丝毫不隐藏对这种强制教育的抵制。非但如此,他对父亲的厌恶感也日益加深。有一次,阿列克谢在教堂里做忏悔时说"想看见死去的父亲"。倾听他话语的司祭慰解他道:"神应会赦免吧。我们都盼望着他死去,因人们已不堪重负。"阿列克谢得到维护莫斯科传统的保守派人士的支持,甚至有高级神职人员说阿列克谢"是我们唯一的希望"。

1715年10月,决定性的一刻来临。阿列克谢之妻刚生了一位皇孙便在产褥上过世。而恰在此时,彼得写了一封信给阿列克谢,信中重申了改革要继续进行下去的必要性,并进而讲道:"如果你仍不明白自己的生命应奉献给我们的国家和人民,我与其将皇位传给对我事业无益的儿子,不如传给其他有益的人。"船迟又遇打头风,不久彼得的皇后叶卡捷琳娜生了一名男婴。听到这个消息的阿列克谢向彼得表示自己无意继承皇位,这等于是放弃了皇位继承权。对此,彼得回应说:如果真的放弃,就要去修道院。阿列克谢也表示同意。

如此一来,问题似乎得到解决。但阿列克谢却迟迟未上呈请求去修道院的奏章。因此,彼得对阿列克谢说:如果你还有意继承皇位,那么请你加入我派出的丹麦远征军。这也是作为父亲的彼得对阿列克谢最后的温情。阿列克谢很快便从圣彼得堡出发,然而途中他却掉转车头,向着维也纳一路南下。阿列克谢与神圣罗马帝国皇帝卡尔六世有着连襟关系,因此他希望在维也纳得到政治庇护。阿列克谢行踪不明后,彼得竭尽全力进行搜索,得知他逃亡维也纳的消息后,显得十分震怒。彼得以宣战作为威吓,要求卡尔六世将阿列克谢引渡回国。经过长达一年多的搜索与外交交涉后,1718年1月底,阿列克谢被引渡回国,在莫斯科受审。逃亡事件的相关人员陆续遭到逮捕和处决,6月底,阿列克谢自己也被以"阴谋颠覆现政权"的罪名判处死刑。神、俗两界共一百二十七名高官在判决书上签了字。判决下达两天之后,尚未等到行刑之日的阿列克谢便死于狱中,走完他仅仅二十八岁的短暂人生。有传言说,彼得亲手杀死了阿列克谢。但真相可能永远是黑暗中的一个谜。

**大帝的崩殂与民众**

阿列克谢事件不仅仅是一场父子之间的对立激化事件。代表传统势力的阿列克谢在情感上有着为数众多的支持者，而彼得对此动向一直保持着警惕。如前文所述，阿列克谢的死刑判决书上签有神、俗两界高官的姓名，但唯独缺少一位高官的名字，他就是名门望族出身的俄罗斯第一位将军鲍里斯·佩得洛维奇·谢雷梅切夫。高龄的谢雷梅切夫因患有疾病，并未像其他高官那样迁往圣彼得堡，而是留在了莫斯科。不过有传言说他是装病的。然而事实上，他在第二年的2月病故。虽然新首都并没有与他地位相称的神堂，但彼得还是把他的遗体运到了圣彼得堡，并埋葬于亚历山大·涅夫斯基修道院——即便是死，遗体也没能自由地留在莫斯科。

阿列克谢死在牢狱时，彼得大帝还有一位两岁的儿子。不久，他把这个儿子取名为彼得·佩得洛维奇，并记录于正式文件中。然而事有巧合，阿列克谢事件之后还不到一年，1719年4月中旬，年幼的彼得·佩得洛维奇出人意料地夭折了。

至此，彼得已失去所有男系继承人，三年后的1722年2月，他公布新的皇位继承法。新法规定："皇位由现任君主据意志愿望指定的人继承。"不仅如此，如若将来的皇帝有"任何堕落"，那么可以剥夺他的权力并将皇位交予其他有资格继承的人。这种所谓的遗诏立储让彼得在死后也可以继续贯彻自己的意志。然而彼得自己没能来得及依照这个法令指定继承人，便于1725年1月28日驾崩，享年五十二岁零八个月。死因是尿毒症。

**彼得大帝的家族**　大帝与皇后叶卡捷琳娜，两位皇女与皇孙，图上的皇孙便是后来的彼得二世

多数人在惊异中迎来彼得的死讯。对于因才能被彼得赏识简拔并与他一道推进"革命"的人来说，没有比彼得英年早逝更让人扼腕的了。伊凡·涅浦柳耶夫是洛夫哥罗德地区贫困贵族出身，曾在威尼斯学习航海术，留学后出任驻君士坦丁堡大使，"凝视着讣告，泪如泉涌，泪水打湿了讣告纸。深切怀念我皇于我之厚情深恩。真不敢相信这是真的。一昼一夜之间，全然陷入六神无主之中"。

然而，大多数人对彼得大帝及其"革命"持不同见解。原本属于保守势力的神职人员不分位阶高低，一概对"革命"持批判态度。对大多数贵族来说，彼得的改革也超越他们所能理解的极限。贵族与普通民众不同，他们清楚彼得不是"掉了包的沙皇"，也不是"反基督者"，彼得就是真正的沙皇。但他们不能理解这位沙皇为何非得离开莫斯科将首都迁到北方，为何即便靡费巨资也得拥有海军，为何要延绵不绝地扩张领土而与大国横生轧轹，所有这些问题他们都难以理解。在很多方面，贵族们与彼得无法找到交集。贵族们认为正是彼得的这些改革让国家日益荒芜，同时也使自己也无法获得领地。

虽然立场与贵族不同，人数上占绝大多数的民众也全然不买彼得改革的账。在他们看来，"若是以往的沙皇，绝不会做这样的事情。那时候蓄须是一种礼节，衣服也比现在更好。沙皇经常与皇后一起到修道院去祈祷"；"这位是真的沙皇吗？他不是沙皇，而是一位反基督者。他抛弃了整个国家，与德意志人打得火热，他住在德意志人村落，穿着德意志服装，每周三与周五还以肉为食"。民众诸如此类的话语还有很多，在此不一一枚举。从这些话语中，可以看出民众对彼得大帝"革命"的基本态度与看法。他们被接踵而至的各种重负压得喘不过气来，而这些负担都出自彼得的旨意。这样，民众之中便产生了"现在的沙皇"不是爱护民众的"真沙皇"的想法。传言说得栩栩如生："真正的沙皇"不是孩提时期在外国人村被狸猫换太子了，就是在外国遭人替换。

在俄罗斯民众的传统意识里，彼得的"革命"也只能被理解成这个样子。但凡事皆有例外。1724年写成《贫富书》的批评家伊凡·普索西科夫是农家出身，他曾说："沙皇理应庇护农人。唯因领主乃农人之一时主人，而沙皇方为永世之主人。农人富则国富，农人穷则国穷。"但是，普索西科夫这些话并不是对"革命"的批判之言，他在别处也表达了对彼得"革命"的理解："吾皇拼以十人之力勇攀山顶，然多数之人反道行之，反向用力。"

**"革命"与彼得个人的角色**

如本章开头所述,彼得大帝的"革命"给整个国家与社会带来莫大的影响。文中也有很多对彼得改革的评价,但在本章的最后部分,仍想借用俄罗斯当代历史学家的话语对"革命"的意义与彼得个人所扮演的角色做进一步的思考。

苏联解体后,俄罗斯历史学家们对历史上的重要问题再次进行了新的考察。有关彼得时期及18世纪俄国历史的研究领域中,最为活跃的学者要数俄罗斯科学院俄罗斯史研究所圣彼得堡分部的叶夫根尼·阿尼西莫夫。他在苏联后期发表了有关人头税的研究,1989年写成《彼得改革的时代》一书,这本书后来又被译为英文出版。可以说,他是该研究领域首屈一指的学者。在此,我引用1996年他在东京国际学术会议上的报告《彼得改革及其对于俄罗斯历史的归结》进行以下评述。

报告中,阿尼西莫夫首先介绍了一个问卷调查的结果。问卷设问:"俄罗斯历史上让你最为骄傲的时代是什么时候?"回答"彼得大帝时代"的受访者最多,占比约54.3%,这一比例超过了半数。而第二高的"勃涅日涅夫时代"的比例相当于"彼得大帝时代"的约三分之一。两者的差距拉得很大。这样的结果与实施问卷调查时苏联已解体五年的背景不无关联,但阿尼西莫夫认为,彼得时期之所以受如此热捧,与俄罗斯人对"大帝的共鸣"有密切的关系。人们之所以喜爱彼得时代,阿尼西莫夫认为有"天纵英雄式的领导者、传统的对家长的爱戴"、"无可争议的国家名誉"、目的意识、勇气、做事一根筋的"超凡卓越的个人魅力"等原因。

三个世纪以来,俄罗斯的历史学家与文学家连绵不断地对彼得的遗产进行研究与讨论。在此基础上,阿尼西莫夫总结出两点"明确的结论"。第一,彼得改革的前夜,历史之风已经朝着变革的方向吹来,社会各个方面的弊病危机让改革呼之欲出。第二,彼得在所有改革方案中选择了"最为强硬的、非妥协的、社会牺牲最大的方案"。这第二点成为诸多问题的根源。彼得的目的是要把所有俄罗斯人从"受洗礼的熊"改造为"受启蒙的国民"——这里所说的"熊"绝不是一种蔑称,而是对俄罗斯人的一种爱称——为达成目的,他采用专制与"强制的手段"。"以强制促进步"是彼得改革的最大特征,彼得在所有领域都采用了强制手段。关于改革,在很多改革成果业已显现之后的1723年,彼得自己写道:

> 如果没有教师的强制,我们的国民仍如同未入校门的孩童一样,绝不会去学习字母。最初他们或许感到辛劳,但在习得之后是会抱有感谢之情的。现在出现的状况已十分明了。为何如此,因为很多政策虽是强制施行的,但已经能够听到很多感谢之言。

不过,阿尼西莫夫对彼得大帝的一些强制手段还是持严厉批判态度的。他列举了一些实例来说明这些手段所带来的弊害，但他也用这样的语句认可了彼得改革的成果与莫大影响："时至今日，我们仍然沿着彼得大帝为我们曾经开辟的道路前行。"

正如阿尼西莫夫所主张的那样，彼得大帝的改革是一场"自上而下的革命"。这场改革为俄罗斯民族文化一体性打上终止符，创造出"两个种类的国民"，恰恰就是一场真正的"革命"。被称为专制的独裁体制虽不是这个时代的产物，却是经由彼得之手而"一元化、固定化"的。在俄罗斯历史的走向上，彼得大帝发挥了决定性作用。虽然如此，只把彼得一人视为例外也有失妥当。有着传统专制权力的俄罗斯皇帝中，如若有强烈的意志，谁都有可能做到这些。因为，历代沙皇对权力的限制都极为敏感，而贵族与民众也期待着"强势沙皇"。

# 第四章

# 女皇的时代

## "宫廷革命"的时代

**错综混乱的继承人问题**　　彼得大帝死后，直至1762年叶卡捷琳娜二世即位的三十七年间，共有六位男、女沙皇相继上位。但他们每个人都是平庸之辈，人们一般把这个时期看作"缺少足以继承北方巨人遗产后继者"（普希金语）的时代。即使现在的史学相较于苏联时期已有所发展，在很多问题上也有新的审视，但这样的评语大体上仍是妥当的。不过，关于这一时期的问题，并不是说就没有一些新的发现和基于新发现的新见解。

彼得大帝驾崩之时，大臣们随即着手准备拥立新君。缅希科夫这些由彼得简拔的高官拥立彼得大帝的皇后，而彼得的男系后人——孙子没能够继承皇位。叶卡捷琳娜·阿列克谢耶芙娜就这样成为俄国历史上第一位女沙皇。在近卫兵的扈从下，叶卡捷琳娜强行即位。缅希科夫没有忘记对旧贵族进行抚慰怀柔。女皇即位第二年年初，元老院之上又设立了一个由八人组成的"最高枢密院"，除新贵族外，多尔戈鲁基家族、戈里津家族等名门望族也得以参与其中。此后，缅希科夫牢牢地掌握权力，成为叶卡捷琳娜一世女皇亲信中的亲信，参与所有事务的决策。

然而好景不长，1727年春，叶卡捷琳娜罹患疾病，倒于病榻，继承人问题再次出现。在拥立彼得大帝的孙子彼得·阿列克谢维奇为新君这一点上，新旧贵族达成了一致。但缅希科夫仍旧为自己的继续专权埋下伏笔。他让病榻上的叶卡捷琳娜同意新君与自己女儿玛利娅的婚约。5月，叶卡捷琳娜去世，十二岁的彼得二世继承大统。表面上看，缅希科夫的权力坚如磐石，但后来的发展却事与愿违。

问题出在彼得二世身上。即位之初的彼得二世处于岳父缅希科夫的庇护之下，但很快，彼得二世便对事事干涉的缅希科夫心生怨恨。这种怨恨也指向了"公认的新娘"。曾经的"全能权力者"缅希科夫身边发生了微妙的变化。曾目无他人的缅希科夫遭到从不反对他的旧贵族们的联合反对。旧贵族们得到皇帝亲笔签署的文件，将缅希科夫革职并流放西伯利亚。1727年9月，缅希科夫与包括皇帝未婚妻在内的三名"不幸的女儿"一起被流放到西西伯利亚的别廖佐夫，其庞大的财产被没收。两年后，缅希科夫死于流放地。曾被称为彼得大帝左膀右臂的缅希科夫的命运也成为俄罗斯政治人物最终结局的一个象征。

缅希科夫倒台后，俄国出现短暂的权力真空。缅希科夫的名声的确不佳，他

倒台后的缅希科夫与女儿一起被流放西伯利亚　1883年，斯尔科夫画，托雷恰科夫美术馆藏

的威压也招致众人反感。不过，除他以外，却也没有一位像他那样既有丰富经验又有果敢执行力的政治家与军人。权力被名门望族出身的阿列克谢·多尔戈鲁基掌握。他也从最高枢密院那里获得自己女儿与皇帝的婚约。从结果来看，这简直就是"缅希科夫愚蠢行为的翻版"。幼帝对狩猎有着异常浓厚的兴趣，多尔戈鲁基与他的儿子不得已虚耗了很多时日，婚礼最后被定于1730年1月举行。参加庆祝的人们从全国各地赶往莫斯科，多尔戈鲁基家族的支配性权力几乎近在眼前。

然而天有不测风云。出席在莫斯科河冰面上举行的传统圣水仪式后，彼得二世感染风寒。祸不单行，不久彼得二世又感染天花。1月28日夜半时分，也就是婚礼的前夜，彼得二世告别人世。多尔戈鲁基茫然若失。

**名门贵族的挫折**

选立新君的问题又一次出现。在新君选择上,多尔戈鲁基等旧贵族掌握着主导权。这次他们没有从彼得大帝的支脉中拥立,而是选择了彼得的"共同统治者"伊凡五世之女安娜·伊娃诺维奇。1710年年末,十七岁的安娜嫁给库尔兰德公爵。不幸的是,婚后两个月丈夫便撒手人寰。此后的二十年间,她一直在米塔瓦过着阴郁寡居的生活。安娜生活在宗教文化与俄罗斯迥异的环境之中,不过这样的背景恰好迎合旧贵族们拥立一位"架空木偶"的需求。很快,迎驾的使节被派往了米塔瓦。使节抵达之后,安娜便被要求在"有条件即位"的文件上签字,而她也同意了这些要求。就这样,安娜来到莫斯科——彼得二世即位以后,首都又迁回了莫斯科。

安娜签字的所谓"条件",实际上是俄罗斯传统上对专制君主权力大幅限制的内容。这个写有条件的文件公布后,遭到新士族的强烈反对。新士族担心俄罗斯再次变成大动乱时代大贵族们无边无际的斗争场所,因此对所有条件一概不予承认,他们要求安娜效仿自己的祖先,以专制的方式统治国家,并依照这样的主旨写成了请愿书。

御驾抵达莫斯科十日后,安娜在克里姆林宫召见要求维持君主专制权力并废止最高枢密院的新士族代表。安娜当面诘问同时在场的多尔戈鲁基:"在米塔瓦要朕签署的各项所谓条件是所有臣工的意思吗?你不是在欺诈朕吗?"就这样,安娜撕毁并废除了"所有大臣都赞同"的、附带"条件"的誓约文件。多尔戈鲁基等名门贵族恢复贵族寡头制的企图遭遇了挫折，首都也再次回到圣彼得堡。

**"德意志人的统治"是真的吗？**

安娜不是一个人单枪匹马地回到俄罗斯的，她有一个名叫比隆（德意志人）的宠臣跟随左右。对于没有接受过正规教育，也缺乏睿智和深思熟虑的安娜来说，比隆的存在是不可或缺的。他无一日不在安娜女皇的近旁，有人曾目击两个人手牵手散步的样子。俄罗斯的统治与行政事务被交给了比隆，但除他以外，还有一位重要的德意志人也参与了中枢决策，就是经验老成的高级官僚奥斯特尔曼。奥斯特尔曼自1708年侍奉彼得大帝以来，便一直处于统治中枢的位置上，是位务实的人物。所以，很多人说"德意志人的统治"是安娜时代的特征。然而，这种见解是否准确呢？

彼得大帝当政以来，很多外国人来到俄罗斯。虽然他们大多从事的是技术工作，或是成为职业军人，但也有一些人当上了政府高官。他们对彼得大帝忠心而且诚实，同时也"良好"地完成自己的工作，所以获得了高官厚禄。但他们的角色也仅此而已，

**安娜女皇** 伊凡五世之女

也就是说统治权力仍牢牢掌握在皇帝手中，这些外国出身的高官充其量只是皇帝的手足臂膀而已。

但彼得大帝崩殂之后，情况猝然发生变化。外国人也开始追逐权力，而阻止他们对权力的追逐却是一件难事。如此一来，很多俄罗斯人对德意志人的飞扬跋扈产生不满，对德意志人的指责批评也接踵而来。在这一问题上，有一点是值得我们予以重视的。在当时的俄罗斯，如果把德意志人剔除，无论民政还是军事都无法想象能够正常运作。另外，他们也多与俄罗斯人通婚，从这一角度来说，他们属于"德系俄罗斯人"，他们的工作也是与俄罗斯人一起开展和完成的。所以说，事实上并不存在"控制权力"的"德意志人党"。也正如"比隆诺夫斯齐那"（比隆体制）这个词语的含义那样，外国的高官群体并没有牺牲俄罗斯人的利益来谋求"德意志人的利益"。不过，高官间的争权夺利是存在的，这本应是另当别论的问题，然而斗争中民族主义式的情感却被利用，成为尔虞我诈的政治工具。

1740年10月末，安娜女皇死去。女皇没有子嗣，临终前，她把皇位传给外甥女安娜·列奥波利多芙娜的儿子伊凡，而伊凡此时不过是个刚刚出生两个月的襁褓赤子。比隆成为摄政大臣，然而这一决定却引起了所谓"德意志人党"的内斗。首先是米尼赫将军逮捕了比隆并将他流放，但很快米尼赫的地位也遭到奥斯特尔曼推翻，权力转到了奥斯特尔曼的手中。这样就形成了伊凡六世皇帝、安娜·列奥波利多芙娜摄政和奥斯特尔曼宰相共同构成的权力体制。

不过接下来，"德意志人统治"的局面，让俄罗斯军人的不满日渐表面化。近卫团中，彼得大帝的皇女伊丽莎白·彼得罗芙娜策动的新动作秘密地展开了。摄政安娜察觉了这个秘密动作，试图立即把伊丽莎白嫁往国外，但却为时已晚。1741年11月末，摄政安娜与皇帝伊凡遭到逮捕，前者被流放至北方苦寒之地，后者被关进了修吕瑟尔堡的监狱。奥斯特尔曼也与米尼赫、比隆一样被流放西伯利亚。如此，"德意志人的统治"暂告终结，而同样的问题在二十年后又以不同的形式再次发生。

**彼得大帝之女**

前面已经讲过，彼得大帝曾有过两段婚姻。他与第一位妻子欧多克娅在大使团访欧结束后不久便离婚，两人所生的皇子阿列克谢因违逆彼得大帝而逃亡，最后在狱中结束了悲惨的一生。彼得大帝与第二任妻子叶卡捷琳娜生育了四位皇子、皇女。皇子小彼得四岁时夭折，另一皇子出生后就未能存活。两位年龄相仿的皇女——安娜与伊丽莎白长大成人。这两位皇女都是彼得与叶卡捷琳娜正式结婚之前生育的，也就是说她们都是庶出。姐妹二人在父母的庇护下度过了幸福的少女时代。1725年年底，姐姐安娜嫁给了荷尔斯泰因公爵，时年十七岁。伊丽莎白肌肤雪白得如凝脂一般，一双大眼睛烁烁迷人，还有着一副健美的身躯，是一位倾城倾国的美人。她十分擅长舞蹈，跳得荦荦出众。然而，在父亲彼得

**伊丽莎白女皇** 继承了皇父彼得大帝的统治原则

大帝以及母亲叶卡捷琳娜女皇故去后,生活环境骤然一变。彼得二世对她十分冷淡,伊丽莎白平时只能在莫斯科的郊外聊以度日。

1730年1月,彼得二世结束了短暂的一生。此时,按照母帝叶卡捷琳娜的遗旨,伊丽莎白成为合法的帝位继承人。但是,最高枢密院以庶出的理由否定了她的继承权。经过一番较量,最后库尔兰公爵的未亡人安娜被选立为帝。从此,伊丽莎白的人生开启了"阴郁的十年"。安娜女皇把伊丽莎白当作权力的潜在威胁者,因而对这位"从姊妹"没有给予丝毫的关爱。不仅如此,安娜一直伺机把她送进修道院,或者嫁到国外。伊凡六世时,摄政安娜·列奥波利多芙娜同情伊丽莎白,但因为伊丽莎白是彼得大帝之女,人气很高,所以安娜·列奥波利多芙娜也与安娜女皇一样,对伊丽莎白抱有警戒之心。近卫团发动政变时,伊丽莎白的拥立者举出了两条理由:一、她有着合法的继承权;二、她是专制君主父母的最近血亲。这一年,她三十二岁。

新女皇伊丽莎白即位后,立刻宣布以彼得大帝时期的统治原则作为新政府的施政基础，并以此来宣扬自己是彼得大帝理念的继承者，从而说明自己即位的正当性。她接受了人们对前政府过度重用外国人的批评，进而确立了"优先任用有能力的俄罗斯人"的人事原则。因为这样，很多德意志人离开了俄罗斯。她在位共二十年，但渐渐地，即位之初的热情也日久消磨，后来她热衷于戏剧，流连于舞会，纵情天下奢华。豪华的冬宫就是她在位期间启动修建的，在她的统治下，法国文化、思想的影响也蔓延流行。

伊丽莎白时代最显著的特征是工商业的发展。握有政治实权的修瓦洛夫兄弟废除了国内关税，鼓励商业流通。另外，还创办了俄罗斯最早的银行，这是一个为贵族服务的借贷银行。贵族们以土地和农奴作为担保，可以从银行获得年利6%的大额贷款。贵族们还把商人从酿造行业中挤了出来，独占了这一获利丰厚的产业。土地测量事业也强化了贵族们的土地所有权。可以说，伊丽莎白时代的统治采取了亲贵族的政策。然而，当时贵族们最关心的问题却是国家勤务兵役问题。

**贵族解放宣言**

彼得大帝死后至叶卡捷琳娜二世即位之间，俄罗斯先后有六位皇帝即位，但他们都缺乏自己的执政理念，也都属于意志薄弱之人。在他们的统治期间，彼得体制基本得以继承，但也有一部分领域不可避免地出现后退。特别是贵族们要求扩大自己的特权。这一要求的最初表现就是安娜即位时,名门贵族要求对"沙皇的专制"进行限制。然而,普通的贵族并没有与大贵族的步调一致,他们反而支持"沙皇的专制"。除此之外,贵族们还要求废除"一子继承制"。

1714年引进的"一子继承制"效仿的是英国,是彼得改革诸项措施中最不受欢迎的政策,从一开始,贵族们就以各种途径试图突破。政府虽然在薪水、军服、粮食、医疗、养老等方面给予了"未能继承"的贵族们一定的保障,但这种保障最后成为一纸空文。安娜即位后不久,一子继承制便遭废除。国家依据1649年法典,让贵族子女中的所有男性均等分割继承"不动产领地",女性也可以获得"如同以往"的"嫁妆钱"。

另外一个重要问题是减轻勤役问题。彼得大帝统治时,贵族们被要求终身服役,这种强化了的勤役引发贵族们的不满。彼得去世时,不满情绪集中喷发了出来,出现各种形式的规避服役的举动。政府批评"很多未成年贵族不到纹章局报到,不接受指定的勤役,而在自己的家中惰怠度日"。也有人说规避勤役者多是贫困贵族,尽管如此,规避勤役的苗头始终未能得到抑制。安娜即位的那一年,甚至废除勤役的要求也被提出来了。

1736年12月,安娜政府出台了两项改革措施:一、子女中有两个以上男子的,政府认可其中一人"留在家中经营"的权利;二、服役超过二十五年者,可获得"回家"的权利。不过,作为替代,未成年者(七至二十岁)需接受三次(七岁、十二岁、十六岁)"检阅",而在此期间要求他们进行"学习"。1736年敕令的实施因与奥斯曼帝国交战被推迟施行。战争结束后,将校中有超过一半人退役。正如名画《少年军官》所反映的那样,很多未成年的子弟违规入伍,目的就是可以更年轻地服满25年的勤役义务,而这也是贵族们"另辟蹊径软抵抗"的方案之一。

**少年军官** 由于贵族服役成为义务,出现了一些通过不正常手段让年幼小孩服役的情况

减轻勤役的问题在伊丽莎白统治时期成为热议话题。但这一问题得到根本解决是在后一代皇帝彼得三世之时。1762年2月,所谓"贵族解放宣言"发布。"解放宣言"虽然也"期望"贵族们今后继续为国家服务,但强制服役的政策被彻底废除,不过"解放宣言"在附注中要求贵族们对子女的教育不得懈怠。从此,志愿者取代这些义务服役者,贵族们得以从国家的行政勤务与军役中解放出来。"解放宣言"得到了所有贵族的欢迎,不过每个人的反应也因其地位、收入的差别而有显著不同。

**彼得三世的半年**

"贵族解放宣言"是彼得三世在位期间发布的,然而彼得三世却只统治了半年。他遭遇了宫廷革命,政变中被迫退位,进而被杀害。究竟发生了什么呢?

伊丽莎白即位后不久,便向荷尔斯泰因公国首都基尔派出了

第四章 女皇的时代

特使。因为伊丽莎白想迎接1728年死去的姐姐安娜的遗孤,即彼得大帝的外孙彼得·乌尔里希作为自己的继承人。彼得·乌尔里希同时也是没有子嗣的瑞典国王的继承候选人之一。当时的俄罗斯为收复波罗的海附近失地正与瑞典交战,伊丽莎白下手若晚半拍,彼得大帝的外孙便极有可能统率瑞典军队与俄罗斯作战。因此,迎他回国刻不容缓,同时伊丽莎白也想通过此举稳固自己的统治。1743年,当时十四岁的彼得以皇太子身份来到俄罗斯,随后进行了改宗、改名,成为彼得·费奥多洛维奇。

之后,伊丽莎白又选定了皇太子妃。在候选名单中,伊丽莎白选中斯德丁的安哈尔特·查尔布斯特家族的公主索菲娅,索菲娅也是彼得·费奥多洛维奇的从表妹。一年之后的1744年,索菲娅来到俄罗斯,改名为叶卡捷琳娜·阿列克谢耶芙娜。1745年,皇太子彼得与叶卡捷琳娜在莫斯科的乌斯平斯基教堂举办了婚礼。这样,伊丽莎白早早地解决了以往令人棘手的继承人问题,算是松了口气。然而,两个年轻人的关系却不太和谐。

皇太子出生后不久,他的母亲便离开人世,可以说他是在与俄罗斯完全没有牵连的环境中长大的。在皇太子的内心深处,普鲁士才是他所恋慕的国度,而他自己也是普鲁士腓特烈大王的崇拜者。他从早到晚热衷于军队游戏,精神上尚未成熟。另外,他还很爱喝大酒,每天过着自我堕落的生活。对生在德意志、养在德意志的彼得皇太子来说,俄罗斯宛若异国他乡,好感无从产生。伊丽莎白的不安也因此增加。伊丽莎白曾考虑过立二人所生之子保罗为继承人,以其母叶卡捷琳娜为摄政的方案。自从来到俄罗斯后,叶卡捷琳娜便认真学习俄语,努力融入俄罗斯的习惯,因此颇受好评。然而,解决这一问题的方案尚未确定,伊丽莎白便于1761年12月离开人世。她的后继者是彼得三世。

伊丽莎白的疑虑不幸变成了真实。即位后的彼得三世,不仅所有政务皆以普鲁士的方式办理,1762年还与普鲁士的腓特烈二世缔结媾和条约,俄国单方面从五年前参加的"七年战争"中退出。彼得三世下达了让占领普鲁士首都的俄军立即撤兵回国的命令,还下达指示让俄军把战争中获得的土地全数奉还,令人惊愕。当然,战争赔款也一文不要。耗费大量物资,付出巨大流血牺牲的俄罗斯军队与整个俄罗斯社会对沙皇的决定感到极度愤慨。

皇太子时代的彼得三世与叶卡捷琳娜 1756年,里谢夫斯卡作,瑞典国立博物馆藏

对新皇不满的加剧促使了拥立皇后叶卡捷琳娜的集团性阴谋出现。这个阴谋就是快速果断地实施政变。6月27日政变发生。政变后,彼得三世被迫签署退位诏书,他本人也在被捕后一

个星期遭到杀害。问题是,他的被杀是否受到了叶卡捷琳娜的直接指示,事件的真相也许成了千古之谜。官方对外宣称,皇帝是染上流行病而猝然死亡的。据说,叶卡捷琳娜没有出席彼得三世的葬礼。彼得三世的遗体也没有埋进罗曼诺夫家族的墓地,而被葬在亚历山大·内夫斯基教堂的墓园。就这样,毫无"正统性"可言的未亡人叶卡捷琳娜即皇帝位。

## 启蒙君主叶卡捷琳娜二世

**"俄罗斯是一个欧洲大国"**

公卿大臣的众望所归之下,叶卡捷琳娜登上了皇帝宝座。然而,民众却并不太买账,因为她骨子里还是一个德意志人。因此,不断有假借彼得三世之名的人出来造谣撞骗。有人说彼得大帝的"良政"被贵族的阴谋葬送殆尽;也有人传言下葬的是一个替身,而彼得三世本人还活着。贵族们要求扩大身份特权的上奏没有遭到立即驳回,这些要求包括废除侮辱性的体罚肉刑,确立个人的财产权利等。万事慎重的叶卡捷琳娜设立了专门委员会来讨论这些要求。不过,委员会并没有立刻予以认可。

叶卡捷琳娜的初期改革以重农主义政策最为突出。国家为活化国内经济而呼吁移民开垦,此外还设立了"自由经济协会"等机构。大约6300户德意志人迁徙至以萨拉托夫为中心的伏尔

加河下游地区开垦种植。另外，"自由经济协会"也围绕着农奴劳动对经济发展的利弊等问题展开议论。从根本上讲，叶卡捷琳娜的这些政策源自欧洲当时的时代精神——启蒙思想。启蒙思想是基于理性的、为促进现实生活的进步与改善而在宗教、政治、经济、教育等诸多领域进行改革的思想。叶卡捷琳娜展现启蒙思想的最高舞台是她召集的"新法典编纂委员会"。

**叶卡捷琳娜二世** 政变中夺得丈夫的权力，艾尔米塔什美术馆藏

1766年12月，叶卡捷琳娜宣布召集新的立法委员会。彼得大帝以来，类似的委员会屡有设立，但全都无果而终。叶卡捷琳娜的新委员会里，聚拢了神职、贵族、市民、乡绅、国有土地上的自耕农等各个身份等级的代表，合计536名（另外还有政府任命的代表28名），人数规模很大。在次年8月，在委员会召开之前，叶卡捷琳娜宣读了自行准备的"训令"，训令由22章655款构成，里面阐述了叶卡捷琳娜自己的统治理念。女皇宣称："俄罗斯是一个欧洲大国。"然而，在俄罗斯这样拥有广袤

第四章 女皇的时代

国土的国家,"君主专制"的统治是最为适合的,女皇以此理由使自己的强大权力正当化。不过,市民的自由权、法的面前人人平等等法治主义原则也得到宣扬。训令还被预先翻译、印刷成多种西欧语言版本,因此在欧洲的知识界广为人知。女皇有着浓重的宣传癖好,而这个训令也不能称作女皇的原创之作。训令文本的四分之三借用了孟德斯鸠的《论法的精神》、贝卡里亚的《论犯罪与刑罚》等欧洲思想家的著作,借用的文本也几乎是全盘照搬。

1768年12月,俄罗斯与奥斯曼土耳其之间爆发战争,立法委员会的工作也因此中断。这次立法工作虽然无果而终,但地方上的代议员一起上呈的、超过1500份的"请愿书"成为后来"地方改革"的重要资料。

**普加乔夫大起义**

1773年夏,一名男子现身于乌拉尔地区雅伊克哥萨克城镇。他借用死去的彼得三世之名,向哥萨克承诺恢复"失去的自由"。这位三十出头的"彼得三世"真名叫叶米里扬·普加乔夫,出身于顿河沿岸的哥萨克家庭。普加乔夫称叶卡捷琳娜女皇是"篡权者",呼吁哥萨克为"好沙皇"而战。响应普加乔夫的人与日俱增,边境上的很多村镇都拿出"面包和盐"来欢迎普加乔夫"远征军"的到来。

长期郁积不满的哥萨克人的造反,让政府大为震动。10月,政府布告天下,把普加乔夫贬斥为"盗故彼得三世之名、引糊涂

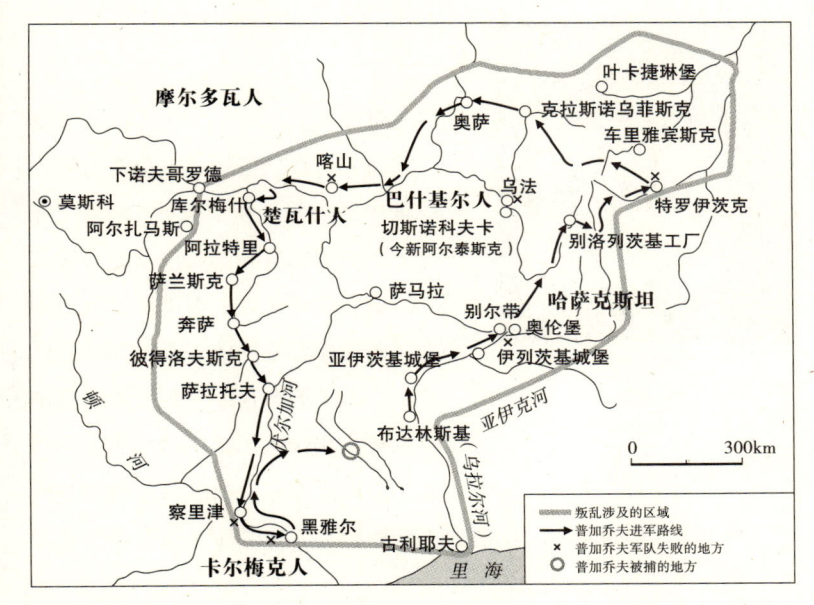

**普加乔夫大起义** 1773年，哥萨克领导人普加乔夫伪称"彼得三世"，号召人民为"好沙皇"而战。叛乱历时一年以上，也有很多异教徒参与其中

民众走上堕落毁灭之途的恶人与强盗"。政府还下令各地收缴焚烧普加乔夫的"伪诏"。与此相对，普加乔夫仿照政府机关，设立"军事参议会"，并以此机构管理占领的区域，势力进一步扩大。1774年7月，普加乔夫发布"敕令"称，凡侍奉他的人都可获得自由，且一并解除兵役、人头税、地租等项负担。贵族则被以"我的权力的谋反者""农奴的欺凌者"等名义遭逮捕与处决。他顺应民众期盼"好沙皇"的幼稚幻想，尝试建立一种没有贵族身份的国家制度。不少贵族及其妻小因"根绝贵族身份"的造反

**普加乔夫** 1774年被捕，翌年被杀

口号而被杀。

加入造反队伍的人不仅有村镇上的俄罗斯农民，从中央的"统治与压迫"下逃跑的各种逃亡民、在乌拉尔工厂里劳动的工人，因俄罗斯人的到来而饱受露骨的经济宗教压榨的巴什基尔人、卡尔梅克人等非俄罗斯裔的异教徒也出于从压迫中得到解放的目的，加入普加乔夫的战斗。特别是自16世纪以来就饱尝辛酸的巴什基尔人，在领袖萨拉瓦特·尤拉耶夫的带领下，尤能竭力作战。

战争的顶点是围绕俄罗斯东南部政府军据点奥伦堡要塞的攻防战。1773年10月，奥伦堡要塞被普加乔夫的大军包围，政府军投入比比科夫将军率领的大军前往增援，1774年3月要塞解围。以这次战役为分水岭，普加乔夫的军团由攻转守，且战且退。在军团的退军路上，伏尔加中下游地区的农奴起义不断，而贵族则纷纷逃往城里。1774年8月末，经察里津之战后，普加乔夫的部队损失殆尽。9月初，普加乔夫遭叛徒拘禁并交给政府军，次年1月，在莫斯科被处决。此后，如何阻止"普加乔夫党人"的东山再起成为叶卡捷琳娜政府的当务之急。

**地方改革与都市文化**

1775年11月,叶卡捷琳娜政府公布关于地方行政的基本法。女皇认为,在哥萨克的叛乱中,各地几乎毫无抵抗便大片陷落,原因在于"地方上的无力"。彼得大帝的地方改革仅仅停留在理念上,他死后地方改革也没有继续进行下去,很多领域又回到了17世纪的状态。由于人手不足与工作怠慢,俄罗斯的地方行政几乎没有发挥出应有的功能。普加乔夫的叛乱成为在地方上推行彻底改革的契机。

彼得大帝统治时期,俄罗斯分为八个大省,到叶卡捷琳娜即位之时,全国共分二十五个省。虽然如此,省的规模仍然过于庞大。根据叶卡捷琳娜公布的基本法,一个省管理三四十万人口(人头税课税对象的男性人口)较为合适。此外,每省置十至二十个县,每县管理的人口以两万至三万为基准。按照基本法,全俄被细分为四十一个省,到女皇统治末期又进一步分为五十个省。欧洲俄罗斯五十省的说法便由此而来。省由省长管辖,重要的省或者数个省还派驻有总督,总督一般由干练的政治人物担任。新俄罗斯省的波将金、特维尔省的基维尔斯、雅罗斯拉夫尔省的梅里格诺夫就是这样的总督。这样,实质上的"地方分权"展开了。

县也是依人口划分的,但也同时考虑到经济、地理、民族一体性等因素。全国共分为493个县,这个数字较原先大为增加。不过,新设县的县城中大多数不过是"大农村",或者是商人和手工业者居住的"小集镇"(posad)。雅罗斯拉夫尔省所辖的十二

**用棍棒施加鞭笞刑罚及看守农奴的领主** 农奴常因逃亡或醉酒而遭受领主刑罚，1768年图

个县中，有七个县属于这种情况。在反乱的震源地乌拉尔，原有的十九个县被细分为四十一个县，新县的县城也有很多是"大农村"或"小集镇"。

叶卡捷琳娜的地方行政改革还有一个目的。女皇希望让地方贵族依据"贵族解放宣言"参加地方行政或审判工作。地方的贵族被组织进省或县的贵族团，贵族团内部互相选举地方行政官员与审判官员。从此以后，每隔三年的冬季召开地方贵族会议。这个会议成了贵族们商议地方事务的场所。此外，谈生意、谈子女婚事也是贵族们参会的动机。贵族团的设立虽然时间上有些晚，但这个组织在身份自治和地方行政方面还是发挥出一定功效的。

全俄罗斯的人口，在1796年达到了约3740万，不过城市人口仅占4.2%。城市人口中大多数是"小集镇人"，他们在租税方面彼此负有连带责任，也就是说，城市的第一要义是"负税共同体"，而城市"自治"却是极其有限的。城市也没有和农业完全地切割，打工农民与"商业农民"也有很多。过去莫斯科曾被称作"大农村"，其实俄罗斯城市大多是"大农村"。

经过叶卡捷琳娜的地方改革，县城作为地方的政治、经济、文化中心开始发展起来，不仅建造了衙门、学校等公共设施，一般还设有印刷所。沃罗涅日省和雅罗斯拉夫尔省还出版刊行了俄罗斯最早的地方志。通过这类举措，地方的历史文化日渐得到人们的重视。

## 女皇与宠臣波将金

**叶卡捷琳娜的亲信与宠臣们**

若要问叶卡捷琳娜女皇时期最有能力的政治家是谁，那么帕宁和别兹博罗德科是当之无愧。尼基塔·帕宁比女皇年长十岁，最初担任皇子保罗的老师，女皇即位后成为柱国大臣。帕宁的政治手腕、迅捷敏锐的头脑以及对政治的热忱无不获得女皇的好感。到1783年去世为止，帕宁一直都是女皇可以信赖的股肱之臣。

女皇执政的后半期，亚历山大·别兹博罗德科成为政府轴枢。1747年出生的他比女皇小很多。别兹博罗德科是一个不事贿赂、诚实守信的人，对律法与判例极为精通。叶卡捷琳娜对他寄予极高的信任，1784年还将他拔擢为外务部次官。不仅如此，国内外每天递送到女皇办公厅的海量奏报都是经别兹博罗德科过目而呈报给叶卡捷琳娜的。然而，在这些有能力的政治家之中，若用另一种视线来看，也有一些特别的人，那就是女皇的宠臣或情人。

据说，叶卡捷琳娜在位期间共有21位情人，如果加上即位前的两人，总数便多达23人。这些人当中也有一些参与了政治。即位后的最初十二年里，叶卡捷琳娜与宫廷政变策划者格里高利·奥尔洛夫结成了情人关系。叶卡捷琳娜拒绝了奥尔洛夫的求婚，但却为他生了三四个孩子。奥尔洛夫虽然也屡屡插手政务，不过一直未能左右叶卡捷琳娜的决策。1771年，莫斯科发生历史上最后一次鼠疫，叶卡捷琳娜派奥尔洛夫前去收拾局面。他在防止疫情蔓延、抚慰百姓等方面有始有终地顽强努力，事态平息后以"古都的救世主"的崇高名誉返回圣彼得堡。叶卡捷琳娜虽然也大为报答，但却并未完全满足奥尔洛夫的所有要求。失去叶卡捷琳娜宠信的奥尔洛夫，在第二年便远离了宫廷。

**瓜分波兰**

波兰贵族斯坦尼斯瓦夫·波尼亚托夫斯基是叶卡捷琳娜即位前的情人。1763年波兰国王去世，叶卡捷琳娜趁机把斯坦尼斯瓦夫立为新的波兰国王。波兰实行的是选王制，18世纪的国王大多是依大国意志选出的。斯坦尼斯瓦夫当上国王之前，波兰的君主都是萨克森人，俄罗斯对此也予以了支持。但叶卡捷琳娜抓住了这次机会，成功地把斯坦尼斯瓦夫送上了波兰王位。

然而，新国王斯坦尼斯瓦夫是一位启蒙主义者。刚一即位就开始推行国内改革，再造祖国。与国王的举措相应，波兰的爱国贵族也在各地结成了联盟。叶卡捷琳娜担心"改革走远了"，派出军队与普鲁士、奥地利一起对波兰的内政进行干涉。干涉的结果是 1772 年的第一次瓜分波兰,让波兰失去三分之一的领土与人口。但事件未能阻止改革的步伐。1793 年第二次瓜分波兰时,柯西丘西科等主导的反对运动勃发,但遭到了斯波洛夫指挥的俄军镇压,国王也被带到圣彼得堡。1795 年 10 月第三次瓜分波兰后,中世纪的大国波兰从欧洲的政治地图上消失。三次瓜分虽然都可以见到叶卡捷琳娜的身影,但瓜分并不只是俄国的"扩张主义"造成的,普鲁士与奥地利也显示了露骨的领土野心。

### 波将金与"新俄罗斯"

叶卡捷琳娜的"真正伴侣"恐怕只有格里高利·波将金一人。他的年龄比叶卡捷琳娜小十岁,虽然参与拥立叶卡捷琳娜即位的政变,但成为"真正的伴侣"则是在叶卡捷琳娜即位十二年后的 1774 年 2 月。之后的两年里,波将金不离女皇左右,也有人议论说两人曾"秘密结婚"。两人的书信往来也很多。叶卡捷琳娜喜好美男子,但波将金却不是很符合女皇的这一爱好。最近法国的女历史学家卡雷尔·丹克斯在《叶卡捷琳娜二世》一书中推测,有着法国教养的叶卡捷琳娜是被明亮透彻、"最具俄罗斯风格的人物"所迷倒征服的。众所周知,叶卡捷琳娜是一位现实主义的、直白算计的人物,波将金却有着"常常超越可能性框框"的想象力与热情力。女皇可能出于直觉,以波将金之长弥补自己的短板。

"狂热的两年"过后,波将金成为女皇的"最亲密的友人",

**波将金公爵** 仅次于叶卡捷琳娜二世女皇的"国家第二号人物"

也因此获得国家二号人物的权力,特别是在克里米亚问题上,波将金更是全权操办。以奥斯曼帝国做后盾的克里米亚鞑靼自中世纪末期以来,一直就是俄罗斯非常棘手的对手。不过,强大的奥斯曼帝国在18世纪也终于走上了下坡路,对俄罗斯来说,获得克里米亚进而称霸黑海的机会来了。

1768年俄罗斯与奥斯曼爆发战争。后来,俄方取得胜利,两国签订《库楚克—凯纳吉条约》。俄罗斯因此获得黑海北部沿岸的广大区域,同时也确保了通往黑海的出海口。克里米亚汗国此时虽然还是独立国家,但失去奥斯曼做后盾之后,君主人选需得到俄罗斯与奥斯曼两个帝国的共同认可。1778年,俄罗斯开始构筑黑海舰队的基地赫尔松,另外还开始建设以女皇名字命名的城市叶卡捷琳诺斯拉夫。这座城市还规划建立天文台,以及如同罗马圣彼得大教堂般辉煌的教堂。

就这样,奥斯曼帝国的黑海制海权被打破。1783年4月,俄罗斯颁布敕令,正式宣布吞并克里米亚。旧汗国改称克里米亚的古称"塔夫里亚切斯基地区",黑海舰队的停泊港塞瓦斯托波尔港也开工建设。334位原汗国的名门家族内迁到俄罗斯,被特别授予了俄罗斯贵族同等的特权和利益。

1787年,奥斯曼土耳其帝国再次对俄开战,不过又是铩羽而归。1791年，俄土签订《雅西和约》。俄罗斯虽然获得大片领土，但叶卡捷琳娜对这个条约却并不满意。代表俄罗斯外务部门出任谈判代表的是别兹博罗德科。出于国库空虚以及与瑞典之间的战争等原因，别兹博罗德科判断，若继续与奥斯曼交战，俄国将无以为继，而《雅西和约》开出的条件也有利于俄方，因此别兹博罗德科做出冷静的决断。可是，在叶卡捷琳娜看来，俄军取胜的情况下签订的这个条约并不能弥补俄罗斯在人力耗费等诸多方面所付出的代价，因此女皇并不认为和谈取得"辉煌"的成果。

俄罗斯把几次俄土战争中获得的土地编入帝国的领土，并在此设立"新俄罗斯省"。在这一地区推行开拓政策的是1775年出任省总督的波将金。通过赐予贵族土地、给予迁入居民特别恩典、吸引招揽逃亡农奴及"旧礼仪派"人民等政策措施，长期荒废的这一地区的人口显著增长。1782年，这个地区男女合计53万人，两年后达到了70万人，1793年更是增加至82万人。同时，克里米亚半岛的人口在18世纪末也倍增至约10万（男性人口）。

**女皇的克里米亚巡幸**

1787年1月初，叶卡捷琳娜女皇出行，巡幸克里米亚。虽然正式公开宣称此行目的是视察新合并、新取得领土的开发情况，但此次巡幸也是向国内外宣示这一区域将是俄罗斯"永久"领土的扬威之举。巡幸也有很多外国人同行,但借巡幸舞台表演的主角是波将金。他对女皇喜欢快活华丽的个性十分了解,因此花费三年时间准备了这次巡幸之旅,而此次巡幸的奢华瑰丽也是空前绝后的。巡幸队伍由14辆四轮马车和164辆橇车组成,队伍的核心有一辆由30匹马牵引的巨型马车,女皇在这辆巨大的马车里如同往常一样处理政务。据说唯一不同的是,出行中的叶卡捷琳娜每天会在晚上九点上床睡觉,比平时早了一两个钟头。

1月底,巡幸队伍抵达基辅,并在此停留了三个月。4月,第聂伯河冰雪消融,女皇一行乘船取道水路继续行进,到达叶卡捷琳诺斯拉夫之后,又换乘马车对新俄罗斯和克里米亚进行视察。女皇的目力所及,一片欣欣向荣。道路两旁的树木整齐排列,村镇的屋舍堂堂矗立,人们衣着体面,庭院内外家畜成群,谷仓丰满。为给女皇呈现繁荣景象,地方官员却是大费周折,他们不得不在巡幸沿途铺路架桥,预购粮草,还要确保驿递通畅、快马不息。地方上的农民也因此增加了五戈比的临时税负。"波将金的村庄"这个词语所讽刺的就是这样的光景。

有位外国人对这种"展览中的丰裕生活"进行了讽刺。集镇是仓促间拼凑的,人们是接到命令才穿上民族服装出迎的,谷仓的粮袋里装的都是沙子。"一到夜里,家畜就被从前一个地方赶到下一个地方,平均每群都有五六次面见女皇的机会。"虽然波将金为博得女皇的欢心不惜代价,人为地制造出一部分"波将金的村庄"也确属事实,但不能因此就认为所有的村庄都是"面

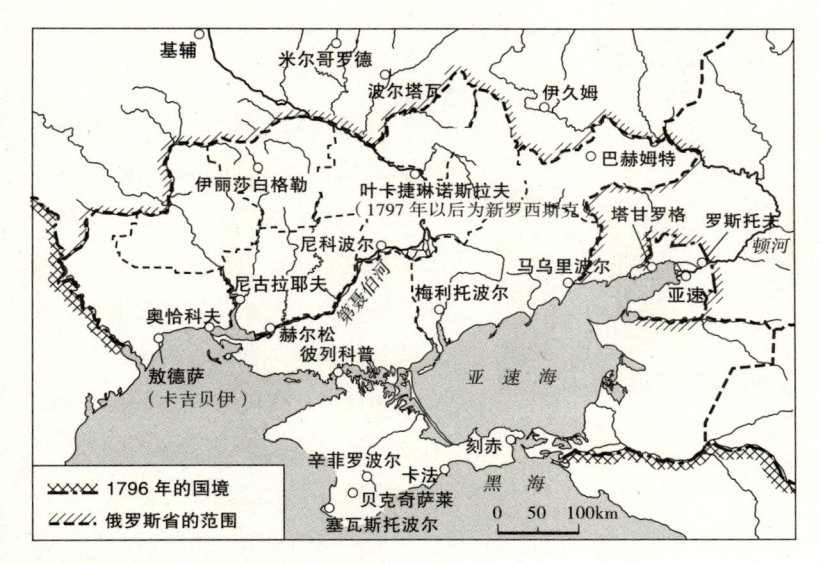

[地图内容：]
基辅　米尔哥罗德　波尔塔瓦　伊久姆　巴赫姆特　伊丽莎白格勒　叶卡捷琳诺斯拉夫（1797年以后为新罗西斯克）　塔甘罗格　罗斯托夫　顿河　尼科尔　尼古拉耶夫　马乌里波尔　梅利托波尔　亚速　奥恰科夫　赫尔松　彼列科普　聂伯河　亚速海　敖德萨（卡吉贝伊）　辛菲罗波尔　刻赤　卡法　黑海　贝克奇萨莱　塞瓦斯托波尔

ⅩⅩⅩⅩ 1796年的国境
////　俄罗斯省的范围

0　50　100km

**新俄罗斯省**　包含克里米亚半岛的广大区域

子工程"。因为，新俄罗斯的开发正紧锣密鼓地进行，投入付出的努力也在不断地结出果实。

4月底，叶卡捷琳娜踏上新俄罗斯省的土地。在赫尔松，她与奥地利皇帝约瑟夫二世举行会谈。会谈内容是所谓的"希腊计划"。奥地利和俄罗斯都曾把奥斯曼帝国视为最大的威胁。不过，此时的帝国已然衰落。于是，叶卡捷琳娜计划在俄罗斯的庇护下重建"东罗马帝国"。1779年，她的第二个皇孙出生，取名为康斯坦丁，这个名字就是女皇意志的体现。然而，关于这个"希腊计划"，留下来可供参考的资料却是少之又少。

接下来，女皇的马车驶入克里米亚，5月21日抵达贝克奇萨

**克里米亚的鞑靼人** 合并前与俄罗斯持续了三百多年的敌对

莱——曾经的克里米亚汗国的首都。汗国的宫阙早已被洗劫一空，1873年合并之前更是被毁坏殆尽。这对叶卡捷琳娜来说是值得纪念的瞬间，对俄罗斯来说更是如此，因为俄罗斯曾饱受汗国执拗的侵攻。后来诗人普希金游历贝克奇萨莱时曾写下过美丽的叙事诗《贝克奇萨莱的泉》。这首诗通过布留洛夫的绘画和大剧院的芭蕾舞而广为人知。然而，现代的历史学家对这篇"俄罗斯的东方憧憬"诗也持有一些批判意见。因为诗人是以欧洲人的优越意识、欧洲固有的印象来描写居住在异国的"野蛮的鞑靼人"的。

叶卡捷琳娜还对塞瓦斯托波尔进行了视察。港口里停泊着十五艘战舰，女皇在检阅完波将金的黑海舰队后大悦欢颜。巡幸返回途中，女皇还在决定彼得大帝北方战争成败之地波尔塔瓦观看了由五万将士参加的军事演习，之后经图拉进入莫斯科。在莫斯科，她驾幸谢列梅捷夫公爵的库斯科波村馆舍，在此观看了著名的"农奴剧场"歌剧。7月初，女皇回到圣彼得堡。在给波将金的书信中，女皇对他的功绩赞赏有加，并对自己在六千公里的旅途期间能"完全健康"地度过向他表示感谢。四年后的1791年，为与奥斯曼帝国进行和谈，波将金返回雅西并在此地去世，消息传来后，叶卡捷琳娜失神倒地，痛哭不已。

**晚年的叶卡捷琳娜**

叶卡捷琳娜视察克里米亚的前后，欧洲进入激荡的变革时代。美国爆发了独立战争，法国掀起了革命高潮。1789年7月，叶卡捷琳娜听到巴黎人民攻占巴士底狱、农民捣毁贵族府邸并焚烧赋税账册的消息。镇压普加乔夫叛乱的辛苦经历让俄罗斯政府无法对法国的革命坐视不管。接到法国国王路易十六遭处决的消息后，叶卡捷琳娜虽曾一度病倒，但很快宣布为路易十六服丧六日，并立即与新法国断交。俄罗斯成为在国内无法安身的法国贵族的避难所。俄罗斯强化了对介绍法国事件的出版物的检查，并对此类书籍实施"搜查"。叶卡捷琳娜本来是启蒙书籍出版的推进者，但在法国革命这一事态面前，事实上停止了这类书籍的出版。不过，叶卡捷琳娜的启蒙政策从一开始也是不容许人民批评政府的。

自1769年始，叶卡捷琳娜推出讽刺内容的周刊杂志《全体》。文章虽出自秘书之手，但广为人知的出版发行人是叶卡捷琳娜。这个杂志也是她启蒙事业的一环。与这本杂志针锋相对的是《雄峰》杂志，其刊发人为法典编纂委员会的书记官尼古拉·诺维科夫（1744—1818）。这本杂志试图从下层视角讽刺时弊，但出版活动遭到女皇政府的压制。十年后，诺维科夫搬到莫斯科居住，在那里集中精力展开出版活动。他出版了伏尔泰、卢梭、狄德罗等法国哲学家和一些俄罗斯作家的作品。另外，诺维科夫还是共济会的中心人物，不过叶卡捷琳娜对此却并未在意。法国革命爆发后，女皇宣布共济会为非法结社，予以弹压，诺维科夫

第四章　女皇的时代

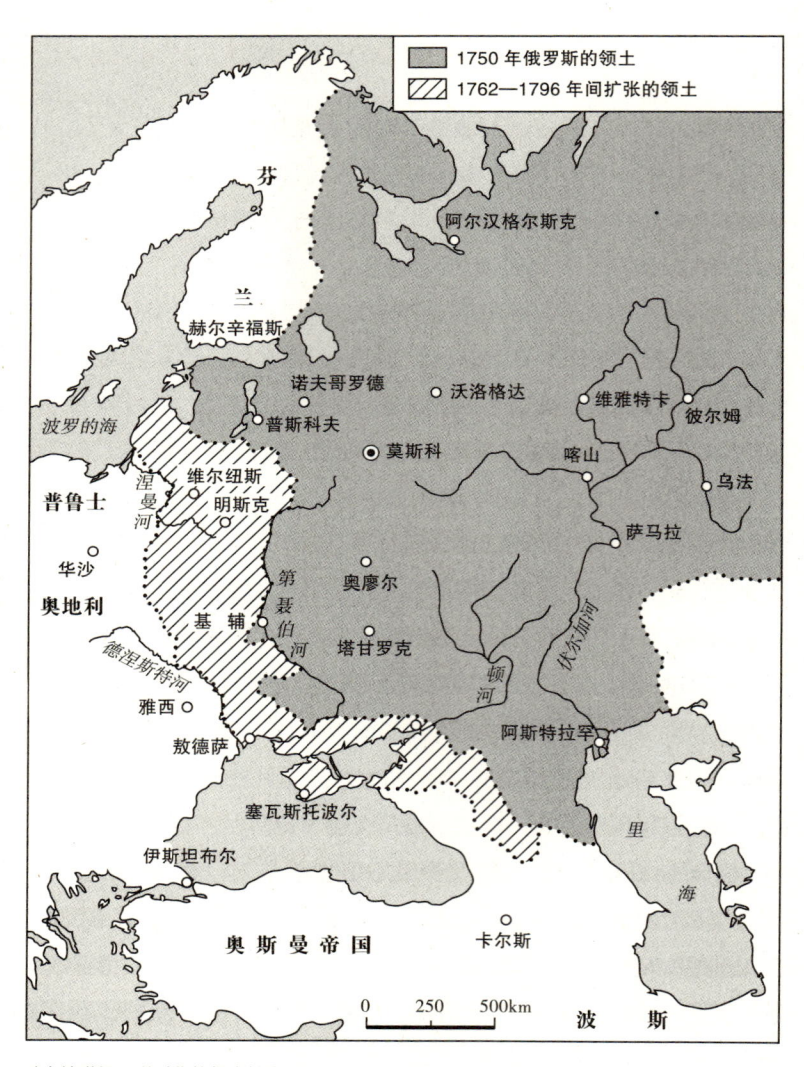

| 图例 | |
|---|---|
| ▓ | 1750 年俄罗斯的领土 |
| ▨ | 1762—1796 年间扩张的领土 |

芬兰
阿尔汉格尔斯克
赫尔辛福斯
波罗的海
诺夫哥罗德
沃洛格达
维雅特卡
彼尔姆
普斯科夫
莫斯科
喀山
乌法
普鲁士
涅曼河
维尔纽斯
明斯克
萨马拉
华沙
奥地利
第聂伯河
奥廖尔
基辅
塔甘罗克
伏尔加河
德涅斯特河
顿河
雅西
阿斯特拉罕
敖德萨
塞瓦斯托波尔
里海
伊斯坦布尔
奥斯曼帝国
卡尔斯
0  250  500km
波斯

叶卡捷琳娜二世时代的领土扩张

的活动据点印刷所也遭到封锁。1792年，诺维科夫遭逮捕收监。

亚历山大·拉季舍夫（1749—1802）出生于富裕的贵族家庭，是一名接受过高等教育的精英人物。在德意志留学期间，他不仅学习了法律，还修习了人文、自然、医学、文学等诸多科目。1771年回国后，拉季舍夫最初在政府中任职，然而他作为"百科全书派"却受到孤立。据说与他的肖像画中的宁静形象不同，拉季舍夫本人是位"直情径行、爽朗豪快之人"。

**青铜骑士像** 位于圣彼得堡。1782年由叶卡捷琳娜二世建造的彼得大帝像

1790年，拉季舍夫出版了《从彼得堡到莫斯科旅行记》一书。这本书花费了他数年时间，在家中的印刷所印刷了650本。这本书是以"我"向友人讲述旅途中所见所闻为主要内容的旅行记，不过一出版便旋即遭禁。这本书清楚明白地对俄罗斯的现状进行了批判，批判的矛头指向专制政体与农奴制的根干。拉季舍夫被捕入狱后宣判死刑，不过很快又被减刑为流放西伯利亚。在伊利姆斯克，拉季舍夫度过十年的流放生活。在拉季舍夫看来，人是因自由而被创造的，但也随处被扣上了锁链，因此需要有英雄人物为"人的自由"奉献生命意志；专制君主对哲学家的迫害正是哲学正确性的证明，所以逮捕与流放也是构成他理论实践的一个环节。

第四章 女皇的时代

法国革命的那一年,叶卡捷琳娜已届花甲之年。晚年的她老态龙钟,已不能开始新的征途了。1796年11月初,叶卡捷琳娜突患脑卒中,在神志不清中溘然离世。她在位三十四年,功绩之大、治世之久都足以与彼得大帝比肩。彼得大帝用笔与剑,进而用斧推进"革命",而也有比喻说叶卡捷琳娜所使用的只有笔而已。虽然有些夸张,但身为外国人叶卡捷琳娜,的确为俄罗斯做出了不可否定的功绩。

**保罗的短暂统治**

接到女皇危笃的通知后,最早来到冬宫的是当时四十二岁的皇太子保罗。11月6日,叶卡捷琳娜女皇在丧失神志之中寿终正寝。保罗进宫后,外务大臣别兹博罗德科告诉他女皇生前有遗旨留下。而后,二人便来到女皇官房,关门上锁地在里面待了很长时间,据说他们用炉火焚烧了很多文件。宫廷里面也有流言蜚语说,女皇是留有传位遗旨的。这份传说中的遗旨把皇位留给了孙子亚历山大,而等待保罗的则是逮捕和流放。话说回来,这样的传言也并非空穴来风。

儿子保罗从小就很不受叶卡捷琳娜待见,也没有得到过叶卡捷琳娜特别的疼爱。特别是政变之后,叶卡捷琳娜还从保罗身上看到了自己"潜在的敌人"。因为廷前宫后里有着这样的"正论":就血统而言保罗才是正统,在他成人后当皇帝的应该是保罗。在这种背景下,叶卡捷琳娜从不让保罗插手国事,也没有给他在政府里安排重要的职务。保罗就这样度过了长达三十多年的皇太子生涯。保罗生性善变多疑,心志不定,当然他也很讨厌他的母亲。然而,最终继承叶卡捷琳娜的正是这位保罗。

保罗最初的政策都是旨在彻底否定皇母叶卡捷琳娜的政策。不过,拉季舍夫、诺维科夫这样的政治犯也因此获释。保罗统治下,贵族的特权遭到限制,皇位继承法也得到了修改。

**保罗帝** 叶卡捷琳娜二世之子,但厌恶其母,终结了女性的皇位继承权

从此以后,皇位仅限男性皇族继承,这样女性称帝的可能性被彻底排除。

保罗很喜欢观看阅兵,他常常在外面站上好几个小时检阅部队,将士们虽不胜其烦,但仍被要求严守检阅规则。在很多重要的外交政策上,保罗的态度也是首尾不一,几乎没有一以贯之的决策。郁积着不满的贵族们逐渐将政变计划付诸具体行动。1801年3月的一个深夜,首都总督帕伦动员近卫部队士兵袭击米哈伊尔宫,保罗被杀身亡。

"女皇的世纪"写到这里就结束了。这些女皇都是被拥立上位的,除了叶卡捷琳娜是个例外,其余诸位女皇都把政务交给宠臣办理。一般来说,俄罗斯的女性地位比较低。彼得大帝曾把贵族女性从"在特雷姆宫隔离"中拉到了欧洲风格的社交场所。叶卡捷琳娜二世在1764年设立斯莫尔尼女子学院,开启了女子

第四章 女皇的时代

教育。彼得仅仅让一小撮女性走向社交场合，而叶卡捷琳娜的学校终其统治时期也只培养了约九百名毕业生。大多数平民女性不得不在家过着忍徒般的生活。她们的生活正如俄罗斯谚语说的那样，"皮毛大衣不打不暖和，家里女人不打不温柔"，"女人越挨打，汤汁越鲜美"。

# 第五章

# 沙皇的考验

## 自由主义与民族主义之间

**亚历山大一世的登场**　　19世纪的俄罗斯是由政变开始的。亚历山大一世于政变之后的1801年3月即位。1777年出生的他刚刚二十三岁，是个年轻的小伙子。这位高大帅气的青年皇帝得到全俄罗斯人民的欢迎。理由不光是他的年轻，在经历法国革命后叶卡捷琳娜二世的禁锢政策和暴君保罗的统治后，俄罗斯人殷切期盼从长达二十余年的昏暗时代中走出来。

亚历山大一世是保罗与皇后玛利亚·费奥多罗芙娜的长子。与保罗过去的经历一样，亚历山大一世年幼时便因祖母叶卡捷琳娜二世女皇的宠爱而被抱走，离开父母居住的加特契纳宫，是在冬宫长大成人的。祖母把自己的笔友、"铁打的共和主义者"瑞士人弗里德里希·拉加尔普选作皇孙的家庭教师。年轻的亚历山大在老师的说教下,自然而然地接受了自由主义与改革必要性的观点,我们从他二十岁时写给老师拉加尔普的书信中也可以看出这一点:"我唯一的希望是给予俄罗斯自由,并在专制与暴力中守卫自由。"事实上,他的初期政策也没有让人们失望。

亚历山大即位后旋即昭告全国,将"以法与皇祖母叶卡捷琳娜之心"统治国家,他开启了改革大业。贵族权力曾被他的皇祖母恩予又被皇父取消,此时予以恢复,他的皇父在位时被捕入狱的五百名政治犯获得释放,俄罗斯与英国的外交关系也得到修复。亚历山大进而设置"非正式委员会",成员均通晓西欧思想,也都是他的亲密朋友。"非正式委员会"中,成员们就帝国改造的议题展开热烈讨论,亚历山大一世自己也亲临议事。委员会的帕贝尔·斯托罗噶诺夫、尼古拉·诺波西里切夫、比科特尔·科丘贝、亚当·恰尔托雷斯基等成员虽是年轻的贵族,但其提案却都是崭新的改革方略。

亚历山大一世首先对中央机关进行了组织上的改革。彼得大帝设立的"参议会"被新设的八个"部"所替代。各部事务由部长大臣总揽,皇帝则掌握着大臣的任免权。此外还设置了"大臣会议",用来联络各部大臣会商国是。亚历山大一世也直接与各大臣单独处理国务,因此大臣会议并没有构成对皇权的束缚。为使高级官员年轻化,不少三十多岁、四十多岁的人被送上大臣或外交官的位置。

在亚历山大一世的改革中，首先登场的是国民教育部。毋庸赘言，理性时代的中心课题正是教育。伊丽莎白在位时创办了莫斯科大学，叶卡捷琳娜二世也在全国各省县创办初等学校。虽然如此，俄罗斯的学校体系仍极不完备。就这一点而言，亚历山大一世的教育改革向前迈出了很大的步伐。亚历山大一世把全国分为六个大学区，除了之前的莫斯科大学外，圣彼得堡、喀山、哈尔科夫、德尔普特、维尔诺等地也有了大学。不仅如此，俄罗斯还模仿欧洲给予大学很大的自

**亚历山大一世** 与拿破仑苦战，最终取得胜利

治权。公立学校外，私立学校也应运而生，如矿山大王德米多夫家族在雅罗斯拉夫尔创办的"德米多夫法学院"，创办于乌克兰城市涅金的"别兹博罗德科公爵历史文献学院"。亚历山大一世还在首都创办"皇村贵族学校"，这所学校成为首都的知识中心，普希金就曾在这里学习，而且是这所学校的第一届毕业生。经过一番改革，国民教育部管理着全国约五百所小中学校、大学预备高中，以及约三万四千名学生。教员里也有一些是逃亡的法国人或耶稣会士。

不过，亚历山大一世与"非正式委员会"祭出的改革措施引

发保守派贵族的担忧。特别让他们不安的是"农奴问题"。1803年,有土地的农奴可以通过"赎回自由"的形式获得解放,而城镇小市民与商人也被赋予了土地所有权。这些政策虽然没有立即显露成效,但可以清楚地看出亚历山大一世希望解放农奴。贵族们也明白解放农奴可以减轻普加乔夫起义那样的农奴大反抗的危险性,但在他们看来,解放农奴是个功在后世、责在当今之事,担心皇帝的农奴解放令反而会引发暴乱。"非正式委员会"在设立五年之后停止活动,但改革本身并未中止。

**斯佩兰斯基与卡拉姆津**

改革进行中的1806年,一个很偶然的机会,亚历山大一世注意到了一位男子,他就是当时圣彼得堡神学院的教授米哈伊尔·斯佩兰斯基。斯佩兰斯基出生于弗拉基米尔省的一个乡村司祭家庭。被皇帝委以草拟改革方案大任的斯佩兰斯基拿出了一个极度大胆的国家改造计划。他在计划里设想建立一个由皇帝钦点人员组成的"国务会议",以及一个在每年5月和9月召集开会的"国会"。其中的"国务会议"方案很快被采纳实行,1810年1月首次国务会议召开,各部大臣和皇帝委任的人员共三十五名出席了会议。国务会议虽不拥有立法权,但却是立法问题的审议机关。不过,开设"国会"的方案始终也只是个提案而已,国会的开设在整整一个世纪以后才得以实现。对俄罗斯来说,斯佩兰斯基的提案过于前卫。斯佩兰斯基方案的核心要义是要建立一个以合法性为基础的"法治国家",没有人可以不经审判而被处罚。斯佩兰斯基是一位精于统治细节的干吏能臣,他的构想为俄罗斯的未来提供了一个能够清楚前瞻的未来。

然而,斯佩兰斯基的政敌很多。他的卑微出身、大胆进步的改革方案,让保守的贵族们极为反感。亚历山大一世的妹妹叶卡捷琳娜·帕夫洛芙

**卡拉姆津** 历史学家,认可俄罗斯传统的"专制"

娜是当时最具教养的女性之一,对宫廷有着影响力的她成为保守势力聚拢的"据点"。位于特维尔的帕夫洛芙娜府邸里常常聚集着对皇帝改革不满的人,这些人把斯佩兰斯基视为主要敌人。历史学家尼古拉·卡拉姆津(1766—1826)便是其中之一。

卡拉姆津也是一名文学家,法国革命后不久便游历西欧。回国后,他创办刊物《莫斯科杂志》,通过杂志向大众介绍欧洲的流行文化与理性趋势。他的代表作《苦命的丽莎》也发表于这一刊物。18世纪末,他开始埋头研究历史。经朋友介绍,卡拉姆津获得了"历史编纂官"的职位,而后便全力编写《俄罗斯国家史》(1806—1826)。卡拉姆津的保守思想是在历史研究中形成的。卡拉姆津认为,在俄罗斯只有专制才是与国家的传统及利益最为一致的体系,帝国的强大与繁荣也永远基于专制,因此国家秩序中的"所有新规都是恶政",任何团体或制度都不得妨碍

统治者行使统治权。不过,他也把专制与独裁加以区别。从近代俄罗斯的历史脉络来看,叶卡捷琳娜二世是"专制君主",而保罗则是个"独裁者"。卡拉姆津的权力概念来源于孟德斯鸠的思想。他肯定并认可"专制"是俄罗斯传统的政治形态。不仅如此,他还对彼得一世的文化政策提出了严厉的批评。

1811年2月,卡拉姆津在叶卡捷琳娜·帕夫洛芙娜面前朗读了自己思想的浓缩版新作《论旧俄罗斯与新俄罗斯》。经帕夫洛芙娜介绍,卡拉姆津还得以面见亚历山大一世。不过在"专制"问题上,两人的观点产生了分歧。虽然如此,由于与法国的战争不可避免,为笼络保守派,亚历山大一世还是撤换了斯佩兰斯基。

亚历山大一世的初期统治可以用"表面上的自由主义"来形容。其根干是专制的、农奴制的政治制度,但也吸收了流行的自由主义与启蒙思想元素。有人指出亚历山大一世是"嘴上的共和主义者,实际上的专制君主"。作为"理性时代"的"献身学徒"培养教育出来的亚历山大一世,对启蒙意识形态十分精通。

但他对俄罗斯的现实又知之多少呢?他的政策严重缺乏平衡性、一贯性,也没有一个明确的目标。这些缺陷可以从他所接受的"偏颇的教育"中寻找解释,但也不要忘记一件事。这就是他对推翻自己父皇的政变心知肚明。这种"悲剧的即位"对他的性格和统治也产生了阴影。解开亚历山大一世"谜一样""不可理解的"行动的关键就在于此。

**与拿破仑的战争**

1789年7月爆发的法国革命,在怀胎十五年后诞生下了皇帝拿破仑。1805年,向来十分重视与德意志旧王朝关系的亚历山大一世与英国、奥地利结成反法同盟,积极备战。可是在这年年底,同盟军队在奥斯特里茨之战中完全败北,俄罗斯也损失两万一千名官兵,"国民英雄"库图佐夫将军负伤,亚历山大一世自己险遭俘虏,惊恐之余甚至还潸然泪下。

第二年10月的耶拿会战中,法军又大胜普鲁士,之后俄罗斯、普鲁士与拿破仑在立陶宛小城提尔西特签订和约。和约对普鲁士极为苛刻,普鲁士不但失去了在波兰的领地,还需支付巨额战争赔款。不过,俄罗斯不仅没割让土地,甚至无须支付赔款。这是因为拿破仑想拉拢俄罗斯参与对英国的大陆封锁。拿破仑说:"俄罗斯皇帝与我结成了极其亲密的关系。我对我们今后能团结一致、协力合作充满期待。"然而,亚历山大一世却毫不隐晦自己对拿破仑的忌惮之心:"他虽魅力四射,却是无信之人。他缺乏真诚之心,正如帝国衰退时期的拜占庭人一样,精明、伪善、狡猾。"

《提尔西特和约》在俄罗斯国内引发了强烈的不满。与"革命之子"结为同盟让大贵族们十分不快。南部领主们谷物的定期买主一直以来就是英国,和约让他们蒙受了巨大损失。昨日挚友就是今日之敌,这虽然是政治世界的常识,但昨天还是"反基督"的拿破仑今天却变成了"东正教皇帝的友人",这样的情况拿破仑自己也无法向人民交代。另外，影响更大的是，和约的缔结让俄罗斯在国际上威信扫地，国内民众的爱国心也受到伤害。不管怎样，提尔西特成为一个转折点。亚历山大一世在后来与奥地利、英国的作战中虚与委蛇，保存实力。不仅如此，他还暗中做着攻击法国的准备。希望从屈辱中东山再起的年轻贵族对皇帝的外交方略给予了狂热的支持。与此同时，拿破仑对俄罗斯的动向也有所察觉，对莫斯科的远征也在准备之中。

1812年6月，俄法两军均拉开决战态势。拿破仑先发制人，大军跨过尼曼河径直侵入俄罗斯境内。拿破仑希望尽快给予敌人致命打击，速战速决地结束战争。然而事情发展大大出乎预料。本应迎头还击的俄罗斯军队却大幅后撤，为让法军无法在当地征集粮食，俄罗斯实施了烧光一切、坚壁清野的焦土抗战政策。如此一来，法军在开战后不久便陷入粮草补给不济的状态，同时还得面对当地老百姓的反抗。

拿破仑虽损兵折将，但实行后退政策的俄军也并非一无所伤。库图佐夫接替巴克莱担任俄军主将。一番对峙之后，8月26日两军在莫斯科以西112公里的博罗季诺短兵交接，战斗十分惨烈。据最新推算，俄军动员了15.5万人，而法军出动了13.5万兵力。在历时仅一日的战役中，库图佐夫便损失了4.5万人，而拿破仑也损失了2.8万人。虽然如此，双方也并未分出胜负。俄军在遭受沉重打击后进一步后撤。

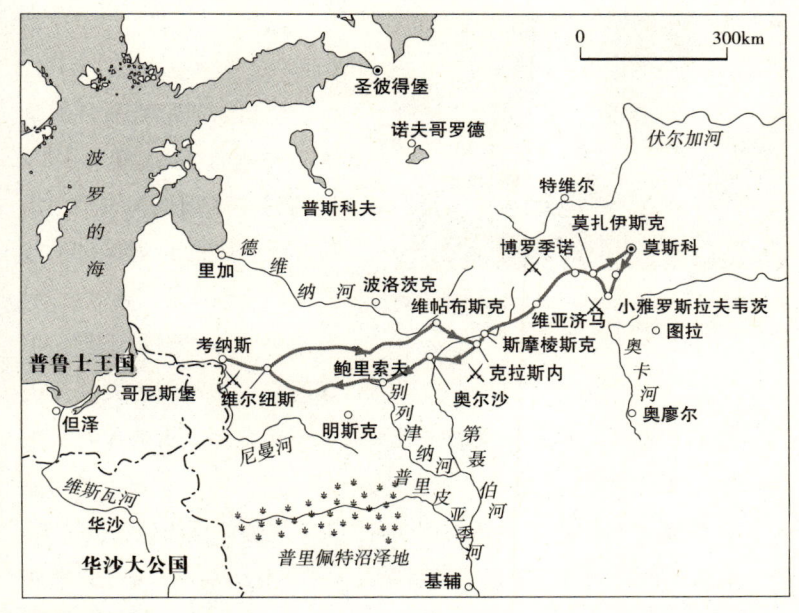

拿破仑的进军路线

## 莫斯科大火与胜利之路

9月1日，戏剧性的瞬间不期而至。俄军开始从莫斯科全面撤守。有人对拱手让出古都莫斯科的举动提出严厉批评，库图佐夫对此反论道："莫斯科丢了，但我们并未失去俄罗斯。而军队要是毁灭了，不光莫斯科，就是整个俄罗斯都将遭受灭顶之灾。"与军队一起疏散撤出的还有约2.7万名莫斯科居民。前文提到的历史学家卡拉姆津也把妻子送到了雅罗斯拉夫尔，他自己则在"我军把莫斯科作为祭品送给敌人之日"出城。留在城里的只有区区一万人而已。

第五章　沙皇的考验

**莫斯科大火** 拿破仑大军入城之日,莫斯科燃起大火,化作燎原

急切期望结束战争的拿破仑和他的将军们终于进入莫斯科这座俄罗斯古都,然而"空空如也的莫斯科"却让他们目瞪口呆,哑然失声。城里很多地方燃起大火,干燥的空气和凛冽的大风让火势很快蔓延,莫斯科化作一片火海。五天之后,火势才有所减弱,又过了一天才熄灭。克里姆林宫虽免于火灾,但城里的房屋大多被大火吞噬。"木造的莫斯科"对火灾原本就没什么抵抗力,有人推测,全城三分之二的房屋在大火中化为灰烬。冬天已悄然走近,等待十万法国大军的是破漏不堪的房屋,还有大火焚烧后的空旷废墟。

关于大火的原因,一直以来最具说服力的解释就是"放火说"——莫斯科总督拉斯特普金伯爵下达了放火命令。古都莫斯科因大火蒙受了巨大的经济损失,很多珍贵的文化遗产也在大火之中付之一炬。中世纪俄罗斯文学最高杰作《伊戈尔远征记》的原本在18世纪末才被发现,保管于阿列克谢·穆辛·普希金伯爵的宅邸,也不幸焚毁遗失。万幸的是,大火之前有人据原本抄录的抄本留传了下来。卡拉姆津的所有藏书也未能在大火中幸免,不过他撰写的《俄罗斯国家史》的原稿却安然无恙。

拿破仑的不安日日剧增。除亟待解决的粮草问题外,俄军游击队的不断骚扰攻击每天都耗费法军不少兵力。拿破仑几次三番向亚历山大一世提议媾和,但都遭到拒绝。亚历山大一世在写给内心动摇的妹妹的信中讲述了面见拿破仑时的恐怖,以此展示其强硬外交的决心。亚历山大一世说:"与其在祖国的屈辱中媾和签约,还不如与我的农民再一起吃上一段时间土豆。"在外交上,他贯彻了不妥协的态度。而对拿破仑来说,倒是不得不考虑从莫斯科撤退了。因为他不能让巴黎再空上半年时间,也不可能在莫斯科过冬。不仅如此,他也无法继续在自己创造的帝国边缘实施对整个帝国的统治。就这样,入城三十六天后,拿破仑的军队开始从化作废墟的古都撤离。

俄罗斯的"寒冬将军"袭击了班师途中的拿破仑大军。比历年都早来的降雪让拿破仑的士兵遭受了零下二十度严寒的袭击。饥寒交迫之中,士兵还不得不面对游击队不间断的攻击。大军在斯摩棱斯克甚至没能找到可以抵御寒冬的宿营地。这时的法军只剩下三万士兵、一百五十门大炮。最后的悲剧发生在11月中旬别列津纳河的渡口。在俄军的包围和进攻下,拿破仑远征军彻底崩溃。拿破仑自己也是趁着夜色脱离了大军才得以逃回巴黎。

不久,对拿破仑的战争以俄罗斯的全面胜利告终,这场战争也被称为"第一次伟大的卫国战争"(第二次是与希特勒的战争)。1814年3月,手握欧洲命运的亚历山大一世在俄军精锐部队的护卫下进入巴黎。而在几天之前,拿破仑被迫退位。

第五章　沙皇的考验

**将法国人打倒在地的俄国兵**　19世纪前期被称为"卢柏克"的民众版画

俄罗斯皇帝亚历山大一世就这样成为让拿破仑垮台的核心人物。他也主导了稍后召开的维也纳会议。拿破仑炮制的"华沙大公国"变成"波兰王国",而这个国家与1809年合并的芬兰大公国一起被置于俄罗斯的统治之下,直至1917年。俄罗斯在首都圣彼得堡新落成的喀山大教堂举行隆重的胜利庆典。库图佐夫的遗骸就埋葬在这座教堂。

## 皇帝与十二月党人

**"1812年之子"与宠臣阿拉克切耶夫**

"1812年之子"是一个广为人知的词语,所谓"1812年之子"就是在俄罗斯"伟大卫国战争"中参加对拿破仑的远征、曾随大军去过巴黎的年轻爱国贵族军官们。他们曾驻扎巴黎数月之久,亲眼目睹过巴黎的自由市民精神,回国后殷切希望改革、改造祖国。他们试图以行动把政治自由带到俄罗斯,废除农奴制,唤醒市民精神与个人尊严。在当时,他们把这些思想付诸行动的方式就是"秘密结社",这种结社有些类似于共济会。1816年,他们的行动开始了。

帝国的首都圣彼得堡和帝国第二军司令部所在地、南方城市图利钦出现了两大"秘密结社"。但两者之间的意见分歧渐趋显著。尼基塔·穆拉维约夫等人结成的"北方协会"有志于进行稳健的自由主义改革,希望避免国家陷入法国式的流血革命,也就是说,他们追求君主立宪制,同时维持领主的土地所有权。而与此相对,帕贝尔·佩斯特里等人结成的"南方协会"是激进派,他们谋求夺取政权,取得政权后再实施改革。他们主张,改革需要十年时间的独裁,只有使用"铁的手腕"才可能使人民获得幸福。

亚历山大一世似乎也看到了将自己的改革思想付诸实践的绝好机会。这个思想一直存在于亚历山大一世的内心,而现在,俄罗斯出现了民众自发产生的社会支柱。然而现实却是事与愿违。亚历山大一世不仅没有利用好机会,反而对年轻贵族们的结社行为起了强烈的戒心。统治帝国二十年的亚历山大一世已习惯于倾听保守派贵族排山倒海般的意见和建议。此时,他正重用父皇的宠臣、原陆军大臣阿拉克切耶夫。阿拉克切耶夫是当时政界的头面人物,手中握有亚历山大一世执政初期所设立的大臣会议、国务会议、皇帝直属办公厅等机构的权力。

阿拉克切耶夫各项政策中最为人熟知的是所谓屯田村的创

设。战争之后,阿拉克切耶夫被财政问题步步紧逼,为打开局面,他产生了让士兵及其家属到农村定居的想法。这样一来,军费能得以削减,新兵源也可得到保障,老兵还能获得安定的生活。然而这个一石三鸟的想法在真正推行时,进展并不顺利,最后竟半途而废。阿拉克切耶夫的改革以混乱收场,不过这并没有动摇阿拉克切耶夫的权力。如果说亚历山大一世是大东家,那么阿拉克切耶夫就是位有能力的大掌柜。同时,阿拉克切耶夫也充当着转嫁对皇帝本人责任问诘的"避雷针"角色。

虽然如此,大战之后亚历山大一世的各项政策也不能以"反动"一言概之。他的政策中包含着一些自由主义要素。比如,亚历山大一世是俄罗斯的专制君主,但同时也是波兰的立宪君主,还是芬兰的"立宪大公",而1815年波兰王国的"宪法"正是当时欧洲最为自由的宪法。另外,亚历山大一世还是一位农奴解放论者,俄罗斯本国的农奴解放虽停步于没有实效的"自由耕作农法"(1803),但从1816年至1819年,在所谓波罗的海三国,农奴解放政策被付诸实施。不过,这是一场"不带土地的解放",反而让农民陷入了经济上的困顿。

**亚历山大的"死亡之谜"**

亚历山大一世既没有什么慢性病,也没有罹患什么大病。但从四十大几岁开始,他便总把自己关在屋里,不太过问国政,重要的事务都交给阿拉克切耶夫办理。他常常从"圣经协会"的活动或宗教信仰中寻求精神慰藉，这个以普及圣经为目的的"圣经协会"正是在他自己努力下成立的。不过，设立协会也曾遇到过较强的反对，发放圣经之事就如同眼睛里被揉进沙子一样不为众人所接受。亚历山大一世的宫廷里招募了很多宗教界人士，比如贵格派教徒等，据说不少人是"各种类型的欺诈师"。

1825年9月初，亚历山大一世莅临圣彼得堡市内的涅夫斯基教堂，在那里访问了以长期过着殉教徒般的生活而驰名天下的长老阿列克谢。在阿列克谢的屋里，两人深入交谈了不短时间。之后，亚历山大一世就与皇后一起前往位于黑海沿岸塔甘罗格的别墅。从10月中旬开始，亚历山大一世还对塞瓦斯托波尔、贝克奇萨莱等克里米亚地区进行了视察。可到了11月，他却突然罹患热症，随后返回了塔甘罗格的别墅。回到别墅后，他的症状未出现丝毫好转，11月19日，已失去意识的亚历山大一世与世长辞。

亚历山大一世之死十分出人意料。无论是宫廷里的人，还是一般的平民，都没有预料到皇帝会那么早过世。虽说也多少上了点年纪，但也只有四十八岁。亚历山大一世谜一般的死亡引发了各种各样的猜测。在他死后半年，皇后伊丽莎白从塔甘罗格返回首都的途中也溘然长逝，这更加剧了人们对亚历山大一世之死的疑惑与不解。

皇帝的驾崩让宫廷不得不再次面对十分棘手的继承人问题。现在比较明朗的是，根据1797年保罗皇帝颁布的帝位继承法，女性被从候选人的名单中剔除。亚历山大一世十七岁时与德意志巴登大公之女结为连理，二人虽育有两女，却没有男性子嗣。亚历山大的大弟康斯坦丁原本是皇位第一顺位继承人，但他与原配夫人离婚后，于1820年与一位波兰伯爵夫人结婚。按照法律，与波兰女性生育后代的人是不可以继承俄罗斯皇位的。

出于这样的原因，亚历山大一世秘密地立次弟尼古拉为皇储。立尼古拉为皇储的密诏写于1821年或1822年。密诏的正本放在莫斯科圣母升天大教堂保管，此外还有三份抄本。亚历山大虽在生前便选好了继承人，可是尼古拉本人对自己被立为皇储之事却毫不知情，而这也是后来引发社会骚动的原因所在。

### 十二月党人起义

1825年11月27日，亚历山大一世的死讯传到圣彼得堡。对立储之事毫不知情的尼古拉立即向法理上应成为新皇帝的兄长——华沙大公康斯坦丁——宣誓效忠。近卫军的各个连队、各位高级军官也纷纷效仿。皇太后玛丽亚·费奥多罗芙娜看到这个情景后惊诧不已，因为皇太后早已知悉秘密立储之事，也知道密诏的存在。随后，密诏被取出昭示天下，华沙大公也呈上了效忠的书信。然而尼古拉却并不买账，他坚持主张皇兄才是合法的君主。递送书信的快马反复往返于圣彼得堡与华沙之间，康斯坦丁始终坚持留在华沙，拒绝继承皇位。正当兄弟二人互相推让之际，尼古拉听到有人图谋推翻帝制的消息。因此，尼古拉终于下定决心。12月3日，

**罗曼诺夫家族合影**　第二排右起第三个是亚历山大三世,左侧是其妻子费奥多罗芙娜皇后,妻子背后是其儿子尼古拉二世,1892年

位于圣彼得堡的冬宫　1721—1762年建造，此后一直作为皇宫，俄罗斯巴洛克建筑

**博罗金诺之战**　俄法战争中最大的单日战役，1812年，拿破仑领导的法军对阵米哈伊尔·库图佐夫元帅率领的俄军，超过二十五万士兵参战。路易·勒热所绘

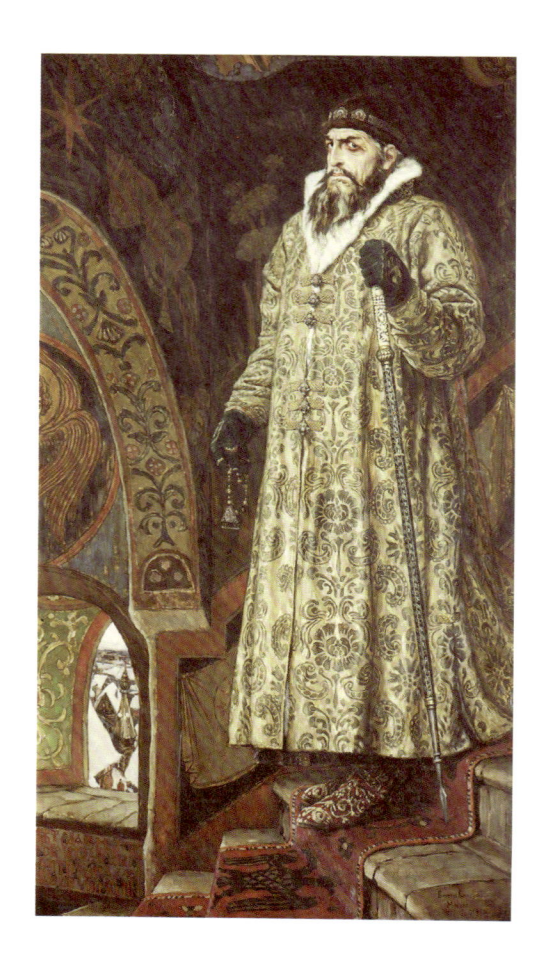

俄罗斯沙皇国的开创者伊凡四世　亦称伊凡雷帝，1547—1584年就任沙皇。维克托·米哈伊洛维奇·瓦斯涅佐夫所绘，1897年

尼古拉发布即位诏书。就这样，继承人问题获得了解决，但还缺少一个向新皇帝宣誓效忠的典礼仪式。就在仪式进行之时，青年贵族军官们发动了起义。

十二月党人起义　1825年12月14日元老院广场的情景，图中右侧远处可见青铜骑士像

12月14日，枢密院广场上聚集着约三千人的近卫军官兵，他们本应是向新皇宣誓效忠的。然而他们却呼吁众人拒绝宣誓，并随即发动了起义。青年军官们试图让枢密院宣布将国家改制为立宪政体。起义中心人物谢尔盖·特鲁别茨柯依拟定了《告俄罗斯人民宣言》，宣言包括打倒旧有统治体制、废除农奴制、确保人民宗教信仰自由等诸多方面的内容，宣言还提出了起义后的第三个月召开"大会议"订立宪法的要求。粗蛮苛刻的尼古拉在近卫军中名声很不好；相反，军中很多人都是康斯坦丁的拥护者，所以不少人对起义的成功充满期待。

起义的消息传开后，圣彼得堡群众也陆续聚集到广场，据说人数多达三万。他们投掷石块和柴火，以此来表达对起义的共鸣。但是民众对起义目的并不十分了解。"宪法"（发音与康斯坦丁相近）这个词是他们平常生活中所没有的陌生词汇，民众甚至把词义误解成"康斯坦丁大公夫妇"之意。普通士兵的心理也多与此相似，他们不理解起义的军官们为什么要拒绝宣誓。声势虽然浩大，但起义队伍却犯了很大的策略错误，不仅领导人之一特鲁别茨柯依不见了踪影，起义队伍也与沙皇卫队在互相对峙与互相游说中僵持了好几个小时。夜幕迫近，决定性的一刻来到。政府军做足准备、整装待发之后，尼古拉一世命令军队在靠近集会人群的一刻枪炮齐射。参加起义的人当场死亡五六人，很多人都负了伤。夜间，在火把的照明下，广场上的血迹被清洗得一干二净。聚集的群众怀着复杂的心情各自散去。

事件发生于1825年12月，因此此次起义也以"十二月党人起义"之名而广为人知。苏联时期，"俄国革命史"的开篇便是"十二月党人起义"。1925年起义一百周年之际，枢密院广场被更名为"十二月党人广场"。圣彼得堡的"十二月党人起义"之外，乌克兰也爆发了小规模的起义，但很快遭到镇压。

起义失败后，特别法庭立即对参与者进行审判。579人成为被告，彼斯特尔、雷列耶夫、别斯图热夫·柳明、穆拉维约夫·阿波斯托尔以及卡霍夫斯基等5人被判处绞刑，121人被流放西伯利亚。遭处决的5名领导人的年龄几乎都是二十多岁，从这点也可看出大多数十二月党人都是年轻人。他们中的多数人都是名门贵族出身，接受过良好的教育，可以讲法语，在反拿破仑的战争后获得了关于西欧的知识。也可以说，他们是继承法国革命传统的、年轻的自由主义者。

遭流放的人中，也不乏为西伯利亚地区的启蒙而尽力奔走的志士。很多被流放的人都是单身，已婚者不多。不过，博尔孔斯基公爵夫人玛利亚等九名十二月党人的妻子放弃贵族身份,与丈夫共赴西伯利亚。后来,她们因涅克拉索夫的诗篇而享誉盛名。不过,据文艺学者洛托曼的研究,自古以来,俄罗斯陆军军官们在远赴任地时就有用马车带上家属的习惯,而且这种习惯与犯罪与否无关。即便是对俄罗斯平民来说,自发跟着遭流放的家人一起前往流放地也完全是一个"极其传统的规矩",所以载着家属的马车是会与囚犯一起同行的。

## 专制君主尼古拉与"国民性"

**尼古拉的即位与治安强化政策**

与亚历山大一世不同,新君尼古拉一世是一位十足的保守君主。尤其是对十二月党人的残酷镇压让他背上了"自由的压杀者"与"暴君"的恶名。一直以来,他的严苛统治时代都被认为是一个"反动"时期。的确,尼古拉一世镇压了青年贵族军官的造反,加强了对他们的取缔,在防止外国影响方面也颇有动作,但也许还不能因此便把他的统治贴上"反动"的标签,因为他的政策也有值得注目之处。整体而言,他重新审视了西欧化路线,探索了新的专制统治方式,也许这样的评价与总结才更为不偏不倚。

尼古拉一世出生于1796年,此时叶卡捷琳娜女皇已是风烛残年。与兄长亚历山大一世不同,尼古拉一世是在母亲玛丽亚的

**尼古拉一世** 致力于确立俄罗斯的专制与"国民性"

养育下成长的。他从小便爱好军人游戏，接受过军队式的教育与训练。终其一生，他都保持着军队式的生活习惯。抵抗拿破仑的"伟大卫国战争"与战胜后高扬的爱国主义情绪让尼古拉一世大为兴奋。他与兄长亚历山大一同进入巴黎城。但是，与"1812年之子"不同，他考察了残疾军人休养院、医院等军事设施。从巴黎回国途中，他在柏林邂逅普鲁士国王之女。1817年两人成婚，这位来自普鲁士的王妃被改名为亚历山德拉·费奥多罗芙娜。年轻的皇弟夫妇生育了七位子女，他们生活在首都郊外的阿尼奇科夫宫。亚历山大德拉热衷于慈善事业，在继承人问题出现前，两人一直过着平稳恬静的生活。

十二月党人起义后，尼古拉一世加强治安防范的举措在某种意义上也是必然之举。他发布"审查法"，加强了对反政府的"有害"思想与活动的取缔。不仅如此，他还设立了直属皇帝的秘密警察机构，即"第三处"。第三处的首任长官为本肯多夫伯爵，最初的编制有十六人。到尼古拉一世统治末期，这个监视各阶层人民的机构扩充至四十人。1880年改组之前，该机构编制总数达到七十二人。这一机构让整个俄罗斯社会都处于暗影浮动之中。

**近代文学与审查制度**　　尼古拉一世对第三处报送的所有材料都事无巨细地阅览，据说他甚至连细节之处也做了很多批示。加强审查后，文学作品必须在审查之后才能出版发表。1836年写成《哲学书简》的恰达耶夫被送进了精神病医院。1849年尚是青年的陀思妥耶夫斯基因受"裴多拉谢夫斯基事件"牵连而被判处死刑。陀思妥耶夫斯基是在被押送到刑场后，手持枪支的行刑士兵已站在他面前时才被宣告减刑的。众所周知，陀思妥耶夫斯基文学在根底里蕴含着他在刑场上的恐怖体验。不过，陀思妥耶夫斯基文学是在19世纪60年代后才花开烂漫，果实累累的。尼古拉一世时期，文学上代表人物是尼古拉·果戈理和亚历山大·普希金。果戈理在《外套》(1842)中描写了底层政府职员生活困顿的悲哀境遇，而《死魂灵》的第一部(1842)则对农奴制社会进行了彻底的讽刺。

诗人普希金毫不掩饰自己对十二月党人的共鸣之情。普希金与他的代表作《叶甫盖尼·奥涅金》一起拉开了俄罗斯近代文学的大幕。当然，他的作品也不可避免地遭到审查。叙事诗《青铜骑士》在审查中被退回。《普加乔夫史》加上"叛乱"一词后才获得出版许可，因为加上了"像普加乔夫那样的造反者是史无前例的"这句话，该书才得以通过审查。普希金因1837年的决斗而殒命。不过洛托曼认为，他是"渴望功业，不畏死亡但害怕籍籍无名"的十二月党人那辈人中的一员。

尼古拉一世的治安政策因1848年法国、德意志爆发的革命

**俄国文学的繁荣** 尼古拉一世时期也是近代文学的划时代时期。图为普希金

被进一步强化。因为害怕受到革命波及，尼古拉对"危险"思想进行彻底弹压，大学自治也受到限制。尼古拉一世向匈牙利派出了军队，极力充当维持大陆秩序的"欧洲宪兵"。虽然笔者随后会对尼古拉一世值得肯定的一面进行评价，但从1848年开始的"黑暗七年"已然坐实了尼古拉一世留在历史上的"恶名"。

### "专制、正教会、国民性"

尼古拉一世二十九岁即位，统治时期长达三十年。立志做一名完美专制君主的尼古拉一世不仅体格强壮，而且有着钢铁一样的意志。他浑身上下充满着"国家第一公仆"的强烈使命感。他以彼得一世作为楷模，对彼得大帝的丰功伟绩赞美有加。然而在他看来，时代需要一种新的意识形态。彼得大帝以来，在俄罗斯，万事皆以欧洲制度与文化为体，以俄罗斯本土制度与文化为用。不过，这种"方法"已不再能保全俄罗斯的自我"国民性"与"国民一体性"。尼古拉认为："外在的生活上，外国人还有值得学习之处；但内在生活上，我们已不再需要学习外国。"俄罗斯也应像欧洲国家那样，从自己身上和自己的历史中寻找固有的自我价值。学部大臣谢尔盖·乌巴罗夫恰如其分、如其所愿地向尼古拉提供了这样的自我意识形态,即"专制、正教会、国民性"。

1833年就任学部大臣的乌巴罗夫认为,"民众的教育理应贯彻吾皇之意志,应以与正教、专制及国民性相接合的精神引导他们"。在整个尼古拉统治时代,这样的"神圣三原则"被以各种形式向民众灌输着。正教——亦即神——乃是"地上之神"沙皇的权威的基础,这个说教被用来让人民顺从于皇帝、将校乃至领主。同样地,在整个俄罗斯,父乃子之纲,子之"自由"需父给予。而军队的司令官与士兵、领主与农民之间的关系也与此相同。

虽然关于这种"家父长关系"的言论在俄罗斯所有出版物中都随处可见,但在这一点上发挥更大作用的是历史与历史学家。无论是关于尼古拉皇帝的原始记录资料,还是二手文献资料,里面都有"俄罗斯的过去"的内容。尼古拉统治期间,帝国大学里首次开设了俄罗斯历史系。莫斯科大学的米哈伊尔·波戈金、圣彼得堡大学的尼古拉·乌斯特里亚洛夫在国家意识形态的发展与普及上做出了重要的贡献。

乌斯特里亚洛夫对专制称赞有加,他认为专制带来新的繁荣、力量与光荣,同时也约束、引导并驱动着俄罗斯人。他的著作《俄国史》被选作学校教科书。自1834年始,他便在圣彼得堡大学讲授俄罗斯历史,影响颇广。顺带说一句,很多人都知道乌斯特里亚洛夫任教的第二年,作家果戈理被录用为该校的世界史教员,但"并没有在大学的历史上留下显著的一页"。很多历史学家对沙皇的个性与统治也给予了特别的关注。普希金《青铜骑士》的思想与这种"官定国民主义"也相去不远。人们通过历史学家的讲述来理解自己的过去与自己国家的过去，政府也为史料收集工作编制了高额预算。

**歌剧《为皇帝献身》** 俄罗斯国歌也是在尼古拉时期制定的。俄罗斯曾把英国国歌《神佑我王》的俄语翻译版作为国歌使用，音乐旋律丝毫未改。皇帝指示宫廷歌剧指挥之子阿列克谢·利沃夫为国歌作一首"既能在教堂也能在军队演奏的，有学问的人和无学问的人都能理解的，兼具神秘与力量的，镌刻着'国民性'"的新曲子。这是一项勉为其难的任务，但利沃夫却如其所愿，出色地完成了这项工作。国歌的歌词取自朱科夫斯基的一首诗。于是，以"神啊，请保佑沙皇"开头的国歌诞生了，新国歌呼吁人民向神祈祷，保佑为俄罗斯的荣耀而勤劳奔走的沙皇，同时又表达了沙皇对臣民的关切之爱。1833年年底的尼古拉日——也即皇帝的"圣讳日"，新国歌进行了首次公演。尼古拉命令全国所有阅兵典礼和检阅仪式都必须演奏国歌。

继国歌创作之后，米哈伊尔·格林卡又于1836年创作了歌剧《为皇帝献身》。在俄罗斯，大家都知道这样一个传说：罗曼诺夫家族的第一代沙皇米哈伊尔被选为沙皇之前，曾被波兰人拐骗，正当危难之时，科斯特罗马的农民伊凡·苏萨宁出手相救。

拿破仑战争时，又出现一个新故事，故事里苏萨宁被作为农民爱国者而受到赞扬。朱科夫斯基产生了把这样的故事写成歌剧的念头。他选中刚刚从意大利留学回国的格林卡进行歌剧创作。《为皇帝献身》以歌剧这种欧洲音乐形式展现俄罗斯"国民性"，刚一演出便大获成功。整个帝制时代，乃至苏联时期，这部歌剧一直都是国家主要庆典音乐会的必演剧目。苏联时期，歌剧被更名为《伊凡·苏萨宁》。

尼古拉时期树立的数目众多的纪念碑也值得重视。圣彼得堡冬宫广场中央耸立的47.5米之高的"亚历山大圆柱"与莫斯科的"救世主教堂"都是奉尼古拉之命为纪念对拿破仑战争的胜利而修建的。此外，尼古拉政府在全国各地直接或间接参与修建的纪念碑总数估计超过一百座。这些纪念碑成为尼古拉统治时期"国民性"意识形态的雄辩证明。

**斯拉夫派与西欧派** 　19世纪30年代正当尼古拉政府为"官定国民主义"的形成与确定而奔走努力之时，知识界掀起了一股潮流，知识分子就更深层面的思想根源发表各自的见解，展开热烈讨论。引发这场大讨论的导火线是1836年发表于杂志《望远镜》上的论文《哲学书简》。作者是当时四十二岁的退伍军人彼得·恰达耶夫。拿破仑战争时，尚为莫斯科大学学生的恰达耶夫参军入伍，而后又为治疗精神疾病而历访欧洲。他认为俄罗斯既不属于欧洲也不属于亚洲，俄罗斯过去没有为人类全体文化做过什么贡献；相应地，与欧洲国家相比，俄罗斯是历史舞台的新人，但这也将在未来促进俄罗斯的发展，因为俄罗斯可以从欧洲国家的成败中汲取经验教训。就这样，他展开了关于所谓"后发优势"的议论。

恰达耶夫的论文是尼古拉时期"黑夜里响起的枪声"，是"对俄罗斯的检举信"。知识分子围绕着祖国俄罗斯的过去与现在是个什么样子，值得后世继承的又是什么等问题进行了讨论。特别是彼得大帝"革命"的评价问题上，知识分子之间分歧很大。斯拉夫派（霍米亚科夫、基列耶夫斯基兄弟、阿克萨科夫兄弟、萨马林等）认为俄罗斯没有从希腊罗马继承文化遗产，也没有发生过文艺复兴与宗教改革。不过，从拜占庭引入了希腊正教。这种教化的核心在于"精神的一体性"。这就是正教徒间因爱、自由与真理而结成的"共同体精神"。这种"调和的结合"不仅存在于农村共同体，更一直存在于整个斯拉夫民族的社会生活中。缙绅会议也是如此。然而，彼得大帝的改革在推进西欧化的同时，却也断绝了传统。斯拉夫派认为，欧洲的个人主义给俄罗斯带来的毒害虽已一目了然，但俄罗斯仍在这条道路上前行。

与斯拉夫派相对的是西欧派（别林斯基、赫尔岑、奥加辽夫、格拉诺夫斯基等）。西欧派认为彼得之前的俄罗斯是精神上的不毛之地，这种见解与斯拉夫派截然相反。西欧派还认为，希腊正教不过是侍奉国家的下人，是统治民众的道具而已。两百年的蒙古统治把俄罗斯与欧洲切割了开来，历史也因此而止步。彼得大帝在荒芜与苦难中登场,他从内里上把拜占庭的旧衣剥离开去。为了以欧洲水准为目标改造俄罗斯,彼得大帝推出了很多改革措施。俄罗斯的道路应是在彼得开创的事业上百尺竿头更进一步。

两派的主张正面对立。斯拉夫派人士几乎都是土地贵族,西欧派却不尽然,两派在家庭出身上存在很大差异。他们读着同一本书,听着同样的讲义,参加相同的沙龙,还是在同一本杂志上发表文章的"同志伙伴"。另外需要强调的是,双方都对专制及农奴制持批判态度。因此,两派中都有不少人受到过迫害。

西欧派的赫尔芩(1812—1870)从1848年欧洲革命的挫折中看到资本主义社会的"堕落"后,重新把目光转向"斯拉夫派"所称赞的俄罗斯农民共同体。他认为,俄罗斯农民的土地公有与自治也许具备了直接向社会主义过渡的条件。这样,他成为俄罗斯"共同体社会主义"的思想先驱。

## 尼古拉时代的内政外交

**官吏体制的扩充**　　官吏体制的扩充是尼古拉统治时期值得重点关注之处。十二月党人起义后,尼古拉不再信任贵族,他认识到官僚体制才是自己权力的支柱,因此开始增加官吏人数,同时提高他们的素质。1804年,整个俄罗斯入流的官吏共13 260人,而到1847年,官吏总数增长了4.5倍,达到61 548人,其中很多都是在尼古拉时期增加的。的确,占一等官至四等官等高官中多数的仍是土地贵族,但时至19世纪中叶,全体官吏之中,每四人就有三人是靠俸禄而不是靠地租谋生养家的。

如此一来,贵族们对国家的依附得到了加强,他们需要更多地为国家服务。不仅如此,尼古拉在制度的完善上也做了不少努力。比如,各种名目的津贴、依据工龄的升迁与表彰、勋章的授予、九等级退休金制度,等等。另外,还对大学及专门学校毕业生的优先任用与晋升做了制度上的保障。同时尼古拉还坚决罢免"不好的"及收受贿赂的官吏。官吏们也被要求在不参加秘密结社、不参加共济会的保证书上签字。

通过这一系列措施,中央各部衙门官吏的素质迅速提升。然而,在地方上,情况原本就与中央有所不同。地方官吏人数少,还得忙于日渐增多的日常事务,所以他们没有机会得到良好的业务训练。另外,还有一个值得注意的群体,他们是俄罗斯官场上的波罗的海德意志人。这些人是出身于波罗的海沿岸的德意志贵族,精通欧洲文化与技术,任用他们做官是彼得时代以来的传统。整个帝制时期的俄罗斯高级官员中,有八分之一是来自波罗的海沿岸地区的德意志人。这一现象在尼古拉时期显得更为突出,高官中的"德意志元素"高达30%—50%。有一点需要明白,官吏本来是倾向于保守的,但尼古拉的政策促使了精英集团的产生，下一个时代的"开明官吏"呼之欲出。

官吏制度以外，尼古拉还完善了法律。米哈伊尔·斯佩兰斯基编纂了《俄罗斯法律大全》。斯佩兰斯基在亚历山大一世时就曾位居高官，参与改革，但他因不为保守派所接受而被流放诺夫哥罗德。四年后，他被赦免并出任奔萨省省长，后又转任西伯利亚省省长。1821 年，斯佩兰斯基回到圣彼得堡。尼古拉对斯佩兰斯基评价很高，将编纂法典重任交付给他。1833 年，《俄罗斯法律大全》编纂完成，全书共 45 卷，收录了 1649 年《会议法典》以来至 1825 年出台的全部法令。他还一并编纂了 15 卷的现行律法典。

**工商业的发展与第一条铁路**

从经济上来看，尼古拉一世统治时代是怎样的一个时代呢？曾经有一个观点较受广泛认可，认为俄罗斯的产业革命开始于 19 世纪三四十年代。专制与农奴制下能够取得经济上的飞跃吗？当时的俄罗斯仍是一个农业人口占总人口 90% 的农业国，然而我们可以从字面上简单地看待这个问题吗？

俄罗斯的产业中心是莫斯科，1840 年的人口为三十五万，这与拥有四十七万人口的圣彼得堡还有相当大的差距。尼古拉自己曾说过，"莫斯科已成为曼彻斯特那样的制造业城市"，不过传统的莫斯科及莫斯科省都是纺织业的中心地区。

莫斯科虽然有着商人之城的独特风貌，但旧礼仪派的企业

俄罗斯最早的铁路，1837年

经营成为这个时代的显著特征。叶卡捷琳娜二世"宗教宽容"政策出台后，很多旧礼仪派教徒回到莫斯科，在以普列奥布拉仁斯克与罗格朱斯克两个墓园周边形成的社区为中心的片区积极开展工商业活动。官方资料显示，1850年旧礼仪派在莫斯科总人口中的占比为5%，但在同业商会注册的商人中，旧礼仪派却占到了15%。从人口比重来看，旧礼仪派商人的比例显然是很高的。俄罗斯最大的纤维业工厂主萨巴·莫洛佐夫就是一个典型的例子。

受地理条件限制，俄罗斯的国内商业很大程度上依赖于分布各地的定期集市。1850年，全国大小集市共有4670个。其中，下诺夫哥罗德地区处于伏尔加河流域核心区域，每年7月15日至9月10日定期开集，不仅汇集着俄罗斯的国内商品，欧洲、亚洲的商品也云集于此。在这里，旧礼仪派商人的商业活动也十分炫彩夺目。

尼古拉一世时期，俄罗斯还有了第一条真正意义上的铁路。在先进国家英国掀起第一次铁路铺设高潮的1837年，俄罗斯也终于在圣彼得堡与皇村间修建了一条长二十五公里的试验性铁路。铺设铁路遭到很多人的反对，他们都持铁路有害论的观点，财政大臣坎克林就是其中的代表人物,他曾说铁路会让"社会道德低下"。虽然如此,尼古拉一世却坚持认为铁路是有益的,而且是必要的。过去,圣彼得堡偏居一隅,也因距离帝国中心较远而饱受非议。尼古拉相信这种尴尬局面会因铁路的铺设得到消解。

1843 年,直线连接圣彼得堡和莫斯科的铁路开工建设。工程动用三四万名劳力。有说法认为,因过劳和影响不良而死的劳工人数大大超过枕木的数量,不过这是一种过于夸张的说法。八年后的 1851 年,全长六百五十公里的铁路终于修筑完成。1851 年也恰逢尼古拉一世即位二十五周年,皇帝夫妇出席在莫斯科乌斯平斯基教堂举办的庆典仪式,就是从圣彼得堡乘火车出发的。铁路的开通大大刺激了很多领域的经济活动,铁路很快显现出对经济的促进作用。到 1861 年,全俄铁路通车里程更进一步达到约一千五百公里。虽然与欧洲绵密的铁路道网还相距甚远,但对于幅员辽阔的俄罗斯来说,铁路发挥的效能是很大的。

**对农奴解放的期待**

国内最大的问题是农奴问题,再继续迈进一步便是"农奴解放"。在东欧,18 世纪末,奥地利的约瑟夫二世进行了激进的尝试后,"农奴解放"就成为任何国家都无法回避的问题。进入 19 世纪,以普鲁士为代表的很多国家都进行了"农民改革"。1848 年以后,主要大国中只有俄罗斯仍未解放农奴。

然而尼古拉一世政府并没能拿出有效的解决方案。俄罗斯的农奴政策仍停留在1803年亚历山大一世时期推出的"依领主之意""双方合意基础上的农奴人格解放"。但因为附加了领主死后获准解放的条件，或是领地继承人"不同意"等条件，这一政策本身存在着很多难以解决的问题，所以农奴解放进展得不是很顺利。亚历山大一世时，全国共有47 153人（男性农奴）获得解放，而尼古拉一世时期，这一数字并未增加多少，解放的农奴总数不过才67 149人。也就是说，仅有一小部分农奴获得了解放。

苏联历史学家对这个时期的农民斗争进行了深入的研究，揭示了很多历史事实。1800年至1825年间，农民起义（骚动、蜂起）平均每年爆发26起，而1826年至1860年间，这一数字增加了两倍，达到平均每年60起。另外，杀死领主及管家，擅自逃亡，向沙皇递交请愿书等形式的抗议活动也由16件增加到67件，增加了三倍多。起义与抗议的直接原因就是对自由的向往，也就是说，人们对农奴解放充满强烈期待。后文将会对亚历山大二世的农奴解放及其过程进行讲述，这个领域里也有不少苏联历史学家做出了很多颇具影响力的研究。

**"欧洲宪兵"**

尼古拉一世的对外政策非常强硬。1829年5月，他在华沙即波兰王位。维也纳体制下产生的"波兰王国"以俄罗斯皇帝亚历山大一世为君主，虽然其兄长康斯坦丁大公奉派常驻华沙，担任总督，但波兰仍是一个拥有自由主义宪法与两院制国民议会的国家。波兰宪法明确规定了君主立宪制，这也意味着沙皇认可在波兰实行与"专制俄罗斯"全然不同的先进体制。但是，镇压十二月党人起义的尼古拉一世上台后，这种融和的波兰政策行将终结。尼古拉一世试图断然废除波兰宪法，解散王国军队。

针对尼古拉一世的举动，1830年11月，波兰爱国军人袭击了康斯坦丁大公居住的贝尔维德尔宫。尼古拉一世曾对比他年长十七岁的大公兄长抱有敬意，但此时，尼古拉一世对优柔寡断的康斯坦丁大公产生不满。事态后来发展为俄波两国军队之间的战争。当时波兰国民政府首相亚当·恰尔托鲁斯基公爵一方面敦促尼古拉一世遵守维也纳会议的决议，另一方面向欧洲列强寻求军事援助。然而这次反抗斗争还是以失败告终。尼古拉一世宣布王国宪法失去效力，同时也解散了王国军队，参加反抗斗争的波兰士族还被没收了财产。此后，尼古拉一世在波兰实施了一系列彻彻底底的俄化政策：起用俄罗斯人充任波兰中央与地方官吏，引入俄罗斯货币，关闭华沙及维尔诺的大学，公共教育使用俄语等。

镇压十二月党人起义后，尼古拉一世又在1833年与普鲁士、奥地利结成同盟，预防可能发生的革命。1848年法国二月革命之际，俄罗斯与共和政体的法国断交，并在西部国境线上集结三四十万人的大军。第二年夏天，匈牙利爆发革命时，应奥地利

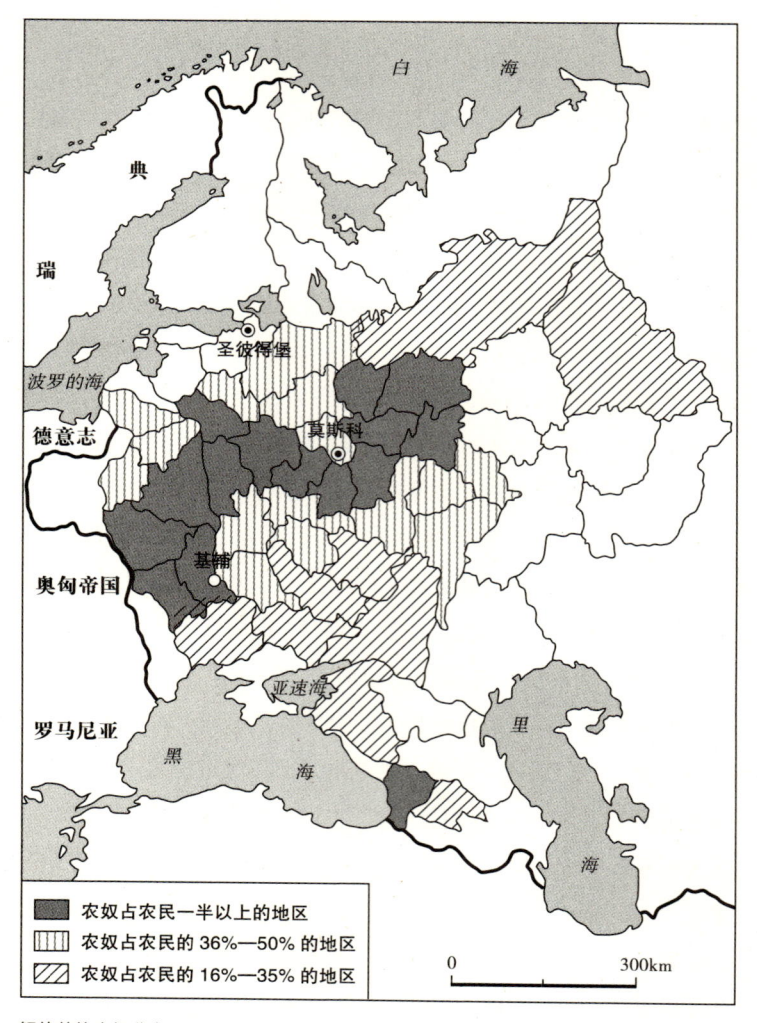

解放前的农奴分布

之请，尼古拉一世直接出兵布达佩斯对革命进行镇压。"欧洲宪兵"，这是尼古拉一世自己为俄罗斯所起的别名。

**克里米亚败北与尼古拉之死**

尼古拉一世晚年爆发的克里米亚战争对他来说是致命的。克里米亚战争的根源在于奥斯曼帝国的衰落。从中世纪末到近代，这个帝国曾是一个给欧洲周边带来剧烈震撼的强大国家。随着帝国的衰落，所谓"东方问题"也逐渐浮上水面。如何解决这个问题，欧洲列强之间产生了尖锐的利害冲突。

叶卡捷琳娜二世女皇肃清克里米亚鞑靼后，借口解放奥斯曼压迫下的斯拉夫民族，推行过南下政策。通过1828年及1829年的俄土战争，俄罗斯取得了很大的成果，不仅获得了达达尼尔海峡和博斯普鲁斯海峡的自由通行权，还获得了黑海通商权。囤积在敖德萨的谷物得以通过博斯普鲁斯海峡出口欧洲。敖德萨的人口也由1795年的仅仅2300余人增加到1826年的3.3万人，至1852年更是达到近10万人。对于谷物出口国俄罗斯来说，它从土耳其获得的利益对于在这一区域扩张势力有着重要的意义。

俄罗斯的南下政策招致欧洲列强的不满，列强一直试图在中近东和巴尔干半岛维持着自己的影响力。于是，英国与法国便向奥斯曼帝国伸出援手，支持奥斯曼帝国对抗俄罗斯。1853年6月，沙皇尼古拉以保护耶路撒冷的希腊正教徒为名，派兵八万入侵奥斯曼帝国的自治领，奥斯曼帝国也在英国、法国军队的支援下向俄罗斯宣战。战争的主要舞台便是俄罗斯黑海舰队所在地——克里米亚半岛。

战争初期，俄罗斯取得过一些胜利，但在英法两国强大海军进入战场后，战局出现逆转。联合舰队对敖德萨、尼古拉耶夫等港口进行炮击。此时的俄罗斯海军的军舰仍是帆船，而对手已使用机动快速的蒸汽船。由于兵器弹药的不足，铁路网尚未完备而带来的物资、兵员运补缓慢等原因，俄军逐渐处于守势。克里米亚半岛的俄军要塞塞瓦斯托波尔成为双方攻守的焦点，经过349天的争夺后，1855年8月27日塞瓦斯托波尔要塞陷落。在这场悲壮的战斗中，共有50万俄军官兵战死。由于英国在战争中进行了"塞瓦斯托波尔大屠杀"，因此俄罗斯人长期憎恨英国。同年12月，奥地利参战，至此俄罗斯的败局已定。尼古拉一世也在俄军败相显露、败局已定的1855年2月中旬因肺炎去世。

**战后处理与"解放的传言"**

1856年3月的巴黎和约对克里米亚战争问题进行了最终处理。黑海成为中立海域，俄罗斯与土耳其都被禁止在黑海拥有舰船、要塞及军火库。另外，和约还规定所有国家都在黑海有航行自由权。这项规定让战胜方看到了扩大商品出口的希望，而俄罗斯的出口则遭受打击。克里米亚战争终结了俄罗斯控制黑海的时代，同时也拉开了英法掌控中东的序幕。

克里米亚战争中，红十字的起源南丁格尔的故事广为后人所知。俄罗斯方面，尼古拉一世之弟米哈伊尔大公的妻子耶蕾娜·帕夫洛芙娜积极开展的救护工作也为世人所称道。她呼吁对负伤者进行救治，在她身边，医师皮罗格夫带领着1636名护士以献身的精神致力于救护伤员的工作。这也成为俄罗斯十字队的基础，而"耶蕾娜医学院"在帝制时期也培养了很多科别的专业医师。

克里米亚战争中，有一个值得注意的事项，这就是农奴志愿兵。俄罗斯政府在基于征兵令大幅增加兵员以外，又于1854年4月和1855年1月募集国民志愿军。应募的农奴需得到领主的认可，还需签订退伍后回归村庄的誓约书。但是，农奴之中却发生了不可思议的反应，有一个传言在农奴之间广泛流传："沙皇召集所有愿意服役的人为国家暂时服兵役，作为回报，参军者的家庭成员不仅可以从农奴状态下获得永久解放，还可从征兵及国家税负中获得解放。"

相信传言的农奴开始大举离开村庄。中央地区、伏尔加河沿岸、西南部的农奴也为了寻求自由而志愿参军。有的还与前来阻止的领主及地方当局发生冲突，各地都有不同程度的骚乱发生。克里米亚地区也出现了约定给予自由的传言。事实上，这种由流言引起的骚动并不是头一次发生。1825年，伏尔加河流域的很多省也发生过农奴相信流言而纷纷向传说中的"达利亚河"逃亡的事件。克里米亚战争结束后，逃亡仍在继续。因此，以克里米亚战争为契机，"农奴解放问题"终于被提上日程。

# 第六章

# 进退维谷的近代困境

## "解放皇帝"亚历山大二世

**农奴解放之路**　　新皇帝亚历山大二世即位后亟待处理的第一要务便是战败问题。1855年2月，亚历山大二世即位之时，俄罗斯仍然深陷战争的旋涡之中，而且败相已现。第二年3月，缔结屈辱的巴黎和约时，亚历山大二世已是三十八岁的成熟皇帝。皇太子时期，他便高居政府要职，参加过很多重要的国是会议，因此也积累了丰富的政治经验。年轻时，他曾出访德意志，在那里邂逅黑森·达姆斯塔特公爵的次女，这位德意志公爵的郡主后来成为俄罗斯皇太子亚历山大的太子妃。亚历山大二世即位时，叔父们几乎全都离开人世。俄罗斯的改革完全系于他的个人意志。

1856年8月，举办完加冕仪式后，亚历山大二世恩准赦免全国的政治犯。包括1825年的十二月党人、参与佩特拉谢夫斯基事件和波兰反抗运动的人在内的九千人获释。流放西伯利亚的十二月党人有一百二十人，然而获得恩赦时只有三十几人还活在世上。不过，他们当中并不是所有人都希望返乡，不少人已经产生了献身西伯利亚建设、埋骨西伯利亚的思想觉悟。虽然如此，恩赦得到久已期待改变的社会的大大欢迎。此外，书报审查制度也得到缓解。"雪融"成为这一年的象征词语，"俄罗斯开始自由地呼吸了"。在圣彼得堡，请求改革的信件纷至沓来，尼古拉一世时代的闭塞感被一扫而空。

农奴解放是亚历山大二世执政初期亟待解决的悬案。巴黎和约签订后不久，一次在莫斯科省乡村贵族团团长们面前的演讲中，亚历山大二世说道："农奴与领主间存在不幸的敌对情绪，我确信我们迟早会对此事做彻底的了结……既然如此，与其自下而上，不如自上而下地推行改革。"

与这个著名演说几乎同时，农奴解放也提上了政治日程。显然，大多数贵族都反对解放农奴。但即便如此，农民问题秘密委员会还是在第二年的1月成立了。1858年，为听闻"地方特殊性与贵族的希望"而选举、召集的贵族委员会中，大多数成员也一如既往地在原则上反对解放农奴，或者只答应"没有土地的解放"。他们提出了诸如改革将会使俄国失去"民族价值"；改革是欧洲的翻版，将不可避免地带来动摇国本的"革命"等各式各样自保的、反动的意见。

然而,沙皇本人对解决农奴问题意志坚决。因为农奴问题如若得不到解决,农业将继续停滞,以农奴为兵源的军队建设也无法前行,这些后果都是显而易见的。为此,亚历山大二世全力以赴,亲自巡幸全国,游说态度消极的贵族。改革得到以尼古拉·米柳金为首的开明官员的大力支持。沙皇胞弟、自由派海军大臣康斯坦丁大公,沙皇敬爱的叔母耶蕾娜也强烈地支持改革。为审查讨论"带土地的农奴解放方案"的具体细节,1859年成立了法典编纂委员会。此后,虽然也经历了不少曲折,但1861年2月19日,亚历山大二世终于签署农奴解放宣言。从着手处理农奴问题开始,岁月已流逝六年。

亚历山大二世　实现农奴解放,但于1881年遭暗杀身亡

**解放宣言与农民及贵族的反应**

关于农奴解放宣言的内容,一言以概之,即"无偿获取人身权""有偿获取土地权"。经过两年的准备期,"农奴"——即贵族、领主人身支配下的农民——无偿获得婚姻自由,取得和支配动产不动产的自由,自主从事工商业等诸项市民权;同时领主不经审判便可对农民施加身体刑罚的权力也被废除。就这样,俄罗斯农民有史以来第一次获得"人身解放"。

第六章　进退维谷的近代困境

农民一直以来共同使用的"农民份地"问题又是如何处理的呢？首先，农民需与领主交换"土地证书"，证书上写有分给农民的土地规模。其后，农民还需"买回"这份土地。因为，划分给农民的土地的所有权人仍然是原来的领主，农民获得的仅仅是以缴纳地租为条件的土地使用权。要想完全自主，农民还需向领主支付土地赎买金。

虽说可以"赎买"，但农民并没有足够的资金赎买土地。对此，国家出台了年利息6%的"四十九年贷款"政策，国库出资代农民一次性付清土地赎买金。利用贷款赎买土地后，农民虽然不需要再缴纳地租，但得分期向国家偿还"土地赎买金"贷款。不过，这一系列土地转让手续并不是以个体农民为单位，而是以村为单位办理的。"土地赎买金"的偿还也采取了全村"连带责任制"。

因此，获得土地的农民并不能自由地处置"自己的土地"。如要离开村庄，需得到大多数村民的同意。换言之，农民虽然从领主的恣意妄为中获得"人身的"解放，但村庄共同体反而因这样的土地政策得到了强化。不管怎样，农奴制桎梏之下共有约2250万的农奴获得了解放。

农奴解放宣言是在3月5日公布的。2月下旬是俄罗斯的"谢肉节"，因害怕饮酒的农民发生"暴动"，政府推迟了公布时间。据说，冬宫广场前历年都会举办的集市也变更了场所。用了大约一个月时间，农奴解放宣言被传达至俄罗斯全国各地。在地方的村庄里，教会的司祭们向农民宣读了宣言的内容。有的地方，司祭画完十字刚刚开始朗读，底下聚集的农民便骚动起来。随着宣读的进行，骚动越来越大。"这到底是什么自由"，农民的不满越发强烈，司祭甚至不得不中断宣读。这就是农民对解放宣言的一般反应。在长达两年的预备期里，所有负担一仍其旧，这些内容让农民大失所望。

各地很快出现了这样的声音：法令是伪造的，沙皇赐予我们的"真正自由"被官员和领主们偷换了。4月初，喀山省斯帕斯基县别兹多诺村爆发大规模反抗斗争。农民认为司祭宣读的宣言是伪造的，引发群起反抗。相邻村庄的农民听到"真正自由"的风闻后，也聚拢了起来。应领主要求，政府派出军队进行镇压，军队向以各种农具为"武装"的农民开战。据官方数据，共有51名农民遭枪杀。而在这一年的4月至7月间，全国共爆发了647起农民反抗运动。

从反抗运动的激烈程度来看，死亡的数字应该不小，政府对农民的动向更是严加警戒。但只强调农民的反抗这一点还是显得片面，因为大多数村庄还是基本平稳的，也就是说，大部分农民虽然不情不愿，但还是选择服从沙皇的诏令，办理了"土地证书"。在划分土地（所谓的"割除超过标准的土地"）时，各地做法虽有不同，但无一例外地大大有利于领主。虽然如此，十年之后，约三分之二的农民通过赎买获得了自己的土地。

虽然很多人认为这场农奴解放只考虑了领主的利益，但多数贵族对解放宣言也持批判态度。对他们而言，解放宣言是"彼得改革者们"所带来的"无可避免的灾难"。不满的言论充斥坊间，时不时地还出现一些过激之言。有的地方贵族甚至露骨直言，"为了给农奴自由，沙皇已秘密签署处决数千名领主的命令"。也有领主说，"这样破坏秩序，意味着国家即将崩溃"。

**"大改革时代"** 亚历山大二世不仅在农奴问题上进行了改革，他的改革还涉及整个国家与社会的方方面面。1862年1月，俄罗斯首次公布国家预算，政府的报纸上也刊登准备改革的各项报告。所谓"信息公开"便是此举。接着，在1863年，国家颁布大学令，确立了教授会自治原则，但学生结成自治组织则不被允许。另外，在初等教育与中等教育领域也制定了相关法令，教育改革蓬勃展开。

1864年，司法改革开始。司法独立的制度得到确立，司法体系由治安判例制与普通法院制的二元体制构成，这一司法体系适用于所有身份等级的人。另外，还创立了陪审员制度和律师制度。但是，农民被作为例外处理。农民的诉讼案件归设置在乡里的"乡法庭"管辖，乡法庭仍然适用过去的习惯法，后面将会讲到。换言之，农民受到了与帝国其他臣民不同的歧视性对待，他们不能享受"财产不可侵犯"的基本权利，因为国家认为给予农民这些权利的时期尚早。

军队也进行了改革。陆军大臣德米特里·米柳京在军队中废除了过度的中央集权，全国被分为若干个军区。另外，军费也得到削减，提高军队战斗力的问题得到了重视。1874年，俄罗斯实施普通兵役制。制度规定，防卫祖国的义务没有身份等级之别，所有臣民都平等地具有兵役义务。从此，以农民为对象的征兵制被新的兵役制取代。义务兵役制下，士兵从二十岁以上的义务兵役登记者中通过抽选选拔。兵役期限为十五年，其中六年为现役，余下九年为预备役。克里米亚败北以来的悬案之一，也就是兵役问题，由此得到改革。

**设置地方自治会**

亚历山大二世大改革的重拳之一便是设置地方自治机构——地方自治会。解放农奴后，一直以来由当地领主负责的省县行政体系瓦解，重整地方行政成为政府的紧急要务。过去非正式的村共同体被命名为"村社"，成为正式的初级行政组织。另外，新设了县，由相邻数个村社构成，纳税的男性人数在两三千规模。在县及其上级机关省分别设置自治机构——县自治会或省自治会。县会代表由当地居民选举产生，省会代表由县会代表选举产生。代表任期为三年，县会与省会中又设置参事委员会作为执行部门。如此一来，基于选举的地方自治机关产生了。除西部和波罗的海诸省外，34个欧俄省都实行了地方自治会制度。

地方自治会的代表在形式上"代表所有身份的人"，但代表并不是全体居民直接选举产生的。依身份资格与财产资格的不同，

19世纪末,地方自治会的代议员

"选举人范围"被分为三类。地主、城镇居民、乡农民分别选举代表。34个欧俄省的县会代表共有1.3万人,其中地主占47.7%,城镇居民占12.3%,农民占40%。农民代表的比重虽然不低,但总人口中农民占压倒性多数,因此农民代表的比例相对少很多。另外,农民代表也很少能够进入参事会。虽然如此,在一年召开一次、每次持续数天的"地方自治会"里,农民与过去的主人们比肩并列,也是前所未有的景象。

地方自治会的任务是处理地方上有"经济上必要"的工作。具体而言,包罗了初等教育、医疗、修整道路、农业技术支持、紧急时的粮食保障、振兴工商业等等很多领域。因此,自治会被授予了征税权,拥有独立的财政来源。但县会的活动受省长的监督,省会受内政大臣的监督,因此限制也是很多的。所以,这种制度还不甚完善,虽然如此,俄罗斯还是在地方自治的方向上前进了一大步,这一点是不能否定的。地方自治会的设置也调动了以地方贵族为首的社会各界人士参与政治的积极性,动员了俄罗斯社会中的"积极要素"。

**卡拉克佐夫事件**

在另一方面，农奴解放宣言却激发了波兰的民族解放运动。1863年1月，波兰士族主导的"一月起义"席卷原波兰王国的全部国土。亚历山大二世不得已向波兰农民承诺，会把叛乱士族的土地分给他们，借此成功地让农民离开起义队伍。波兰的起义在爆发十五个月后遭彻底镇压。穆拉维约夫将军对叛乱者实施了严苛的处罚。穆拉维约夫的弟弟是十二月党人，曾被流放西伯利亚，他的一些亲戚也有遭处决的，但这次他自己却变成恶人，背上了"刽子手"的恶名。起义的策划者遭到处决，参与者被流放。但是问题并未完全解决，约一万波兰人流亡至法国、美国等国，继续进行民族解放之战。

1866年4月4日，在圣彼得堡"夏日庭院"散步的皇帝遭到枪击。恰巧路过的路人注意到了刺客的举动，推了一下刺客的胳膊，子弹偏离目标，亚历山大二世捡回一命。享有"解放皇帝"绝顶美誉的亚历山大二世成了暗杀的目标，这一事件对亚历山大二世的打击很大。他来到犯人面前，问他是不是波兰人，然而得到的回答却是：德米特里·卡拉克佐夫，俄罗斯人，喀山大学学生。消息传开后，首都民众向冬宫聚集，他们向露台上的皇帝大声高呼："乌拉！"

这一事件在第二天便被神化。救下沙皇的路人名叫奥西普·科米萨洛夫，虽然居住圣彼得堡多年，但他的家乡在科斯特罗马，也就是说他与伊凡·苏萨宁同乡。传说中科斯特罗马的农民苏萨宁救下了沙皇的高祖米哈伊尔·罗曼诺夫，而这一事件也被演绎成"苏萨宁传说"的再现。沙皇决定授予这位路人世袭贵族称号，受赏仪式上，科米萨洛夫的妻子身着科斯特罗马当地的农民服装站在丈夫身旁。

此次沙皇暗杀事件也演变成"官制国民性"，也就是"献身沙皇的俄罗斯人"观念得以确立的机会。剧场里也上演格林卡的歌剧《向皇帝献身》，每当剧中有波兰人登场时，舞台下就会传来观众"打倒波兰人"的响亮呼喊。最后的"荣光"合唱时，更呈现出前所未有的热烈气氛。歌剧结束后，国歌"上帝保佑沙皇"的演奏也是久久不绝。

然而，亚历山大二世自己的心灵伤口却未能愈合。事件之后，他更换了自由派大臣，同时治安部门——沙皇办公厅第三处——得到了强化。这一年，沙皇办公厅第三处新上任的长官修瓦洛夫因深得皇帝信任而获得很大的权力。以这一事件为契机，亚历山大二世统治后半期的"停滞反动的十四年"开始了。

# 专制与知识阶层

**彼得大帝二百周年诞辰纪念**

1872年是彼得大帝二百周年诞辰的纪念之年。他的"革命"已在本书中有具体讲述，从彼得大帝开始，俄罗斯便在"彼得开创的道路"上前行。但是1840年的斯拉夫派对彼得改革进行了严厉的批判,本书紧接着要讲述的向民粹主义方向探索的理论活动与社会运动也已出现。面对这些情况,政府自然而然地利用这一机会举办称颂大帝的演讲纪念活动。

5月30日是彼得大帝的生日,在诞辰纪念日前后,几乎所有学术机构都举办了某种形式的彼得大帝纪念活动。这些活动的顶点是2月至5月举办的莫斯科大学俄罗斯史教授谢尔盖·索洛维约夫的公开演讲。活动在"贵族会馆"大厅中举行,学者、政府高官、一般官员云集于此,聆听这位著名历史学家的演说,声势十分浩大。那么,索洛维约夫讲了些什么呢?

索洛维约夫的基本思想用一句话来概括就是,"伟人是时代之子,是这一时代的人民之子"。也就是说,伟人的出现不是偶然。他应"人民强烈的愿望"而生,"带领"人民"走上时代前进所必需的新道路"。产生了必然要走新道路意识的"人民站了起来,汇聚到这条道路上"。而在这条路上,"出现了伟人"。索洛维约夫就伟人的诞生做了说明后,又对彼得大帝的改革进行了论述。与本书使用"革命"来总结这场变革不同,索洛维约夫认为那是一场"人民"唤起的"人民事业",大帝是"人民的皇帝""民众的伟大导师",而不是其他的什么。"伟人并不能感知到、意识到人民感知不到、意识不到的事物","没有土地是盖不起屋舍楼厦的"。彼得的诸项改革在17世纪时已酝酿发酵,但还需要"伟大的导师"来催熟它。这就是彼得和他的事业。

第六章 进退维谷的近代困境

历史学家索洛维约夫的基本立场属于受斯拉夫派批判的西欧派。另外，在解释俄罗斯的过去这个问题上，他属于强调国家的创造性角色的"国家学派"。面对当时正在进行的包括解放农奴在内的"资产阶级性质的诸项改革"，他曾对"专制的自发主动"寄予期待。另外，他是一个"稳健的自由主义者"，对任何"革命性改造"的尝试都持批判立场。这次演讲中，他把关注的焦点集中于彼得大帝改革中值得肯定的一面，清楚地阐释了改革与"当代"的关系。总体而言，这场演讲的基调是称颂与赞美。他的演讲虽然基于历史研究成果，但演讲中所强调的是"历史的进化性"而并非"激进的时代转换"。关于他是如何解释历史的，是一个史学史问题，这里不再多讲。有一点十分重要，他的历史解释还间接地为正在进行中的稳健改革提供了"历史正当性"依据。

据说，贵族会馆举办的索洛维约夫公开演讲受到听众的欢迎，听众对演讲内容产生了"完全的同感共鸣"。听众都是俄罗斯的社会上层，他们原本就是社会中一小撮群体所构成的阶层而已。"民众"一词在俄语中有很多种用法，索洛维约夫的"民众"指的是融合一体的国民。之前我们已讲过，尼古拉一世政府曾极力推出"国民一体性"意识形态。然而现实之中，"民众"却是由精英的小部分与贫困的大部分所构成，他们的社会经济差距历然可见。中间阶层的规模很小，19世纪俄罗斯的"贫富差距"已达到了前所未有的程度。如何填平如此巨大的鸿沟，自由主义改革还是革命？围绕道路问题，知识分子们也分成了两派。

**地方自治会里的活动家们**

前文讲过，"大改革时代"中产生了一种新的地方自治机关——"地方自治会"。表面上看，这是一个自由主义的机构，但从它的设置法来看，其自由主义程度并不高。尽管如此，这一机构在初等教育、道路建设、医疗保健等领域还是取得了很大的成果。这一机构也促进了地主贵族参与国政的意愿，培下了自由主义之土。在这一段落，我们一起来看一看，这些代表具体做了哪些工作。

首先是医疗。地方自治会继承了叶卡捷琳娜二世时期创设的社会福祉厅的各个机构。然而，地方农村没有医院，也没有正规医生。地方上有一些被称为"费利托谢尔"的"准医生"，这个单词在德语中有"军医"之意。他们中的大部分原本是军队中的连级军医，只具备一些初级的医学知识。即便如此，就连这样的"准医生"也不能覆盖全国所有乡村。有些地区只有接生婆和草药师。因此，地方自治会从中央招聘了大学毕业具有医师资格的医生，农村的医疗情况也因此得到改善。

1865年，仅十八个省拥有正规医师，总人数不到50人。五年之后共三十三个省有了正规医师，总人数也达到600人，1880年在乡村工作的医师总数超过1000人。他们绝大多数毕业于圣彼得堡外科学院，很多人来自贵族或官员家庭。就这样，医生总

**契诃夫** 因《海鸥》《樱桃园》等著作而闻名的契诃夫在大学毕业后，曾担任地方自治机构的医生

数在徐徐增加，不过相对于俄罗斯的广袤国土，医生总数仍显得微不足道。农村即便有了医生，也仍然没有医院，没有安顿医生的宿舍。医生来到乡村后不得不从事设立学校，培养"准医生"等活动，此外还不得不从事消除由疾病而产生的蒙昧迷信的启蒙性、社会性医疗活动。"博士是大人们的医师，准医生是百姓们的医师"反映了当时真实的现实情况。农民一般都在准医生工作的医疗所接受治疗。另外，大部分地方自治会还会招徕一两名兽医，处理牲畜疫病。

1864年以前，农村地区虽然没有医师，但已经有了教师。在19世纪初以来的教育政策之下，农村地区创办了一些不同种类的学校。虽说是教师，但很多人仅仅有着能够自由读写的初级文化水平，机关的革职人员、对一些设备一知半解的人、退伍后"没有其他接收单位的战友们"也充斥其中。即便如此，有总比没有好。

地方自治会在初等教育方面取得了显著的成绩。19世纪70年代，农村学校数达到一万，教师人数也超过一万。与医生不同，地方自治会学校的教师大体上是农民或农村神职人员出身，两者加起来在教师总数中的占比超过70%。他们虽然毕业自各类中等学校，但骨子里还是一群了解农民世界的人。有一些学者专门对此进行了研究，他们的研究显示，农村教师中来自乡村司祭家庭的人很多，另外，19世纪80年代女性教师的比例也接近50%。教师的收入很低，其他方面的条件也很可怜。

此外，自治会下还有一些统计师，虽然他们的人数很少。这些统计师并不是统计学者，对课税对象的土地、农民的经营性收益、农民的经济状况进行调查统计是他们的工作内容。19世纪80年代，俄罗斯的大多数省都设立了统计局，但全国的农村统计师总人数却未过百，比医生还少。不过到俄国革命前夕，省里的统计师总数达到1200人。与医生一样，他们大多也是贵族或官员子弟，从莫斯科大学、莫斯科商业大学或圣彼得堡综合技术学院毕业后，来到各个省自治会的统计局工作。

在莫斯科省指导工作的奥尔洛夫是统计师的核心。他是莫斯科大学统计学教授切普洛夫的弟子，他来到农村地区，在省自治会统计机构的组织化方面做了大量工作。自治会的活动家们并没有把自己的工作仅仅当作上班，而是视为"为民众与真理服务"，在这一点上，统计师们也是一样的。他们很多人也和"解放同盟"的领导者别谢霍诺夫一样，是自由主义运动活动家。

**神职人员的文化贡献**　地方自治会的活动家中有不少是神职人员子弟，而且他们的活动不只限于自治会。包括革命家在内的知识分子活动家中，有很多人是神职家庭的子弟、神学院毕业的神职人员,以及即将成为神职人员的人。青史留名的人也不在少数,最为著名的、光彩灿灿的人物有19世纪前半期的政治家斯佩兰斯基,财务大臣维斯涅格拉茨基,革命思想家杜勃罗留波夫、车尔尼雪夫斯基,哲学家布尔加科夫,经济学家康德拉捷夫、丘普罗夫,等等。

这类人中,历史学家的比例最多。我们可以很快地举出几个人物例子,比如西伯利亚出身的民粹主义历史学家西恰波夫、莫斯科大学俄罗斯史教授索洛维约夫和克柳切夫斯基。除了这些大牌历史学家外,还有很多人也活跃于历史学相关领域。19世纪后半期,很多村镇的神职人员在各省新设的统计委员会、学术古文书委员会里从事着地方历史文化调查与研究工作,而且他们基本上都是这些工作的主要承担者。这主要是因为,在总体识字水平较低的俄罗斯,他们是唯一受过读写训练和教育的群体,俄罗斯的神职人员成为"潜在的历史学家"的原因也在于此。但并不是说拥有读写能力的人就自动地成为"知识分子"。在俄罗斯,为数众多的乡村司祭都是豪饮之士,这也是以往的一种定论。可以说,这批人能在历史与文化上做出很多有价值的工作,也是受到了时代精神的影响。不管怎样,与天主教、基督新教国家相比,俄罗斯的神职人员在文化上发挥出了更大的作用。

**"到民众中去"**

1874年夏,帝国的两个首都里,很多青年走进农村,实践他们所信仰的"社会革命"理想。由此开始了一场"到民众中去"的运动。"到民众中去"这句口号广为人知,而运动的起源可以追溯到五年前的"涅恰耶夫事件",在拉普洛夫的《历史书简》中也能找到这场运动发生的原因。涅恰耶夫曾是圣彼得堡大学学生,宣讲秘密组织的"革命",拉普洛夫号召向民众返还知识分子"未偿还的债务",也就是说,他们认为知识分子之所以能享受教育,之所以能处于好的生活状态,全都建立在劳动人民牺牲与付出的基础之上。就这样,知识分子中间萌发出这样的负罪感。不仅仅是学生,技师、医生、教师、助产士等大批年轻知识分子也开始声势浩大地走进农村,宣传革命与社会主义。

近代以来的落后国家中,都发生过"到民众中去"这种类型的,由青年、学生主导的激进运动,这是一种共通现象。统治者使用强力所进行的压制,反而往往会让运动变得更为激进,俄罗斯也是如此。但也要注意到俄罗斯的特殊情况,在轻视初等教育的俄罗斯,民众中不识字的人占压倒性多数,而与此相对,接受过高等教育的人数却急剧增多。此外还有一点值得重视,有知识的青年已经产生了以"为社会服务"取代"为国家服役"的潜在意识。总之,年轻的知识分子产生了很深的"赎罪"念头。

农民的反应很让人意外。他们对换上农民服装的学生和年轻人不是很信任,对他们也有着戒备心理。夹杂着外语的年轻"大人们"所言所说远远超出农民理解的范围,他们之间没有产生任何同感与共鸣。相反,农民们还把这些年轻人交送给警察。

政府认识到这些年轻人的举动是对政治体制的重大威胁，因此严厉地取缔了这场运动。据说，在全国30个省中，1500多人遭到逮捕；在持续三年的审理过程中，43人死于监狱，12人自杀，还有38人出现精神异常。

**民粹派的分裂**　　"到民众中去"运动就这样以完全失败而告终。这场运动本来就只停留在宣传层面上，也缺乏明确的计划。因此，有人将他们比喻为仅受热情驱使的中世纪"儿童十字军"。然而，这场运动对后来的革命运动产生了不小的影响。

1876年，结成"土地与自由"社团的年轻人继承了两年前的运动。他们"定居"农村，在那里从事宣传工作，采用这种运动方针的人首次称自己为"民粹派"。他们希望建立一种有别于西欧的、立足于俄罗斯民众理想的独特的平等社会。但是，在政府的严密监视下，他们几乎未能展开活动，这个组织在成立三年后出现分裂，以暗杀皇帝为目标的"人民意志派"从原先的组织中分裂出来。就这样，"有学位的普加乔夫们"登上了历史舞台。

19世纪七八十年代，有很多女性也参加了民粹派运动。1873年之后五年内，受到政府调查的1611人中有244人是年轻的女性，占比约为15%。运动发生的背景之一是学生人数的增加，其中不仅男学生人数增加，女学生的人数也得到增加。这一时期，圣彼得堡、莫斯科、喀山、基辅新建了很多大学型女子高等学校与女子医学专门学校，女学生总数也接近男学生的三分之一。在这里，有一点往往会被忽视：相比西欧，俄罗斯的女子高等教育是更为"先进"的。1914年，在高等教育机构就读的学生中，有30%是女学生。索菲亚·别洛夫斯卡娅、维拉·妃格念尔、维拉·扎苏利奇等著名的女性民粹派就是在这种背景下产生的。

**身着舞蹈装的女学生** 斯莫尔尼女子学院，贵族千金们的寄宿学校

**1881年3月1日**

19世纪70年代末，俄罗斯处于异常的社会性紧张状态之中，其象征性事件是，1878年1月发生的维拉·萨苏丽奇刺杀圣彼得堡市长事件。运用各种暴力手段推翻专制的"赤色暴力恐吓"时代由此开始，终极目标显然就是沙皇。前面的章节曾讲述过1866年狙击"解放皇帝"的卡拉克佐夫事件。这一事件发生的第二年5月，亚历山大二世访问巴黎参加万国博览会时，乘坐的马车也曾遭遇枪击，不过子弹打偏了，这次开枪的是波兰人。

十余年后的1879年4月，亚历山大二世又一次遭遇枪击。犯人索洛维约夫从帝国大学肄业后曾到一所乡村学校担任教师，是一名开展农村工作的革命家。受审时，他把皇帝称为"人民之

第六章 进退维谷的近代困境

敌"。这一年的11月,沙皇专用列车遭遇爆破;第二年2月,冬宫的晚餐大厅再次发生爆炸事件。两年间,皇帝遭遇的暗杀未遂事件多达七次。1881年3月1日,命运之日最终来临。

亚历山大二世原本预定在三天之后就重要议案向大臣会议征询意见。大臣会议设立于1802年,然而制度上的完善是在亚历山大二世时期才得以实现的。沙皇本人为保持自己的影响力才反对实行内阁制,虽然如此,他也不得不在某些方面做出一些让步。前一年的5月,亚美尼亚出身的洛里斯-梅里科夫出任内政大臣。洛里斯-梅里科夫曾长期驻扎高加索地区,虽然是军人出身,但也是一名颇具人气的政治家。

为谋求政治安定,洛里斯-梅里科夫不仅撤掉了不受人民欢迎的保守派大臣,还撤废了沙皇办公厅第三处。他进一步提议在俄罗斯引入"立宪的统治",具体而言,就是在国家委员会中加入地方自治会的代表,以此来弥补社会启蒙与专制之间的沟壑。洛里斯-梅里科夫知道亚历山大二世对"宪法"有着近乎执拗的抵制,因而选择慎重行事。亚历山大二世曾把这个方案称为"完完全全的三级会议(法国革命时的三级会议)",据说这就是亚历山大二世得知改革方案后的第一反应。不过,他最终还是同意了梅里科夫方案。

3月1日星期日下午两点刚过,亚历山大二世乘坐马车返回冬宫途中,即将跨过叶卡捷琳娜运河之时,一枚炸弹从大桥旁一名青年的手中扔向了马车。炸弹在车旁爆炸,不过皇帝并没有受伤。本来遭遇这类事情，理应驱车立即离开现场，然而皇帝却下车查看担任护卫的哥萨克士兵的伤情。此时，另一个方向上又投来一枚炸弹，炸弹在皇帝脚下爆炸。流血不止的皇帝被紧急护送至冬宫，医护人员虽全力救治，但数小时后，亚历山大二世还是不治身亡。犯人是"人民意志党"的党员。如前所述，历史上虽屡次发生皇帝在宫廷政变中遭秘密杀害之事，但平民公然行刺皇帝并成功将其杀害，这种事在俄罗斯历史上还是第一次。

就性格与世界观而言，亚历山大二世并不是一名自由主义者。他是一名根据事态应变的"改革者"，他有时是"改革派"，有时又支持"保守派"官员。这起暗杀事件给俄罗斯政治投下了阴影，原本预定实施的梅里科夫国家改造方案尚未见闻于世便遭废弃。

暗杀还给亚历山大二世新结成的家庭带来毁灭性打击。事实上，在病入膏肓的玛利亚皇后一息尚存的时候，亚历山大二世便与比他年轻三十岁的叶卡捷琳娜·多尔戈鲁斯卡娅组建了"第二家庭"。这种事当然也成了圣彼得堡人茶余饭后的猎奇谈资。虽然议论纷纷，但皇后死后不久，亚历山大二世便与多尔戈鲁斯卡娅举办了婚礼。由于他们的婚姻是所谓的"贵贱婚姻"，妻子是没有位阶与财产继承权的，不过皇帝对"第二家庭"也颇为照料。然而后来新即位的亚历山大三世，也就是亚历山大二世的儿子，与比自己还年轻的继母相处得并不融洽。应亚历山大三世要求，叶卡捷琳娜·多尔戈鲁斯卡娅与年幼的孩子们离开俄罗斯，搬到法国南部的尼斯居住。新政府搜查并严厉处罚了暗杀事件的相关人员，在亚历山大二世喋血之处修建"血泊上的救世主教堂"的工作也很快开展起来。

**与恐怖活动的斗争**　　皇帝亚历山大三世上台后的第一要务便是与恐怖活动进行斗争。实施暗杀行动的"人民意志党"立即受到搜查。4月3日，被捕的六人中有五人遭公开处决，另有一人因是孕妇，被处以死缓。紧接着，亚历山大三世公布"治安维持法"，在对危险人物继续展开搜查的同时，还把矛头对准了大学等"恐怖活动温床"的高等教育机构。大学被"限制了自治"，高等女子学院遭关闭。进而还对"传唤厨师"的车夫、用人以及厨师等身份卑微的家庭子弟进入大学进行限制。

之所以采取这些措施，是有着深层原因的。1865年全俄的学生总数为4125人，1880年达到8045人，几乎增长一倍。这其中，市民及其他类型的城镇居民子弟、农民子弟等"出身卑微"的人在学生总数中约占15%。这绝不是一个小数字。同时期的德意志，在大学就读的学生几乎都是"受过大学教育的市民阶层与官员群体的子弟"，正如很多人所认识的那样，德意志的这一状况孕育了"民主主义的敌对性"（汉斯·维拉《德意志帝国》）。与德意志相比，俄罗斯的高等教育则相当有"民主主义性"。即便俄罗斯政府对"厨师传唤人"等群体子弟进入大学进行了一定程度的限制，但"低身份等级家庭出身"的学生在学生总数的占

19世纪的文学家　活跃于19世纪60—80年代的托尔斯泰（左，1828—1910）与陀思妥耶夫斯基（右，1821—1881）

比并没有显著下降。

俄罗斯还强化了对出版物的审查。列夫·托尔斯泰的很多著作被禁止出版，哲学家索洛维约夫被禁止发表演讲，画家列宾的《伊凡雷帝》也被禁止展出。随着一系列紧缩政策的出台，恐怖活动再一次把矛头对准了皇帝。1887年3月便发生了针对亚历山大三世的暗杀未遂事件。以事件主谋名义遭处决的人便是1917年"十月革命"领导人列宁（本名弗拉基米尔·乌里扬诺夫）的兄长。此时列宁十七岁，不用多言，这次事件对他的冲击是很大的。

**集体迫害与反改革**

亚历山大二世暗杀事件在遥远的乌克兰引发了集体迫害事件，迫害对象是犹太人。瓜分波兰后，俄罗斯成为世界上犹太人口最多的国家。1835年，俄罗斯政府指定原波兰王国的十个省以及俄罗斯西南部十五个省为犹太人"定居区域"。俄罗斯的犹太人一般从事制造业、酒馆、商业等行业。犹太人与周围的乌克兰农民之间的纠纷冲突也是屡见不鲜。俄罗斯政府公布了谋划暗杀亚历山大二世的组织中也有数名犹太人后，针对犹太人的攻击事件很快便明显增多。4月，伊丽莎白格勒发生针对犹太人的集体迫害事件，不久便扩散到基辅、敖德萨，最后席卷了整个乌克兰。在教堂接受祝福后，民众便高举圣像或皇帝画像旗帜，一边游行一边打砸抢掠犹太人的房屋、商店。他们不仅抢掠财产，还进行血腥的杀戮。

俄罗斯出台了禁止犹太人迁居农村、取得不动产的临时条例。另外，俄罗斯政府还规定，两个首都的大学中，犹太学生的比例不得超过3%。不仅如此，有大约2万犹太人被赶出莫斯科，而莫斯科是在政府指定的犹太人定居区外，犹太人口分布最多的城市。结果，大量犹太人前往美国。19世纪80年代有13万，19世纪90年代有28万犹太人因饱受压迫而绝望地离开俄罗斯。俄罗斯压迫犹太人的政策也在一定程度上促使年轻的犹太人走上反抗政府的革命道路。

亚历山大三世的老师是"极端的保守主义者"波别多诺斯采夫，他对亚历山大三世的影响极大。波别多诺斯采夫曾任国家委员会委员，1880年出任宗教事务衙门大臣。波别多诺斯采夫认为，由于俄罗斯国土广袤、民族构成复杂、民心迟钝，因此国家与教会的一体化是非常必要的。出于这一观念，他强烈反对资产阶级改良，也反对引进西欧文化。亚历山大三世即位时向世人宣誓"专制不可动摇"，就是出自波别多诺斯采夫之手，维持现有秩序成为所有施政方针的当然前提。

如前所述，发轫于1864年的地方自治会在国民学校的设立、医疗兽医制度的普及、道路建设、农业教育的推进、粮食储备制度的完善，以及大量统计资料的编制等方面建树颇多，成果很多。用德国社会学家马克斯·韦伯的话来说，地方自治会是"俄罗斯最富有生机活力的公共制度"，因此，"国家也不得不对威胁其权威的竞争者表露出敌意"。1890年，俄罗斯政府出台法令对地方自治会的活动进行了限制。地方自治权落入贵族与富裕地主之手，他们对村社的监视也逐渐强化。新设的地方司政官掌握着地方的行政权与司法权，由地方世袭贵族以任命的形式出任。一系列的"反改革"措施让农奴解放后的社会骤然紧绷了起来。

就这样，亚历山大三世呈现出彻头彻尾的保守态势，但也度过了1877年至暗杀事件的危机时期，政府的威信与自信也得到恢复。除了保守的一面，亚历山大三世也推出过减轻农民"土地赎买金"、废除人头税、保护地方共同体、禁止使用童工、制定工厂监督官制度等"爱民政策"，希望借此让俄罗斯社会走向和谐安定。

第六章 进退维谷的近代困境

# 工业发展的背后

**铁路建设与产业发展**　　农奴解放是俄罗斯工业化的划时代开端，学者们对此应无异议。不过，解放也带来了暂时的停滞，因为旧的工业体系适应新环境是需要一定时间的。以乌拉尔的冶铁业来说，原本德米多夫家族的工厂处于垄断地位，工厂的劳动力来源于"农奴"。农奴解放的消息传来后，工厂农奴自发地离开工厂，德米多夫的工厂因此失去了约60%劳动者。领主使用农奴无偿劳动而开办的伏特加酿造工厂，情况也与此相同。农奴解放之时，美国爆发南北战争，俄罗斯绵纺织业的原料供给深受美国南北战争的影响，因而发生了所谓的"棉花饥荒"。

19世纪60年代后半期，俄罗斯的工业化终于走上正轨，而经济发展的"决定性要素"是铁路建设。第一次铁路热潮从19世纪60年代末开始，持续约十年，欧俄区域建成了基础性铁路网。1865年铁路总里程为3800公里，而十年之后的1874年便达到18 200公里，1883年更进一步达到24 100公里。不仅铁路总里程多于其他欧洲国家，铁路建设的速度也是遥遥领先。继莫斯科—沃罗涅日线、莫斯科—下诺夫哥罗德线等中央工业地带大动脉工程之后，还修建了库尔斯克—哈尔科夫—敖德萨线、哈尔科夫—罗斯托夫线等，把主要农业地带与黑海出口港连接起来。

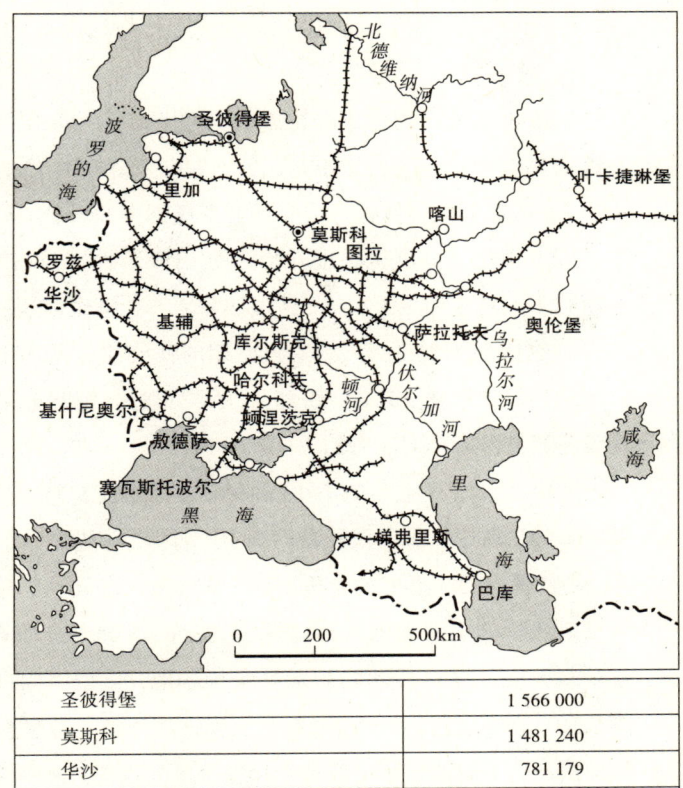

| 圣彼得堡 | 1 566 000 |
| --- | --- |
| 莫斯科 | 1 481 240 |
| 华沙 | 781 179 |
| 敖德萨 | 620 143 |
| 基辅 | 527 287 |
| 罗兹 | 415 604 |
| 里加 | 370 000 |
| 梯弗里斯 | 303 150 |
| 哈尔科夫 | 244 526 |
| 巴库 | 232 200（人） |

**铁路网的发达与主要城市的人口** 上图为1900年的欧俄地区的铁路网，下图为1910年人口排名前十位的城市。

铁路建设所需的物资最初需从英国进口。1866年，政府推出铁路物资国产化方针。于是，铁轨滚轧、车辆制造的国产化开始了。海军部技师普梯洛夫在圣彼得堡创办的著名工厂里开始生产国产铁轨。蒸汽机车也开始国产。1865年，民间铁路公司雇用的工人总数为3.2万人，经过四分之一个世纪，这一产业的工人总数达到了25.3万人。这段时期的铁路建设基本上由民间公司承担，也产生了几位"铁路大王"。不过，民间公司的铁路建设是得到国家全面支持的。

铁路建设给其他工业带来了多种多样的积极影响。英国人约翰·休斯在乌克兰顿涅茨克地区开办了名为"尤佐夫卡"的冶铁厂，并大获成功。附近的克里沃伊·罗格地区也发现了储量丰富的铁矿床。顿涅茨克地区还蕴藏着大量的烟煤，因而煤炭产业也获得发展。煤炭经铁路被运往全国各地，不过铁路自身就是煤炭的"第一消费者"。高加索的巴库地区出产石油早就为人所知，由于这一时期技术的开发和运输手段的改善，巴库的石油产业呈现出令人惊叹的发展势头。在这一点上，瑞典人诺贝尔兄弟的公司发挥了很大的作用。

轻工业方面，棉纺业与制糖业也得到了发展。19世纪初，莫斯科省与弗拉基米尔省的棉纺业已有长足发展。不过，受美国南北战争所带来的棉花饥荒影响，俄罗斯的棉纺业出现短暂的萧条。后来，随着产业机械化的推进，到19世纪90年代，棉纺业成为俄罗斯所有产业中出类拔萃的先进产业。俄罗斯制糖业的原料是甜菜，特别是在乌克兰的基辅与哈尔科夫省的领主工厂里，生产大量的食糖。起初这些制糖工厂的技术方法极为原始，农奴解放后，由于人手不足，也出现了短暂的衰退。后经企业家之手，制糖工厂实现技术革新，加上砂糖需求日渐增多，所以俄罗斯的制糖业也呈现出飞跃发展的势头。

**莫斯科的商人与教会** 首都圣彼得堡是官员与军人之城。与此相对，自古就是经济中心的莫斯科是一座商人的城市。他们的经营活动推动着帝国经济的发展，为俄罗斯创造财富。同时，莫斯科也是一座教会之城。19世纪末的莫斯科拥有超过五百座教堂，很多是商人修建的。圣彼得堡虽也不乏商人居住，教堂也不在少数，但仍远不及古都莫斯科。

19世纪中叶，有位观察家说过，"莫斯科的商人都很虔诚"，他们"严格地断食斋戒，多数人与家人一起过着俭朴的生活"。莫斯科的商人会向教会捐赠资金，定期出席星期日与圣日的弥撒和晚祷。四旬节时，所有人都断食斋戒，第一天与最后一天也不例外地参加完所有的仪式。圣像是正教徒商人家族中最为重要的物品，即便是穷困潦倒、破产关门也不会把它拿去典当或卖了换钱。"振发奇迹的圣尼古拉"是中世纪以来俄罗斯最具人气的圣人，不仅他的圣像为家家户户所供奉，莫斯科的教堂中也有十分之一是以他的名字命名的。

莫斯科最大的棉花王朝的创立者瓦西里·普罗霍洛夫最初

**莫斯科的商人们** 围坐在茶炊周围的中产阶级，1910年

从事酿造行业，后来他考虑到酿酒不适合虔诚的人，因而退出酿造业转向了棉纺业，他的儿子康斯坦丁继承了著名的三山纤维工厂。康斯坦丁也是一名虔诚的教徒，他曾经为了前往有名的修道院参加巡礼而离开莫斯科长达数月之久。不过，他给儿子们聘请了外国家庭教师，在儿子们参与家族产业经营活动之前，被送到德意志、阿尔萨斯等地的好企业里工作。1851年，康斯坦丁带着儿子们参加了伦敦世界博览会。也可以说，他的虔诚与"最广义的欧洲主义"进行了调和。另外，他的弟弟季莫费伊在写给兄长的短论文《论财富的获得》中写道："若财富获自劳动，丧失财富可守护走向毁灭之人。人可从再度的劳动中获得更多。为什么？因他生于神中。"

把正教的劳动伦理较为彻底地加以运用的是"旧礼仪派"，商人中有不少是旧礼仪派的皈依者，例如莫洛佐夫家族、古驰科夫家族、梁普辛斯基家族、科诺巴罗夫家族等。马克斯·韦伯在名著《新教伦理与资本主义精神》中提出了新教伦理与企业家的劳动原理相一致的命题，很多人也尝试应用这一原理来解释"旧礼仪派"的商业活动。

"大改革时代"前，商人是"非特权身份"。他们被课以各种各样的繁重负担与租税，其中只有公共服务是"可以回避的负担"。但从19世纪后半期开始，商人对公共服务的态度发生了很大的转变，他们开始在都市行政及其他公共设施中谋求一些主要位置，一些最富有的商人成为莫斯科很多大教堂的教区委员：俄罗斯最大的纤维企业主米哈伊尔·莫洛佐夫成为克里姆林圣母升天大教堂的教区委员，伏特加大商人彼得·斯米尔诺夫成为克里姆林受胎告知大教堂的教区委员，茶糖贸易商人彼得·沃托金成为救世主基督大教堂的教区委员。成为教区委员的大商人负责维护修缮教堂的建筑、圣障、吊灯等教会设施，还为很多教会活动提供支持保障。

虽然如此，俄罗斯人对财富与企业家的负面印象并未因此改变，因为"如果仅仅依靠正直的劳动，谁也不可能获得巨石建造的宫殿"。商人自己有时也颇受良心谴责，在"让神高兴"的想法下，他们不惜向教会捐献巨资财物，还特别热衷于慈善活动。从1860年至第一次世界大战前夕的五十五年间，商人们向教会提供了176笔捐赠。据分析，1896年以后的十年是捐赠的高峰期，在此期间，很多商人以各种名义提供了大额捐赠（平均每笔约8.4万卢布）。"捐给贫困的市民"是最为常见的形式，以"捐给贫困新娘"名义的捐赠也不在少数；有的捐赠是"为了建设维护养老院、护理院"，特别"为因疾病致盲的女性"的捐赠；有的商人捐赠"免费房屋之家",也就是建设维护免费提供的住宿设施;有人"为照料精神病患者"而提供捐赠。此外,还有商人为职业教育机构提供捐赠,为学生提供奖学金,为贫困家庭的子弟及孤儿提供助学金。这些捐赠当然是匿名进行的,因为加上名字的慈善行为会大打折扣。托雷恰科夫、瓦夫尔辛等大商人以外,一些继承大额遗产的女性的捐赠活动也很引人注目。

**解放后的农村与打工农民**

如前所述,农奴解放之后的俄罗斯进行了很多近代化改革。因为与明治维新后的日本、南北战争后的美国处于同一时期,所以也有很多人从比较史的角度对解放农奴后的俄罗斯进行分析。农奴解放后,经过三十余年,俄罗斯的人口在19世纪末达到了1.26亿,其中在欧俄地区生活的人口约9300万,占总人口的74%。农奴解放后的俄罗斯虽然在工业化上进步很大,但农村人口依然占压倒性多数。

农奴解放第一次赋予了农民各项"无偿的"人身权利,也就是说,农民成为"自由的、近代的个体",但是作为经济活动前提的"土地",仍然沿袭着过去惯行的使用方式。"赎买"后的土地所有权被交给了村社,这也是为了不致引发激烈变化的不得已的举措。从政治观点来看,维持这种以家庭人口数为依据、由村社分配各户土地使用量的土地使用体系,在保证不产生"没有土地的无产者"方面的确是颇为有效的权宜之计。但从长期来看，这样的农奴解放方式却暗蕴着严重的问题。

首先，农奴解放后，人口急剧增加，而这种独特的土地使用方式却起了负面作用。1863年

解放后的农民（19世纪末）

之后的五十年里，人口增长了约两倍，而农民的平均土地所有量由5.1俄亩剧减至2.7俄亩（1俄亩约为1公顷）。这个数字是长时段的五十年间的平均数值，没有考虑地域特殊性及地区差异性。不过，这期间的土地不足问题的确是日渐深刻。另外，俄罗斯的农业还停留于效率不高的"共同体农业"状态，依照惯例进行的"土地分配"也削减了农民改良土地的意愿。也就是说，这种土地体系在"社会性上"符合正义，但在"经济性上"却是压抑生产积极性的。英国经过"农业革命"，在18世纪后半期，农产品收获量即已达到播种量的十倍，而到19世纪末，俄罗斯的收获播种比仍处于五倍的低水平上。

人口的90%是农村居民，但这并不必然意味着所有农村人口都只从事农业。莫斯科以北的"非黑土"诸省在农奴解放前，甚至在18世纪后半叶，农人外出打工或从事副业就已经十分流行。拿着"国内通行证"的农人到大城市或特定地区外出打工，

第六章 进退维谷的近代困境

| 年 | 总数 | 男子（%） | 女子（%） |
|---|---|---|---|
| 1858 | 496 656 | 64.2 | 35.8 |
| 1862 | 532 297 | 60.5 | 39.5 |
| 1869 | 667 207 | 56.7 | 43.3 |
| 1881 | 861 303 | 54.6 | 45.4 |
| 1890 | 954 400 | 53.8 | 46.2 |

**彼得格勒的人口** 引自高田和夫《近代俄罗斯社会史研究》（山川出版社）

挣取所需缴纳的地租钱是这些地区的普遍现象。农奴解放进一步促进了这一动向，但其形式并未因解放而出现太大的变化。为确保农民与乡村及土地间的纽带不致松动，农民打工时所用的大体上是季节性通行证。经济不断发展的首都圣彼得堡是打工农民的最大聚集地。

19世纪90年代，圣彼得堡发展成为拥有90万人口的大都市，但却有着夏季人口与冬季人口相差20万的显著特征。其原因，很明显就是打工农民的大量移动。例如，据1898年的史料，俄罗斯有名的农民工输出地雅罗斯拉夫尔向圣彼得堡输送了约10.4万人，向莫斯科输出了2.6万人。他们当中也有不少人在商业和服务业上取得了成功，其中以经营酒馆最为兴盛。据说在圣彼得堡开酒馆的人绝大多数来自雅罗斯拉夫尔。高级粮食店叶丽塞耶夫商会位于涅夫斯基大道，其先祖就是来自雅罗斯拉夫尔的打工农民。同乡会也会帮助首次来首都打工的农民找工作、找房子。"圣彼得堡的雅罗斯拉夫尔人们"组建了很多组织，甚至还有慈善团体。

打工的农民在夏季会因农忙回到家乡，农忙结束后又回到城市。也就是说，他们定期重复进行着往返活动，在都市里定居的人不多。他们是居住在城市的农民，甚至到 20 世纪初，圣彼得堡的很多工人仍与农村有着千丝万缕的羁绊。同样的现象还存在于"大农村"莫斯科，虽然莫斯科人口在 19 世纪末 20 世纪初已达到 100 万，但居民事实上有半数都是来自周边地区的农民，他们人在城市，家与家人仍留在农村。农奴解放后，打工农民的增加现象不可避免地给农村地区带来变化，其中家族制度受到的冲击最为醒目。男性家长型的大家族瓦解，从 19 世纪 80 年代开始，分家现象急剧增加。旧的大家族向小的核心家庭转化，在这一过程中，发挥领导作用的是女性，而她们曾是旧家族制度下的"忍徒"。

**贵族的没落**

农奴解放后，贵族们处于什么样的状况呢？如前所述，大多数贵族反对解放农奴，可以说这与俄罗斯贵族的"乡村贵族根性"（俄罗斯的人"波谢洪尼耶"）有着很大关系。自不待言，俄罗斯的贵族并不都是乡村贵族。有少部分人在首都修建了豪华楼馆，用于社交活动，但大多数贵族却并不十分富裕。正如萨尔蒂科夫·谢德林在其名著《偏远地区的旧习（波谢洪尼耶遗风）》把乡村贵族的日常生活描写得栩栩如生。地方贵族们生活简朴，对旧习惯墨守成规，他们是站在新时代反方向的一个群体。顺便说一句，书名中的"波谢洪尼耶"是一个实际存在的地名，位于雅罗斯拉夫尔省，后来成为一个众所周知的指代"荒僻地带"的代名词。

农奴解放之际,原领地的三分之一仍留于贵族之手,同时贵族从农民那里又获得莫大金额的"赎买金"。看起来,等待贵族们的是一条以合理化农业经营为手段,向近代地主转变的新道路。然而,历史并未如此发生。领主们获得的所谓巨额赎买金被用来偿还原先的债务,偿还债务耗费了相当一部分赎买金。因为,贵族们过去曾以领地为抵押向"贵族借贷银行"贷款,而农奴解放之时,贷款的抵押物发生了转移,他们不得不向银行偿还借款。关于这一点,最近有研究认为,19世纪50年代大约有27%的土地被用于抵押,这一数字还不到之前通常所认为的一半。

贵族之中也有一小部分转型为资本主义的大土地经营者,但其总数仍显微不足道,大部分中小贵族雇用工人或使用小农业劳动者继续进行着小农生产。以中央黑土地带及伏尔加中游地区为中心,一种被称为"雇佣制农业"的生产模式散布蔓延开来。土地不足的农民会使用自己的农具与牲畜力,耕种与自家土地相邻的地主土地,收获的粮食,农民与地主按二比一的比例分成。这种模式与农奴制时期相比区别并不大。

对大多数贵族来说,卖掉全部土地也是他们能很快想到的办法之一。从农奴解放到1905年革命前夜,约四十三年中,贵族群体拥有的土地总量减少41%。贵族群体所拥有的土地总量每年减少大约一个百分点,而其减少的形式,有的是直接卖出,有的是典当质押。俄罗斯的贵族原本就与普鲁士、德意志的容克地主不同，他们并不是专门的农场经营者，也不以领地收益为单一的收入来源。所以，他们对卖出土地并没有什么心理上的抵制或不情愿。卖掉土地的贵族及

**莫斯科艺术剧院的创立** 送给契诃夫的写有成员们签名的照片，图片来自朝日新闻社 1991 年展览图录

其子弟走进大城市，专门从事某一行业，过上城市生活。一般认为，有大约五分之一的贵族选择了进入城市这条道路。

另外，贵族们也失去了成为军人或官员的特殊捷径。过去，在贵族特权的堡垒之下，军队中的军官职位几乎被贵族所垄断，但到了 19 世纪末，军官中贵族出身者的比例已急剧滑落至 50% 左右。而政府官员之中，贵族所占比例更低，还不到 30%。很多城市居民、神职人员等"杂牌阶级"的子弟当上了军官或政府官员。20 世纪 70 年代，贵族之中虽然也有人破产，但人数很少，可是后来破产贵族的人数越来越多，1893 年有 2237 户贵族破产。

契诃夫的作品《樱桃园》就是为当时没落贵族所写的挽歌。契诃夫本来是一名地方医院的医生，后来成为作家。顺便说一句，1898 年创办莫斯科艺术剧院的斯坦尼斯拉夫斯基虽然出生于富裕的商人家庭，但他的曾祖父原本是雅罗斯拉夫尔的农民。

第六章 进退维谷的近代困境

契诃夫的作品《海鸥》就是在斯坦尼斯拉夫斯基创办的莫斯科艺术剧院上演的。俄罗斯的社会变化在农奴解放前就已开始，解放后的五十年里，社会更是发生了翻天覆地的变化，其中特别值得指出的是，占贵族中大多数的中小贵族无可避免地卷入了这场社会变动的洪流之中，为这波洪流所吞噬。

**"神圣俄罗斯的乞讨者"** 农奴解放的第二年，一本别具特色的著作在莫斯科出版，书的题目叫《神圣罗斯的乞讨者》，作者普雷若夫描绘了"谁都知道，但谁都不去关心"的"乞讨者"（尼西契伊）群体。普雷若夫认为，乞丐群体的存在是有着深层次思想根源的。人们认为，人不可避免地会遭遇预想不到的无妄之灾，所以人们也很自然地在心理上接受了乞讨者的存在，并不认为这种现象有什么特别的问题，造成这种想法的根源在于深入人心的基督教教义——赎罪思想。通过施舍乞讨者几个戈比，几个小零钱，人们可以获得一种满足感，而这种小额施舍的习惯行为最能让赎罪教义空壳化、形式化。普雷若夫写作这本书的目的就是要纠弹这种伪君子行为。著作的第一版共印刷两千册，甫一问世便销售一空。而以此为契机，社会上围绕着"乞讨者与伪君子"展开了一场大辩论。那么，大辩论情况如何呢？

有句谚语说"罗斯饿死的人一个也没有"，但是当时俄罗斯的乞讨者数量却多得令人讶异。批判普雷若夫的"革命家"特卡切夫曾把"乞讨者"与"贫民"加以区别，他认为俄罗斯的"贫民"有大约三十二万人，而真正的"乞讨者"只有不到四万人。不过，根据1877年俄罗斯内务部的统计，全国以

**穷人的食堂** 战争之前，圣彼得堡瓦西里岛上的失业者粥厂

"乞讨"为生的人多达三十万，而这个数字也只是"最小推定值"，实际数字更大。不论城市还是乡村，乞讨的人都很多，其中以中央区域诸省尤为突出，而莫斯科地区及莫斯科市的情况则最为深刻。下面我们引用高田和夫论文中几个例子加以说明。

首先，在农村地区，有些村或乡变为乞讨专业村、乞讨专业乡。莫斯科省就有两个以乞讨闻名的村子，村里的人每年三次外出乞讨，甚至还去了距离十分遥远的地区。在其他省，也有几个乞讨专业村，村里的人每年晚秋到全国各地"外出挣钱"，第二年春季农忙之前又返回村庄，他们每年重复这样的乞讨活动。19世纪40年代，修瓦洛夫伯爵的领地里，定期外出乞讨的农奴占相当大的比例，特别是带着孩子的妇女，一直到第一次世界大战前夕，这一地区的妇女仍有很多人在莫斯科行乞。可以认为，对农民来说，乞讨就是一种传统的谋生方式。

第六章 进退维谷的近代困境

在大城市，每当教会进行大型节日庆祝或祭祀祖先活动时，就会有很多人出来乞求施舍，乞讨的形式也多种多样。根据莫斯科市的调查，1885年在租赁木屋集中的"希特洛夫卡"贫民窟，共居住着8768人，仅在最大的包租房"库拉科夫"，63个房屋中就有3000人入住。住在这里的人要么是身着农民服装到大城市求职的"流动农民"，要么是丧失劳动能力且"习惯于放浪和酒精"的流浪汉。前者一般会从事泥瓦工、取暖工、木工这些低佣金的活计，为廉价劳动力市场供给了相当一部分劳力，其中的女性大多干上了厨子、餐厅服务员的工作。这些"流动农民"有时也会得到同乡会的帮助，但流浪汉却与他们大不相同。流浪汉中的大部分人最初并没有打算在这些贫民窟长期停留，他们当初是带着找工作的念头的，然而事与愿违，一些没能找到工作的人"慢慢在此长期居住，逐渐投身于周边喝酒、放荡、赌博的世界，自暴自弃，从而成为库拉科夫的永久居民"。而这些场景也就是高尔基《底层》（1902）的艺术原型。

面对这样的情况，莫斯科市拿出很多救济方案。另外，成功的商人们也掏出大笔金钱用于慈善活动。但这并不能彻底解决莫斯科市的这一困境。因为源源不断的贫民出于各种理由不断拥入莫斯科。1891年到1892年，伏尔加地区发生大饥荒。很多人深入农村从事救助活动。克柳切夫斯基在历史博物馆发表了题为"古罗斯善良的人们"的演讲，演讲中他引用17世纪初"动荡"

时代的例子,号召人们开展救助活动。克柳切夫斯基出身司祭家庭,是一名稳健的自由主义者,他认为小额施舍式的援助是有效的,不认同当时革命者的激进言行。不过后来,革命者的声势日渐浩大起来。

# 第七章

# 扩大中的"殖民帝国"

## 帝政俄罗斯与高加索

**历史地理学中的高加索**　　近代俄罗斯是一个持续进行领土扩张的殖民帝国，其内政问题与非俄罗斯人地区有着深刻的关联。本章将就19世纪俄罗斯扩张领土的过程以及由"俄化政策"引发的问题展开讲述。西伯利亚很早就成为俄罗斯的领地，到了19世纪，俄罗斯人已占西伯利亚人口的压倒性多数，而高加索与中亚是俄罗斯新获得的领地。不过，三个地区是有着很多共通之处的，本章也将对这些共通点加以总结。

俄罗斯最南端的高加索地区，中央有一条西北至东南走向的大高加索山脉，全长1500公里，横断其间。在最高峰厄尔布鲁士山（5642米）周围，一座座高山与一条条冰河显得十分寂寥荒芜。高加索的东西两侧分别被里海与黑海夹挟，南面以阿拉斯河为界分别与伊朗、土耳其接壤。北面即为俄罗斯联邦的领土，自不待言。

现在的北高加索有七个"自治共和国"，他们全都是俄罗斯联邦的构成部分，没有一个是独立的国家。面积最大、人口最多的是达吉斯坦，其次是车臣。很多人都知道，围绕着独立问题，车臣现在仍是纷争不断。北高加索的山岳地带气候十分寒冷，而山麓地带的气候则温暖很多。平原地带属于黑土区，有着发达的农业和畜牧业。不光首府城市，这一地区的很多城市都是由19世纪前半期俄罗斯构筑的要塞发展而来的。

与此相对，南高加索（外高加索）现在有三个独立国家。最大的是里海西岸的阿塞拜疆，首都在巴库。1806年被俄罗斯合并之前，巴库一直是王国的首都。以阿拉斯河为界，河的南面是伊朗的阿塞拜疆地区。很早以前，人们就知道这一地区出产石油，不过石油的产业化是在19世纪后半期才出现的。

黑海的东岸是格鲁吉亚，首都为梯弗里斯（第比利斯），也是一个有着悠久历史的城市。1801年，这一地区成为俄罗斯领土，而俄罗斯的高加索总督就驻跸梯弗里斯。这里的人们信仰基督教宗的格鲁吉亚正教。与阿塞拜疆、格鲁吉亚相比，亚美尼亚是一个规模较小的国家，国土有着复杂的地形地貌，因此亚美尼亚人不得不四处迁徙、离散奔波，在国外也有很多亚美尼亚人聚居区，甚至还有人常把亚美尼亚商人说成是"高加索的犹

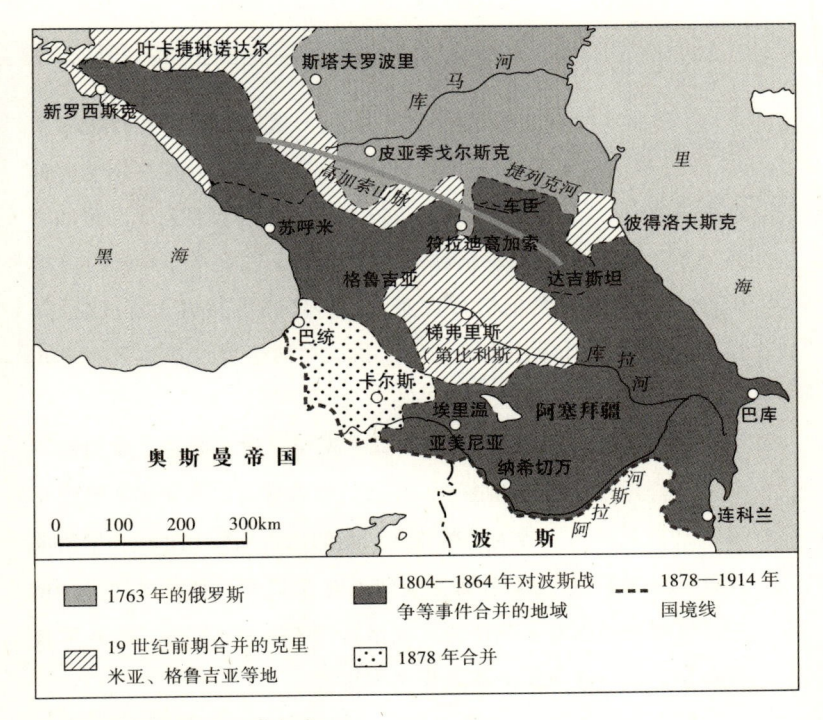

**俄罗斯帝国对高加索地区的合并**

太人"，不过这种见解有失偏颇。第一次世界大战时，亚美尼亚人曾遭遇大屠杀的劫难。1915年，居住于奥斯曼帝国东部的亚美尼亚人被以"内通敌国俄罗斯"的理由强制迁徙，而后还遭到屠杀。埃里温是一个古老的贸易之城，它成为亚美尼亚首都是在"十月革命"后的1918年。

第七章 扩大中的"殖民帝国"

**沙米尔与高加索战争**　　18 世纪后半期，俄罗斯的势力开始深入到高加索地区，其中以叶卡捷琳娜二世时期最为露骨。征服克里米亚后，叶卡捷琳娜二世把目光又投向了高加索。1783 年，俄罗斯将东格鲁吉亚王国变成了自己的保护国，1801 年又撤废东格鲁吉亚王国，将其直接并入帝国版图。1811 年，俄罗斯合并亚美尼亚王国，对西格鲁吉亚地区的合并也在渐次进行之中。

梯弗里斯（第比利斯）自古就是军事、政治要冲，成为俄罗斯执行合并政策的行动据点。不过，在合并后，各地的反殖民斗争也是风起云涌。特别是在北高加索的达吉斯坦和车臣，伊斯兰教徒的山地民族抵抗运动让俄罗斯焦头烂额、烦扰不已。1816 年，俄罗斯派出耶尔莫洛夫出任格鲁吉亚特别军司令，展开平叛作战。然而，这却让山地民族更为团结。

1824 年，反抗运动号召展开对俄罗斯帝国的"圣战"。十年后的 1834 年，沙米尔成为北高加索地区的伊玛目——政治、宗教领导人。沙米尔生于 1797 年，是达吉斯坦诸多民族中的阿瓦尔人，农民出身。在伊斯兰神秘主义教团中，他结识了盟友哈吉·穆哈迈德，两人一起参加"圣战"，成为知己。沙米尔后来被选为第三代伊玛目，在他领导下的二十五年间，反抗运动持续进行着彻底的抗战。

可想而知，俄军是苦不堪言。为打开局面，俄罗斯政府于 1844 年在梯弗里斯设置高加索总督府，任命米哈伊尔·沃龙佐夫(1782—1856)为首任总督。他是一位出身名门贵族而又具有自由主义想法的人物。沃龙佐夫已有任职新俄罗斯总督与比萨拉比亚总督的经验，深得皇帝信任。虽然高加索总督是皇帝直属的，被委以军政、民政全权的统治者，但在他任职的十二年里，沃龙佐夫在获取当地贵族阶层的支持与忠诚方面花了不少功夫，任用很多当地人担任官员，为俄罗斯帝国统合高加索地区做出很大贡献。

沙米尔　在北高加索地区领导对俄"圣战"

然而，高加索战争仍在继续。克里米亚战争爆发后，沙米尔得到英国与奥斯曼帝国的援助。但是，克里米亚战后，俄罗斯发动了旨在征服整个高加索地区的总攻作战。1857年，突入车臣的俄军加强对西北高加索山地民族的攻势。1861年，叛乱被最终平定。而在此之前的两年，沙米尔即已投降，被软禁在俄罗斯国内的卢卡加。之后，他得到了赴麦加朝觐的许可，而后死在了那里。沙米尔的名字被作为达吉斯坦、车臣的山岳民族统合与独立的象征，流传后世。

**洛里斯-梅里科夫**

对俄罗斯来说，高加索战争是一场漫长而艰难的战争。然而事态也并不完全像教科书中所见的"侵略与抵抗"那样公式般简单。1847年，一

第七章　扩大中的"殖民帝国"

**洛里斯-梅里科夫** 亚美尼亚出身的军人政治家

名二十二岁年轻的亚美尼亚军官被分配到沃龙佐夫的总督府担任特任军官。他的名字叫米哈伊尔·特里埃洛维奇·洛里斯-梅里科夫。洛里斯-梅里科夫出身梯弗里斯的商人家庭，是受过亚美尼亚天主教会洗礼的高加索人。在当地念完初等学校后，1836年洛里斯-梅里科夫进入莫斯科的拉扎列夫东方语言学院学习。这是一所为亚美尼亚人提供同化与上升机会的学校。虽然这所学校很适合具有语言天赋的洛里斯-梅里科夫，但他在入学不久后还是选择来到首都圣彼得堡。在圣彼得堡，他进入了近卫预备士官学校，从此开启军旅历程。在出任高加索特任军官后，他以帝国军人及行政官的身份在高加索地区度过了二十八年。

高加索总督沃龙佐夫对他的才能给予了高度评价，也十分信任他。在俄军与第三代伊玛目沙米尔的交战陷入泥淖之时，绝对领袖的侍从哈吉·穆拉特被成功策反，而俄军也因此获得绝好战机。这个故事后来因列夫·托尔斯泰的中篇名著《哈吉·穆拉特》而闻名于世。而前往策反的正是洛里斯-梅里科夫。哈吉·穆拉特成为俄军极为重要的情报线人，从这一点来说，洛里斯-梅里科夫的功绩很大。沃龙佐夫总督称赞他是一名"会讲鞑靼语，十分理解哈吉·穆拉特心理并取得他完全信任的、风采熠熠、有智慧的优秀军官"。洛里斯—梅里科夫的妻子是他的亚美尼亚上司的侄女，妻子的祖父曾是亚美尼亚天主教会的大主教。在高加索立下赫赫功勋的洛里斯—梅里科夫，1880年来到首都成为俄罗斯政府的最高负责人。如前文所述，亚历山大二世的国家根本改造方案就出自洛里斯—梅里科夫之手。

**巴库的石油产业**　　18世纪时，俄罗斯曾短暂占领过里海沿岸地区，但是俄罗斯的势力真正进入这一地区则是在19世纪以后。为争夺这一地区，俄罗斯曾与伊朗纷战不断。其结果是，阿塞拜疆被一分两半。北边的一半归俄罗斯，南边的一半归伊朗。这一地区的居民都是穆斯林，所以俄领阿塞拜疆被置于高加索总督府的管辖之下。

"风之城"巴库位于阿普歇伦半岛，面临里海，据说9世纪时就开采过石油。溶解于油层中的可燃性气体泄漏出来形成长明火。长明火被称为"永远的火柱"，成为拜火教徒的信仰中心。虽然争夺这一地区的目的并非为了石油，但却意外地为俄罗斯带来了极其丰富的资源。

真正的油田开采始于19世纪后半期。在石油开采之前，通常所说的油是指鲸油。在最大的捕鲸国美国，1859年宾夕法尼亚油田开始开采，石油时代从此开启。巴库的石油产业在短时期内得到飞速发展，成为世界第一号石油产地（第二是美国）。1900年，俄罗斯的石油产量占全世界的51%，而其中有95%产自巴库。值得一提的是，1879年创办"诺贝尔兄弟石油生产公司"的诺贝尔兄弟还被称为"巴库的石油大王"。

第一代诺贝尔应俄罗斯政府招聘而来到俄罗斯，并在发明水雷等方面建立过很多功绩，他有四个儿子，实际上继承他产业的是次子鲁多维奇。不过，长子罗伯特的高加索考察给家族带来了重大转机。1837年，罗伯特遵照父亲嘱咐到高加索地区考察。在巴库，他与石油相会，看到了石油产业的美好远景。

当时的巴库有70口油井，1879年来到此地的诺贝尔兄弟二人创办石油公司，向石油产业正式迈出第一步。诺贝尔兄弟在技术革新方面取得很多耀眼成果，比如铺设管道、建造油轮、开发储藏罐，等等。巴库出产的石油曾被灌装在木桶中，由里海北上，在阿斯特拉罕改经伏尔加河运往各地，运输成本极高。诺贝尔兄弟公司在油田与炼油厂之间铺设管道的同时，还开发了石油的大规模运输技术。他们在轮船的底部装配上使船体更为稳定的巨大舱罐，这种船就是油轮。1878年，他们的油轮"索罗亚斯德"号就航行里海。而七年之后，诺贝尔家族共有17艘油轮在里海航行。

这样，诺贝尔公司构筑了一套从石油开采到精炼、运输的生产体系，成长为俄罗斯首屈一指的石油公司。到世纪之交的1900年前后，诺贝尔家族共持有171口油井，占巴库油井总数的

18%，而其产量则占到世界总产量的 9%。推进工业化的俄罗斯政府当然对诺贝尔家族的事业进行了很多帮助与支持。20 世纪初的梯弗里斯工人

**巴库的油井群** 1890 年前后成为世界第一

运动对诺贝尔家族石油产业的冲击也不很大。十月革命前夕，在石油产业领域，诺贝尔家族占据压倒性的优势地位。

## 中亚的俄罗斯化

**乌里扬诺夫一家与楚瓦什人**

1869 年，一位名叫伊利亚·尼古拉耶维奇·乌里扬诺夫的人物到伏尔加河中游城市辛比尔斯克就任"国民教育巡视员"。他出生于阿斯特拉罕的一个贫穷市民家庭，通过自己的勤学苦读进入喀山大学学习，毕业后曾担任过十几年的数学及物理教师。他的妻子是一位医生的女儿，伊利亚出任巡视员时，二人已育有两名子女，此时妻子又怀上第三个孩子。三十八岁的中年"教育巡视员"乌里扬诺夫在改善当地教育条件方面做了不少工作，还为不识字的农民创办了学校，让他尤为重视的是当地少数民族

第七章　扩大中的"殖民帝国"

**乌里扬诺夫家的人们** 前排右侧为弗拉基米尔（列宁），后排中央为其兄亚历山大

子弟的教育。协助他工作的青年教师伊凡·雅科夫列夫是一名楚瓦什人，据说他是乌里扬诺夫家的常客。乌里扬诺夫极力推进排除歧视与偏见的"异族人"教育。这也许与他自己就是卡尔梅克人有关。孩子们就是看着这样的父亲长大成人的，第二年4月，第三个孩子弗拉基米尔出生。

前面已指出，伏尔加河曾被视为"亚洲人的河流"，也就是说，河流的周边居住着多种多样的亚洲民族。16世纪"合并"以来，来到此地的俄罗斯人与当地"异族人"之间的纷争就一直没有停止过。突厥语系的楚瓦什人绝大多数居住在喀山省以及辛比尔斯克省的部分地区。乌里扬诺夫所推行的政策用一句话来说，就是以教育来同化"异族人"。这种方式当时叫作"伊尔明斯基方式"。

出生于奔萨省司祭家庭的尼古拉·伊尔明斯基（1822—1891）自喀山神学院毕业后，先在母校担任教授，而后又成为一名在皇家喀山大学工作的学者，他因致力于"异族人"教育而为人所知。

出于"尊重民族性"的观点，他主张"异族人"教育应从"母语"教育开始，用母语讲授初级课程，使用母语版初级读本、道德教材，然后再徐徐导入俄语

楚瓦什民族学校的学生们，1896年

讲授的课程。也就是说，这种手段在不压迫、不限制民族特性的同时，带来"非强制性同化"的效果。伊尔明斯基虽说是喀山异族人师范学校校长，但他另外也从事伏尔加、乌拉尔地区的传教活动，此外还参与了使初等国民学校与非俄诸民族师范学校正规化的相关活动。乌里扬诺夫就是依照伊尔明斯基方式进行教育活动的。

关于这个话题，后来还有一段插曲。1917年十月革命的第二年春，列宁给辛比尔斯克苏维埃主席发了一封电报："我对一位五十岁的教育巡视员的命运十分关心，他为提高楚瓦什民族素质而工作，受到过沙皇主义一系列迫害，名叫伊凡·雅科夫维奇·雅科夫列夫。你们不要让雅科夫列夫离开他的毕生事业，我认为这是必要的。"1870年4月出生在乌里扬诺夫家的弗拉基米尔其实正是"列宁"。他与从事于"异族人"教育的父亲以及楚瓦什人雅科夫列夫有着同感共鸣。

第七章 扩大中的"殖民帝国"

**中亚的殖民地化**

楚瓦什、马里、巴什基尔等"伏尔加、乌拉尔地区"诸民族早在16世纪就被并入俄罗斯。不过俄罗斯正式开始对中亚地区的占领是在19世纪20年代以后。首先是在哈萨克草原地带修筑要塞,逐渐形成了一条兼具边境警备与通商功能的要塞线。"游牧民部族联合体"哈萨克最终并入俄罗斯是在1847年。就这样,哈萨克成为帝国的一部分。19世纪后半期,俄罗斯又进而向中亚南部的非游牧地带拓展疆域。这一地带林立着布哈拉、希瓦、浩罕等三十六国,俄罗斯把目标首先对准浩罕。1867年,俄罗斯在商业大都市塔什干设置突厥斯坦总督府。

第一任突厥斯坦总督是康斯坦丁·考夫曼。此时的考夫曼年届五十,已不是年轻人。他自1844年便到高加索任职,是一位在克里米亚战争中崭露头角的人物。出任突厥斯坦总督后的第二年,他成功地把布哈拉和希瓦转变为俄罗斯的保护国,而对于浩罕汗国来说,等待着的是国家灭亡。1881年,在与游牧民族土库曼斯坦的战争中取胜后,俄罗斯确立了中亚地区的统治权。

就这样,所谓的"西突厥斯坦",亦即"俄领中亚",作为一个整体性地区由此产生,然而这个地区的产生是建立在压倒性武力征服的基础上的,因此也必然招致抵抗。1837年,"哈萨克最后的汗"科尔萨尔父子两代人领导了一场反俄战争,旨在统一哈萨克,复兴哈萨克汗国,历时四十年,俄罗斯把它称为"科

**中亚殖民地** 里海以东的中亚地区在19世纪成为俄罗斯的殖民地。20世纪后成为苏联的一部分。解体后成为哈萨克斯坦、乌兹别克斯坦、吉尔吉斯斯坦、塔吉克斯坦、土库曼斯坦等独立国家

尔萨尔之乱"。除此之外,一直都有一些对俄罗斯统治不满、反感的抵抗活动。俄罗斯国内也有一些人发出反对声音,比如民粹派,其中以维列希恰金的名画《战争礼赞》(1871)最具象征意义。

画家瓦西里·维列希恰金(1842—1904)出生于一个贵族家庭,海军军官学校毕业后开始学习绘画。为了寻找绘画题材,他曾游历世界。不过,1867年之后的数年里,他以俄军军官的身份参加了对中亚地区的远征。他不仅参加了战争,还因在撒马尔

**塔什干的俄罗斯炮兵团** 1867年俄罗斯在塔什干设置突厥斯坦总督府

罕防卫战中"突出的勇敢"而获得帝国陆军授予的"圣格奥尔吉勋章"。

然而,他很快就转变为一名和平主义者,因为他目睹了俄军在"突厥斯坦"作战中的野蛮。他接连创作了关于"突厥斯坦""巴尔干",以及拿破仑战争等战争题材的绘画作品,在描写征服中亚最后之战的作品《战争礼赞》中,他流出自责之情。他说道:"这既是一幅描写历史的作品,同时也是一封控诉状,是一幅正义地控诉我这样罪无可赦之人的绘画。因为,我作为战士像残杀鹌鹑一样杀了很多人。"所以,他在画框上写下了一句"献给过去、现在、将来所有的征服者"的铭文。亚历山大二世看到这幅画,骂他是"恶棍"和"疯子"。

**近代俄罗斯的"恩惠"**

按俄罗斯政府的说法,他们对亚洲的征服也是有着所谓的道义的。这个所谓的道义就是,把那里的人们从中世纪以来的伊斯兰统治与生活状态中解放出来。俄罗斯的统治既有强压的一面,也有与之相反的宽容一面。他们并没有对伊斯兰社会的传统制度进行露骨的干涉,也没有强制人们改信俄罗斯正教。另外,还为所谓"俄罗斯新臣民"创办了初等学校,在使用当地语言的同时,鼓励当地人学习俄语。此外,在道路、邮政等交通、通信网络的完善方面,俄罗斯做了很多工作,也向这些地区派出了"学术考察团",这些举措给当地带来了近代欧洲文明的所谓"恩惠"。除了这些,俄罗

第七章 扩大中的"殖民帝国"

斯还在这里创办工厂，很多俄罗斯工人来到此地。不过，他们居住在新建的街区，与当地居民并不住在一起。

1891年，俄罗斯在鄂木斯克设置草原总督府。不管情愿不情愿，中亚地区被卷入近代的大潮之中了。虽然反抗也是不绝不断，不过当地的知识分子逐渐对受伊斯兰文化强烈影响的哈萨克文化产生了嫌弃之感，转而希望以俄罗斯和欧洲的文明来改造哈萨克社会。他们积极接受俄罗斯式的教育，努力使自己的事业融入俄罗斯帝国之中。

很多人都知道，欧亚大陆很多地方的游牧民族都饮用一种叫作"库姆孜"（或库米思）的马奶酒。虽说是酒，其实酒精度很低，因为富含各种维生素，自古以来被认为有药用效果。俄罗斯人曾轻蔑地把他们称作"喝马奶酒的人"。不过，到1900年前后，中亚地区成为大城市里富裕俄罗斯人的绝佳游玩地。在中亚地区，旅行者们为品尝游牧民族传统的、"有益健康"的马奶酒，常常会在旅行途中的"库姆孜车站"顺路落脚。"库姆孜疗法"也流行一时。当时有位医疗记者曾说过："去所谓库姆孜车站的人一年比一年多。每当新季节伊始，人们都会问自己到哪儿去喝库姆孜。"

**费尔干纳的棉花栽培**

俄罗斯当初并没有计划一定要进占中亚地区，不过对这一区域的占领给俄罗斯带来广大丰饶的殖民地。哈萨克人、吉尔吉斯人以及土库曼人都是饲养家畜的专业游牧民。不过，由于自然条件优越，水源充足，乌兹别克人与塔吉克人居住的地带自古就是栽培棉花的区域。18世纪末，俄罗斯的棉纺织业发展迅猛，不过到了19世纪中期，由于"棉花王国"美国爆发南北战争，俄罗斯的原棉供给急剧减少。因此，产自中亚的棉花价格暴涨五六倍。棉花生产中心费尔干纳的棉花栽培面积也迅速增加，精制棉纱络绎不绝地被运往莫斯科等俄罗斯核心地区的棉纺工厂。

**面包和盐的欢迎**：迎接皇帝的伏尔加地区的女性 "面包和盐"是俄罗斯人传统的欢迎方式，图片来自"写真展俄罗斯熊们的素颜"图录

中亚的绿洲地带成为俄罗斯棉纺织工业重要的原料产地，不过这也与铁路建设有着很大关系。1880年开工建设的中亚铁路以里海沿岸为起点，1888年延伸至撒马尔罕，1899年更是延长到了塔什干。这样，1906年连接奥伦堡与塔什干的铁路修建完成。1884年，中亚的棉花运输量约为87万普特（1普特等于16.38公斤），到了1900年便飞速增长至1369万普特。此外，截至1899年，中亚的棉花农场为莫斯科省提供了50%的原棉，为弗拉基米尔省提供了47%的原棉。

中亚为俄罗斯提供大量原棉。特别是在帕米尔以西由肥

第七章 扩大中的"殖民帝国" 　　　　　　　　　　　　　　　*251*

沃而广大的绿洲形成的农耕地带，有着一个面积超过两万平方公里的大盆地——费尔干纳，这里是先进的棉花栽培区。在并入俄罗斯仅半个世纪后，这里就成为一个栽培单一作物的殖民地。

俄罗斯棉纺工业大部分原料由中亚提供，无论从工人总数，还是从生产总额来说，都是俄罗斯最大的工业部门。莫洛佐夫家族的棉纺工厂是其中最大的棉纺企业。出身农奴的萨瓦·莫洛佐夫是这家企业的创办人，他的儿子契莫菲伊继承了他的产业。在他家的尼克尔斯克工厂里，有约9000名工人。

1885年1月，莫洛佐夫工厂爆发8000人参加的大规模罢工。1月7日是俄罗斯正教的圣诞节，是一个休息日，但老板契莫菲伊却要求工人整天都要工作，由此引发罢工。这是压死骆驼的最后一根稻草。工厂恣意解雇工人，如果有产品缺陷、迟到、缺勤、醉酒等事项，工人的工资会被扣掉30%。因此，职工和一线工人对暴君一样的老板极为反感，最后不得已走上罢工之路。工人们提出的增加工资以及将惩罚扣薪的比例降为5%等要求都是正当合理的。契莫菲伊虽然借军队力量用一周时间平息了这场罢工，但莫洛佐夫家族的名声从此一落千丈。政府也认为这是一场"从未有过的最大规模的深刻罢工"，为此俄罗斯在事件的第二年制定了俄罗斯第一部工厂法。

俄罗斯的工厂工人大多是曾经的打工农民，早就与农村没有关联的"天生的"工人也大为增加。关于他们的生活，有两个很多人都知道而又啼笑皆非的事实:其一是所谓的集体斗殴;其三是,两个工厂或社区的人会在一定的规则下互殴,当然是有人负伤的,有时也会打死人。从这个"野蛮"的现象,也许可以管窥到俄罗斯底层的另一面。

## 东西伯利亚与远东开发

**从伊尔库茨克到符拉迪沃斯托克**

向东发展是俄罗斯在19世纪迈出的一大步。1689年的《尼布楚条约》及1727年的《恰克图条约》划分了俄罗斯与中国清朝的边界。此后,一直到亚历山大二世时,两国的边界并没有发生什么变化。而在此期间,西伯利亚的人口却着着实实有了显著增加。17世纪前半期,住在西伯利亚的人口约为20万,其中还有10万人是原住民。然而,人口比重的逆转并没有耗费多长时间。18世纪末,在总计120万的人口中,俄罗斯人已占据多数。1905年,西伯利亚人口较一个世纪以前增长了八倍,达到940万人。此时,十人中已有九人是俄罗斯人。

18世纪的西伯利亚仍是一片未开垦的处女地。18世纪末,被流放到伊利姆斯克的思想家拉季舍夫在寄给首都友人的书信中写下这样的话。西伯利亚是"资源饶的地带,也是一个富有生命力的地区,(其开发)可能还需要几个世纪。可是,一旦有人口在此定居,那么这里总有一天会成为在世界史上扮演重要使命承担者的角色"。

此时,俄罗斯在巴尔喀什湖以南的恰克图设置了俄中货物交易所。俄方人员由伊尔库茨克的商人担任,这里的贸易基本都是俄罗斯出产的皮毛与中国出产的木棉之间的易货交易。后来,俄罗斯让这里成为茶叶的专门进口地。茶叶本身有很多种类,19世纪60年代,俄罗斯从中国进口的茶叶几乎都是红茶。一种叫作萨摩瓦尔的金属制茶器也得到普及。俄罗斯的饮茶习惯由此产生。从边境贸易中获得丰厚利润的伊尔库茨克商人还开始与美国商人进行贸易。其中有位名叫舍利霍夫的商人与同伴一起在1799年开办"俄美公司",不仅阿拉斯加,就连加利福尼亚也处于他们庞大的贸易圈内。

1819年,西伯利亚被分为两个行政区域,西部的托博尔斯克以及东部的伊尔库茨克分别设置了总督府。这反映出政府对巴尔喀什湖以东的东西伯利亚地区关注度的提高。1847年,尼古拉一世任命尼古拉·穆拉维约夫为东西伯利亚总督。当时,穆拉维约夫只有三十八岁,高加索战争中,他在应对车臣等山地居民的活动中发挥出色,因此获得皇帝赏识。

穆拉维约夫没有让皇帝失望。穆拉维约夫认为,要想彰显俄罗斯在东亚的存在感,从虚弱的中国获得利益,必须抢得先机,比其他欧洲大国先行一步。为此,他甚至自掏腰包招募一支哥萨克军队。后来,他被授予"阿穆尔伯爵"的称号,因此也被称为"穆拉维约夫·阿穆尔斯基"。他的下属海军大校涅韦尔斯科伊在阿穆尔河［译注：即黑龙江］口进行了探险活动，还主持了尼古拉耶夫斯克（尼古拉大帝之城）的建设工程。

中国对俄罗斯的进占行为并不认可。但是，经历了鸦片战争、"亚罗号事件"后的中国，颓势已现，没有力量回到从前。1858年5月，俄罗斯获得阿穆尔河（黑龙江）与乌苏里江（松花江）的航行权。两年后，俄罗斯又通过《北京条约》获取乌苏里江以东区域。1860年，符拉迪沃斯托克的建设工程开始，而这座城市名字的意思就是"东方的支配者"。作为俄罗斯在北太平洋的据点，符拉迪沃斯托克有着重要意义。

**梦中的西伯利亚大铁路**　19世纪中叶"铁路热潮"时代，就有了建设西伯利亚铁路的构想与议论。然而，在人口稀少的地方铺设横亘数千公里的铁路，在那个时候确实只能是一个梦想而已。不过，西欧列强对远东的渗透，使修建铁路有了政治意义。俄罗斯认为，为对抗西欧列强的行动，必须在西伯利亚这一地区确立优势地位，也有很多人强调建设这条铁路的重要战略意义。财务大臣谢尔盖·维特积极推动铁路建设，并把这条铁路定位为将来东西贸易基轴，也承认当初修建这条铁路是"出于军事、政治方面的考虑"。

当时，掌握世界制海权的是大英帝国。英国海军把持着从欧洲到亚洲的海上交通路线，英国也维持着世界工厂的地位。

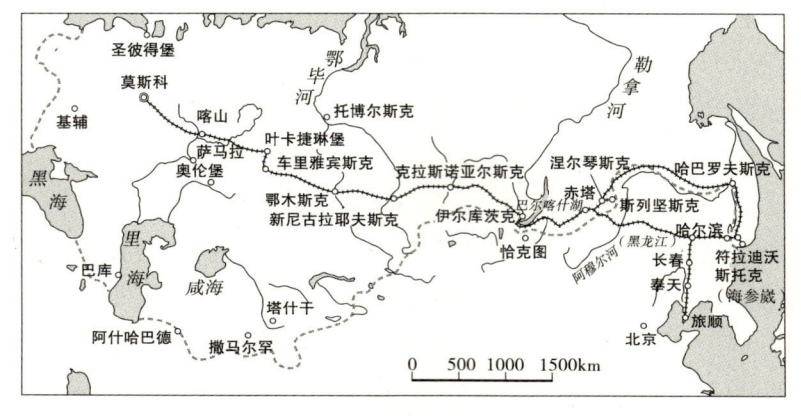

**西伯利亚大铁路（1901）** 莫斯科与符拉迪沃斯托克得以连接

然而，1873年的经济危机后，"世界工厂"也显露出衰退迹象，后起之秀德国与美国迎头追上。不过，英国的海上霸权并未动摇。

对英国来说，俄罗斯修建这条横亘欧亚大陆的铁路成为它不可坐视不管的问题。因为，借此铁路，俄罗斯可在短时间内将大量兵力输送到符拉迪沃斯托克，甚至东亚地区。而英国并没有相应的抗衡力量。这条铁路若建成，必然颠覆英国在中国的通商权益与外交优势，并意味着符拉迪沃斯托克至香港的制海权将为俄罗斯所获取。西伯利亚铁路的铺设会动摇英国在欧洲列强中的主导权，英国在印度的统治也将日生不安，意味着亚洲利益格局的改变与势力地图的改写，对国际形势的冲击很大。这些都是英国所做的最坏预想，不过俄罗斯政治家是否也想得那么远，就不得而知了。无论从哪个角度来看，英国都是不可能不闻不问的。

**"伟大的冒险事业"** 与高加索及俄属中亚地区不同，当时的西伯利亚似乎并不能被称为俄罗斯的"殖民地"。因为，1850年西伯利亚的人口男女合计217.4万，而其中俄罗斯人就超过200万。一些"地方主义者"认为铁路建设会让"古老而美好的西伯利亚"消失殆尽，发出了恐惧与反对之声，但政府完全没有考虑他们的意见。1891年，亚历山大三世与大臣会议决定"尽早"开工建设西伯利亚大铁路。

铁路建设是从西部的车里雅宾斯克与东部的符拉迪沃斯托克两个方向同时开工的。这一年的5月，结束东方访问之旅的皇太子尼古拉在符拉迪沃斯托克工地的开工典礼上挖下第一锹。不用说，冬季的严寒、茂密的深林、数不尽的峡谷与断崖、为数不少的大河与湖泊，以及湿地与永久性冻土等自然条件给工程带来很多困难与障碍，不过对于运输工程材料、调配劳工等方面的困难，政府还是有所预料的。建设西伯利亚大铁路有着数不尽的问题。开工五年之后的1896年10月，西起车里雅宾斯克东至鄂毕河的西段便完成建设。接着，1899年1月，鄂毕河至伊尔库茨克的线路也建成通车。东部的工程建设也在有条不紊地推进之中。

工程最大的问题是如何越过"比比利时还大"的巴尔喀

什湖。要想在湖岸铺设铁轨，必须修建200座跨越溪谷的桥梁，开凿32处过山隧道。维特认为完成这些工程需耗费数年时间，因此决定先采用蒸汽轮船轮渡的方式连接铁路。连接东西两头湖岸的是英国制造的"巴尔喀什湖"号蒸汽渡轮，这艘船全长90米，排水4200吨。1901年10月，连接莫斯科与符拉迪沃斯托克的西伯利亚大铁路全线贯通运行，火车走完全程仅需13日。不过，在围绕巴尔喀什湖南岸铺设的轨道工程最终完工后，这条铁路才算是真正意义上的贯通运营，这是在数年之后才得以实现的，而此时日俄战争业已开始。就这样，这项"伟大的冒险事业"几乎按原计划完工。工程让世界上不少讨厌俄罗斯的人也瞠目结舌。铁路线上运行的高级列车，不仅座椅是真皮制作的，还有一个准备了多国语言图书的图书馆车厢，对富裕的人来说，乘坐西伯利亚大铁路列车是一趟舒适的旅行。不过，向西伯利亚地区迁徙移民的贫民只能乘坐便宜的有顶货车。

**西伯利亚移民**

1861年的农奴解放在西伯利亚移民史上具有划时代意义。农奴解放赋予农民无条件的人身自由，但他们未能立即成为近代意义上的个体人。农民若要离开村庄，需得到村社的许可。虽然如此，阻止农民自由的制度障碍已不复存在。历史上，曾经有很多逃亡农民拥入南部富饶的无主土地，与此类似，后来也有很多"富有进取精神的农民"为追寻新的生活而络绎不绝地朝着乌拉尔山方向迁徙。他们的迁徙虽然或多或少也有点风险，但总的来说还是能有始有终的。当然，他们中也有一些人由于没有应急的现金而陷入窘境。画家谢尔盖·伊万诺夫的名画《移民之死》(1889)虽然不是直接描写西伯利亚移民的作品，但事实上，大约十人之中就有一人在找到新营生之前因各种原因死亡。儿童的死亡率高于大人。尽管如此，移民仍未出现丝毫的停滞。

数万人规模的移民是在19世纪80年代以后才出现的。仅1889年一年，就有3万人越过乌拉尔山来到西伯利亚。两年后，这一数字又增长了一倍。在整个亚历山大三世统治时期(1881—1894)，共有40万人迁徙至西伯利亚。其中还有大约2万人是所谓的"海路移民"，约占移民总数的5%。大多数移民取道陆路，翻过乌拉尔山来到西伯利亚。他们最终目的地是西伯利亚南部的肥沃地带。东西伯利亚以及沿海州也有不少肥沃的土地，不过陆路移民浪潮并没有波及此地。当时，欧洲人都是通过海路移民美洲的，而俄罗斯政府也想到利用海路移民远东这个奇特而新颖的计划。

1861年3月，也就是《农奴解放宣言》公布之时，俄罗斯政府出台移民阿穆尔州与沿海州的章程。所有希望移民此地的俄罗斯人及外国人，每户可得到一百俄亩的土地使用权与二十年的免税优待。不过，虽然优待条件不错，但移民的人还是不多，甚至出现越来越少的势头。对此，1882年1月，俄罗斯政府又出台

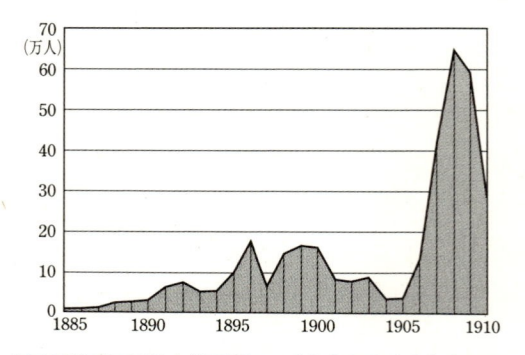

**迁往西伯利亚居住者数量增加**　引自青木恭子《帝政末期俄罗斯的西伯利亚移民政策》（2004）

更加优惠的新章程，免税的年限在原先的基础上再延长十年。政府计划动用国库经费，从这一年的6月开始，三年内每年募集250户海路移民。而在此举措的前一年，南俄的敖德萨与符拉迪沃斯托克之间的定期海运航线开通。1869年苏伊士运河开通，使从敖德萨经地中海、红海、印度洋、南海、东海、日本海到达符拉迪沃斯托克的海运航线的开通成为可能。

由于狭小的船舱空间、酷热高温等原因，很多人在前往远东的船上罹患疾病。不过，海路行程"仅仅"需要四十多天而已，3月或4月中旬之前从敖德萨出发，6月就可到达目的地。与路途遥远、恶名昭著的西伯利亚铁路相比，时间缩短了很多，旅途成本也大为降低。1883年，从敖德萨出发的第一批农业移民约1.6万人抵达符拉迪沃斯托克，他们的目的地是南部的乌苏里地区。之后的十年中，又有约1.6万人自海路迁徙而来。截至1902年，共有约5.7万名海路移民定居远东。不过，国库补助的移民政策遭到一些非议。所以，政策出台三年之后，农民要想由海路移民远东只能自掏腰包。由于出发地是敖德萨，所以大多数海路移民都来自乌克兰，其中又以车尔尼科夫州的农民居多。西伯利亚大铁路贯通前，海路移民在远东地区的开发上发挥了一定的作用。

19世纪末，移民如洪水一般涌入西伯利亚。迁徙的手续也得到了简化，1896年内务部还设置了迁徙局。而就在这一年，陆路移民达到18万人。与此同时，城市也有显著发展。1897年之前，人口超过5万的城市只有伊尔库茨克和托木斯克，但很快符拉迪沃斯托克与鄂木斯克便加入其中。符拉迪沃斯托克的人口在1897年约为2.9万，而到1911年便增加至8.5万。托木斯克还开办了西伯利亚第一所大学，此外西伯利亚还有三十多所中等学校和技术学校。"西伯利亚的巴黎"伊尔库茨克更拥有豪华气派的大酒店与剧场。此时，从欧俄各地迁徙而来的移民子女已开始把自己看作"西伯利亚人"了。

**勒拿金矿与勒拿惨案**　19世纪初的某个夏日，一名伊尔库茨克商人来到附近的小集市，用粮食及小杂货与当地居民交换皮毛。交易完成后，一名猎手打扮的通古斯人挂在身上的金块引起了他的注意。在西伯利亚，常常有人说这里发现了金矿。很久之前，当地人就知道这里存在金矿。原住民没有对外泄露这个信息，因为他们担心外人来到这里会给当地带来混乱。然而，秘不外泄的时代也终于走向终结。1840年前后，以勒拿·维京河流域为中心的黄金开采开始了。几乎在转瞬之间，勒拿金矿便名声在外，很快淘金之风便吹遍了东西伯利亚地区。

1853年，伊尔库茨克商人巴斯宁等三人共同创办了"勒拿黄金产业公司"，这一地区的黄金开采业也走上真正的产业化道路。取公司名称几个单词的首字母，勒拿黄金产业公司又被简称为"勒早托"。这个公司很快便发展成为一个巨型企业。19世纪末，西伯利亚出产的黄金占整个俄罗斯黄金生产总额的约75%，而勒拿公司一家就占总额的25%。西伯利亚的这一盛况吸引了外国资本的目光，特别是由"世界工厂"转变为"世界银行"的英国。差不多在这个时期，南非发现了金矿（1886）。20世纪初，英国在全世界共拥有867座金矿，黄金产量占全世界的一半以上。1908年，"勒早托"被英国资本的"勒拿·金田股份公司"合并。勒拿公司合并的前一年，在中亚问题上曾竞争不断的俄罗斯与英国因"英俄协商"而结束敌对关系，这也是英国资本合并勒拿公司的一个有利条件。皇帝尼古拉二世的母亲玛利亚·费奥多罗芙娜皇太后、前财政大臣维希涅格拉茨基等人在"勒拿·金田股份公司"中也有参股。

1911年4月，勒拿公司爆发了一场重大事件。在工厂上班的6000名工人中有大约一半的人参加了一场大规模罢工，他们提出8小时工作制、提高30%工资、废除罚款制度、改善食堂伙食、改善居住条件等要求。这里的工资的确高于欧俄地区的工厂，但工人的劳动时间却很长，夏天要工作14个小时，冬天是11个小时，而工资中又有很大一部分是实物或者公司发行的临时证券。衣食住都很糟糕，冬天里工人不得不忍受寒冷。资方与劳方曾进行过协商,但并无结果。最后,工厂请求政府调动军队对罢工进行镇压。军队向游行队伍开枪,至少有83人死于军队的枪口之下,也有估算认为这一惨案导致270人死亡,250人负伤。"勒拿惨案"的消息很快便传到欧俄地区,各地举行了抗议游行,参加者多达30万。俄罗斯政府迫不得已,派出调查委员会对事件进行调查。列宁对工人在事件中的行动给予了高度评价,指出这是"革命的新高潮"。

# 第八章

# 战争、革命与王朝末日

## 尼古拉二世与其家族

**皇太子尼古拉与大津事件**

罗曼诺夫王朝末代皇帝尼古拉二世生于1868年,是亚历山大三世的长子。他有五位弟、妹。作为皇储,他很早就开始接受"帝王学"教育。担任他教师的是亚历山大三世时的正教院长波别多诺斯采夫,这位帝师是一名主张保持绝对专制权力的超保守派。皇太子还受到过财政方面的教育,老师是前财政大臣邦奇,邦奇精通企业与银行等资本主义经济。政治立场上,邦奇与波别多诺斯采夫截然相反,是一名自由主义者。正教院长的教育能够被骨子里保守的尼古拉二世所理解,但邦奇所讲授的经济学,皇太子能理解多少就不得而知了。

**访日期间的皇太子尼古拉** 乘坐人力车的尼古拉二世与车夫。大津事件前的一张珍贵照片,上野彦马摄

1890年10月,皇太子尼古拉乘坐火车及轮船,开始为期十个月的东方之旅。他首先来到维也纳,而后又去了希腊、埃及、印度等地,1891年4月(明治二十四年)抵达日本长崎。在鹿儿岛、京都等地游历后,5月11日来到滋贺县大津市,而就在这一天,他遭到一名持刀巡警的袭击。这一事件即所谓的"大津事件"。

巡警津田三藏深信俄罗斯皇太子是为侵略日本做调查准备才访问日本的,因此持刀砍向坐在人力车中的尼古拉。尼古拉被他砍伤,头部缝了八针。明治天皇担心事件给日俄关系带来危机,亲自前往京都看望住院的尼古拉。天皇亲自出宫看望是不同寻常之事,而外务大臣与内务大臣也因此引咎辞职。但是,与众人的预想不同,犯人津田最后只被判处无期徒刑。日本的元老、内阁都希望以大逆罪判处津田死刑,但大审院长儿岛惟谦没有受到他们的政治干涉,在审判中适用刑法中的"普通谋杀未遂"罪条款。这一判决是司法独立的著名案例,虽然如此,津田还是于9月病死在北海道钏路的集体监狱。

明治天皇亲自看望了病榻上的尼古拉,但尼古拉对日本的感情却始终未能释然。中止访日行程的尼古拉前往俄罗斯远东地区，在符拉迪沃斯托克出席了西伯利亚大铁路的开工典礼。返回首都的三个月中，他对沿途的西伯利亚地区进行了视察。在此期间，他第一次参观贝加尔湖，在托木斯克，他还去了西伯利亚的第一所大学。旅程快要结束时，他还在托博尔斯克做了停留，而后来有一位被称为"神人"的宗教人士就出生于这附近。在生命的最后一年，尼古拉又再次来到这里，这座城似乎与尼古拉有着深深的因缘。

这次旅行之后，尼古拉一如既往地对西伯利亚的发展给予特别的关心。1894年，尼古拉被任命为西伯利亚铁路委员会委员长，而正当此时，父皇亚历山大三世突然倒下。10月21日，皇帝驾崩及皇太子即位的消息对外公布。此时，新皇帝年方二十六岁。

**霍登大惨剧**

料理完父亲的后事后，新皇尼古拉二世与德国黑森大公之女艾利克斯举办婚礼。皇后的母亲是大英帝国女王维多利亚的小女儿，而艾利克斯的姐姐又是尼古拉叔父谢尔盖大公的夫人。因此，这桩婚姻受到大家的欢迎。艾利克斯婚后改宗东正教，取名亚历山德拉。帝后二人将出席一场重要的典礼，人们通常认为，这场典礼有着特别意义，预示新皇统治是否会一帆风顺。然而，1896年5月举办的这场典礼上却发生了一场意想不到的悲剧。

莫斯科圣母升天大教堂即将举办加冕典礼的前四日，作为典礼的一环，莫斯科郊外的霍登会有纪念品及食品向群众发放。莫斯科人对此并不陌生，亚历山大二世、亚历山大三世即位时也会有同样的活动。然而这一次，举办活动的场地高洼不平，参加的人又很多，互相之间摩肩接踵。纪念品刚一发放，人群大量拥上前来，现场呈现出一派恐慌的场面。人们互相推挤，像多米诺骨牌一样纷纷跌倒，很多人受到踩踏，还有人跌落沟渠。就这样，祝贺庆典顿时演变成一场大惨剧，现场也化作了修罗场。这场惨剧中，死者多达1289人。

对新皇尼古拉二世来说，刚刚扬帆起航就发生这样的惨剧是十分不幸之事。然而，当晚又接着发生了一件火上浇油的事情。当晚，法国大使馆原本计划举办舞会。从19世纪80年代末开始，俄罗斯强化了与法国在经济与军事上的协作关系，西伯利亚大铁路的建设也依赖于法国的资金。普法战争中失败的法国因俾斯麦的"封堵作战"而备受国际孤立，好不容易摆脱孤立，也希望与俄罗斯接近。1894年1月，两国缔结"俄法同盟"。对俄罗斯来说，法国是非常重要的国家。虽然法国在外交上极为重要，但因有惨案发生，俄罗斯是可以选择中止舞会的。然而，尼古拉二世的皇亲国戚却大多主张舞会如期进行。

这个选择很不明智。尼古拉二世与他的政府在莫斯科民众心目中的形象因这场舞会一落千丈。对莫斯科的民众来说，皇帝并不是一位"大统帅"（Imperator），而是自古以来的"沙"。莫斯科人对沙皇有着比圣彼得堡人更亲切的朴素感情,他们心目中,沙皇是好人、"好沙皇"。这场舞会让民众心中对沙皇的淳朴感情瞬间灰飞烟灭。据说,在舞会上,尼古拉始终都"心情不好,表情阴郁"。霍登大惨剧给尼古拉二世的统治投下了一个巨大的阴影。

**皇帝家庭与"不治之症"**

尼古拉二世之妻,也就是亚历山德拉皇后,是一位严肃正经而又聪明绝顶的女性。然而,性格内向的亚历山德拉皇后与高雅讲究的圣彼得堡社交圈子却有些格格不入。亚历山大三世的皇后,也就是亚历山德拉皇后的婆婆玛利亚·费奥多罗芙娜天生就是一位才气四溢、亲切友善的社交达人。而与皇太后相比,皇后却连基本的社交舞都不会。与有着长时间太子妃经历的玛利亚不同,亚历山德拉几乎在毫无准备之中突然成为皇后,这让她在很多方面不堪重负。亚历山德拉干脆果断地远离了圣彼得堡的社交圈子,一大半时间是在距圣彼得堡十六公里远的皇村度过的。

尼古拉二世夫妻从婚后第二年开始,每隔一年就有一位皇女出生。她们分别叫作奥利加、塔季雅娜、马丽娅、阿娜斯塔西娅,皇女一共有四位。这也就是说,他们结婚后的十年时间里没有一位男性子嗣出生。1903年夏,参加完圣彼得堡建都二百周年纪念活动后,为祈愿怀上皇太子,二人离京前往莫斯科东南三百公里的坦波夫省森林中的萨洛夫修道院。第二年7月,皇后亚历山德拉如愿以偿地生下一位皇子，取名叫作阿列克谢，这个名字也是罗曼诺夫家族第二代沙皇的名字。因为尼古拉二世本人对彼得大帝"革命"前的"古罗斯"充满憧憬之情。

阿列克谢的降生似乎让大家在继承人问题上都松了口气，所有人都认为这个问题已得到解决。然而，皇帝夫妇很快得知一个五雷轰顶的事实——阿列克谢患有血友病。血友病患者的血液无法凝固，患者不仅要忍受疾患带来的痛苦，还很有可能英年早逝。现在，大家都知道这个疾病一般是通过母系遗传的，但只有儿子才会发病。阿列克谢应是从母亲与祖母那里遗传了这个疾病。当时血友病被认为是不治之症，只有一个儿子的尼古拉二世夫妇听到这个事实后震惊不已，失落至极。不用说，皇太子的病肯定是秘不外泄的。

**维特的经济政策**

1895年1月，尼古拉二世在发表的第一份政治声明中说："最近地方自治会中有人如同做梦一样企图让代表参与国政，这是一个荒唐愚蠢的想法。现在，我正告大家，我会为我的臣民尽行善政，但与先皇一样，我决定断然贯彻专制君主制的原则。"很明显，这则申明的背后有波别多诺斯采夫的身影。然而，曾经不可一世的正教院长已是垂垂老矣。他除了为维护专制呐喊外，也拿不出什么具体方案了。

19世纪90年代，俄罗斯政界的实力派人物是谢尔盖·维特。

维特称自己的祖先是"早在瑞典人统治时代就迁居波罗的海地区的荷兰人"。之前我们讲过,彼得大帝时期,不少优秀人才都是来自波罗的海地区的德意志人,虽然有点间接,但维特也算是这个群体中的一员。维特的父亲曾在多帕特大学及一所德国大学学习,而后进入俄罗斯政府部门工作,工作后与自己的上司即萨拉托夫省省长的女儿结婚,他们的儿子就是谢尔盖·维特。后来维特的政敌常以他是"德国人"来攻击他。不过,这种说法是对维特身世的误解。

**谢尔盖·维特** 帝政末期的政治家,日俄战争媾和的全权大使

谢尔盖·维特的政治之路有别于建制派官僚。在敖德萨大学取得数理专业这个独特的专业学位后,维特进入一家民营铁路公司工作,很快便在经营管理方面崭露头角。也因此,维特很年轻的时候就当上了财政部铁路事业局局长。后来亚历山大三世又特事特办地把他拔擢为财政大臣。而这时,维特才四十三岁。他对皇帝承诺,用十年时间让俄罗斯成为欧洲经济大国。但问题是,他会用什么手段来实现这一目标呢。

维特认为,英国的经济"全部依靠个人的创意与企业精神,国家仅仅扮演着对个人进行规范约束的角色",而俄罗斯走这条路是行不通的。"在俄罗斯,政府不仅要规范个人的经营,还要直接参与社会经济活动的很多领域。"维特主张国家干预经济活动,这种方法虽然是彼得大帝以来俄罗斯的传统做派,但也有着制约企业家创造性与创造力之嫌。

当时俄罗斯的企业家对事业的热情并不比外国人差。维特明明知道这些情况,还是硬要自上而下地推进经济发展。维特的经济政策受德国经济学者弗里德里希·李斯特理论的影响很大。当时的德国与俄罗斯类似,也是一个落后的后发国家。维特的经济政策有力地推动了俄罗斯的工业化进程,工业化程度向前迈进了一大步。钢铁产业、煤炭产业、石油产业等重工业部门发展的同时,轻工业也有着长足进步。西伯利亚大铁路这项世纪伟业更成为这一时期俄罗斯经济成果的代表性标志,俄罗斯帝国的威信也因此得以确保。

不过,农业却出了问题。急速的工业发展加剧了农业的衰退与农民群体的凋零。大城市里充满初出茅庐的工人、流浪汉以及乞丐。进入20世纪后,革命运动再次进入高潮。厌烦了维特威权做派的尼古拉二世在1903年解除了他的财政大臣职务。

**走上历史舞台的俄罗斯马克思主义者**

1881年2月,早先参加民粹派运动、曾被捕入狱的女革命家维拉·扎苏利奇给流亡伦敦的德国社会主义者——更准确地说应该是马克思主义的创始人——卡尔·马克思写了一封信。信中说:"您的《资本论》在俄罗斯很受欢迎,您对俄罗斯农业问题、村社问题等方面的论述很有创见。""最近我们常常听到这样的议论:俄罗斯的村社属于古代形态,它的没落是历史的必然。而做出这类预言的是以您弟子'马克思主义者'自称的人。"维拉写信的目的是向马克思直接请教关于俄罗斯村社的问题。从这封信可以看出,当时的俄罗斯已经出现了一些"自称马克思主义者"的群体。

1856年出生的格奥尔基·普列汉诺夫是一般公认的俄罗斯最早的马克思主义者。他最初也曾参与民粹派活动,1883年创建"劳动解放社",从此转向马克思主义。两年后,他发表《我们的意见分析》一文,对俄罗斯资本主义进化论进行论述。普列汉诺夫对持俄罗斯资本主义没落论观点的民粹派进行了批判。普列汉诺夫认为,无论是现在的俄罗斯,还是不久的俄罗斯都是资本主义性的。因此,他主张俄罗斯革命运动的主体应是无产阶级。但他又认为,在专制主义的俄罗斯首先应该进行资产阶级革命,然后再进行无产阶级革命,也就是说,他主张"非连续两阶段革命论"。他还提示,如若过早进行无产阶级革命,有可能会走向"东方的专制主义"。

比普列汉诺夫年轻十四岁的弗拉基米尔·乌里扬诺夫——也就是列宁——既对普列汉诺夫的马克思主义有所认同,也进行了不少批判。列宁从喀山大学退学后,1893年来到圣彼得堡,加入首都的马克思主义小组。第二年,他的著作《什么是人民之

1897年，俄罗斯的马克思主义者们　图中央者为被迫出国前的列宁，当时二十七岁

友》问世，而他也因此遭到逮捕、流放。在流放地西伯利亚与克鲁普斯卡娅结婚，他的名著《俄国资本主义的发展》也在此完成。这一年是1899年。这本书中，列宁对资本主义的发展进行了具体的分析。现实的结果很明显，历史选择了列宁这样的马克思主义者。不过解放之后，农村仍然残留一些村社的问题。

1898年，俄罗斯社会民主工党在明斯克召开成立大会。之后，普列汉诺夫与年轻的列宁、马尔托夫等一道，以《火星报》为阵地，以组建真正意义上的革命政党为目标展开活动。不过，在1903年党的第二次大会上出现了分裂。马尔托夫主张建立一个西欧型的大众政党，与此相对，列宁主张建立一个少数的前卫革命政党。支持前者的是"孟什维克"，支持后者的是"布尔什维克"。普列汉诺夫支持了"孟什维克"。列宁创办机关报《前进报》，开始独立地展开活动。

几乎同时，"社会革命党"也成立了，这个政党又被简称为SR。新民粹派小组也积极地开展活动。很多犹太人加入了革命政党或组织，他们加入组织是有缘由的。1903年7月，在基什尼奥夫再次发生犹太人迫害事件，仅两天时间，就有1500间犹太人房屋遭到破坏，49人被杀害，此外还有400多人受伤。然而，警察在事件中并未采取任何制止措施。犹太人迫害事件让年轻的犹太人愈加憎恶专制制度，他们迅速地与俄罗斯的革命运动结合到一起，有的还进入领导核心，特别是社会民主工党之中，有一位与列宁一起对"十月革命"的成功做出贡献的人物——托洛茨基（本姓：博朗施坦）。其他还有很多，比如捷依奇、阿克雪里罗德、马尔托夫、季诺维也夫、加米涅夫等等，都是犹太人。

# 日俄战争与1905年革命

**日俄开战**　　1902年3月，南俄的哈尔科夫、波尔塔瓦两省发生农民反抗运动，约有80座地主宅院遭遇袭击。在农奴解放之后，如此激烈的农民反抗运动还是首次发生。第二年4月，基什尼奥夫又发生迫害犹太人事件。紧接着，同年夏天格鲁吉亚的石油城也发生了政治大罢工，各种反抗运动如星火燎原一般在南俄各地相继爆发。自由主义阵营也结成"解放同盟"，他们反抗政府的倾向也愈加强烈。

1902年4月，以"反动"著称的内务部官员普列韦就任内务大臣。为恢复治安，摆在他面前的唯一选择就是在远东发动战争。"为抑制革命浪潮，我们需要一个小小的胜利。"论及日俄战争的俄方原因时，这句话常常被提到，正可以反映出当时俄国国内的政治氛围。当时的俄罗斯在政治上十分混乱，事态很不简单。

1900年，遭受欧洲列强进一步侵略的清朝爆发义和团运动。以"扶清灭洋"为口号的团民包围北京的使馆区，日本与德国的外交官被杀，其后八国联军入侵中国。1901年缔结的《辛丑条约》中，清朝被迫赔款。列强之中，派兵最多的是日本。

俄罗斯陆军大臣库罗帕特金主张，合约签订后也不从中国东北撤军，事实上占领这一地区。此前两年，俄罗斯获得了包括旅顺、大连在内的辽东半岛的租借权与南满铁路的铺设权。为维护特权，俄罗斯向中国东北派驻六万兵力。在旅顺（俄文称亚瑟港）还修筑了要塞，俄国太平洋舰队的一部分就驻扎于此。此时，对朝鲜虎视眈眈并有着侵略野心的日本，对俄罗斯的这一行动充满戒备。为此，日本与英国结成同盟。日本也把能短时间内运送大量兵员的西伯利亚大铁路的开通视为极大威胁。

1903年9月，日俄两国外交大臣就中国东北与朝鲜的权益问题进行谈判，但谈判没有取得结果。第二年，日本宣布与俄国断交，两国进入交战状态。1月26日，日本海军对旅顺和仁川展开攻击，俄罗斯太平洋舰队的半数军舰被击沉。也因此，原本认为能轻易取胜的俄国舆论被吹得烟消云散。

7月，首都圣彼得堡的马路上，内务大臣普列韦被社会革命

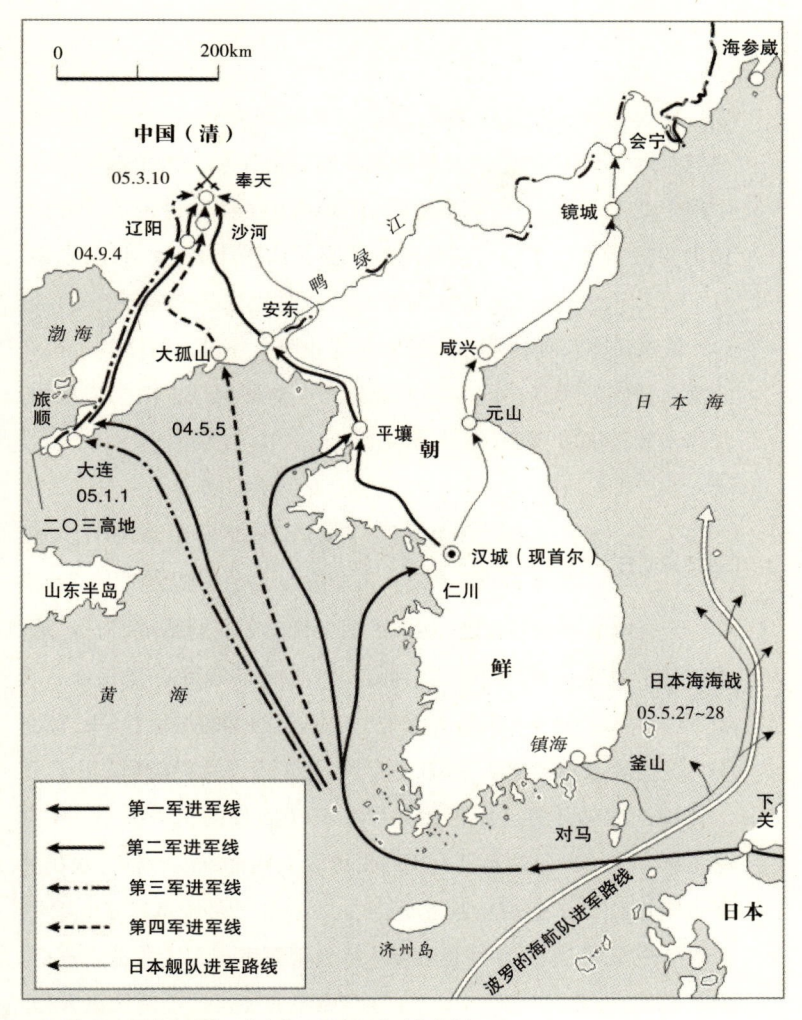

日俄战争中日军进攻路线　其中第三军由乃木希典率领。

党员犹太人阿泽夫开枪暗杀。这次暗杀行动引发了全社会的共鸣。普列汉诺夫演讲中说,"日本代俄罗斯的被压迫民族报了仇"。在中国东北,从夏季持续到秋季的陆地战中,俄军也是苦于应付。10月,俄国决定派出波罗的海舰队支援太平洋舰队。11月中旬,日军炮击了二〇三高地与旅顺要塞,战况越来越有利于日方。最后,俄军司令官斯捷赛尔向乃木希典投降。不过,斯捷赛尔投降的消息传到首都后,俄方并未因此产生动摇情绪。第二年年初,首都圣彼得堡发生了一起大事件。

**"流血星期日"事件**

1月9日(西历1月22日),星期日上午。十万工人带着妻小,手举教会旗帜、圣像和沙皇肖像画向冬宫行进。饱尝生活之苦的工人们通过游行示威,希望从沙皇那里得到"正义与庇护"。游行的领导者是一位名叫加邦的神父,而他手里拿着的是由工人们联署的写给沙皇的请愿书。他们要求召开制宪会议,赋予人民"近代的"权利,走在队伍最前面的加邦神父则展现出置生死于度外的抗争决心。冬宫里的尼古拉二世避而不见,反而带着家人前往其他行宫,现场的处置权被交到了皇叔弗拉基米尔大公手上。弗拉基米尔大公是位强硬派皇族,他下令军队换防,从外地调来三万士兵进入首都。部队就位后,弗拉基米尔大公下令向聚集在冬宫前面的民众开枪。打死或打伤一千多人(官方数字是一百人左右),其中还有不少儿童。鲜血顿时染红了广场。

对尼古拉二世来说,"流血星期日"事件是比九年前发生的霍登惨剧更难以处理的棘手问题。事件对民众的心理造成了重大的打击与震动,他们原本有

"流血星期日"事件　1925年电影《1月9日》中的一个场景

着"好沙皇"的朴素感情。游行领导人加邦神父呼吁人民全面反抗。圣彼得堡的秩序虽然很快得到恢复,但全国各地的抗议活动却风起云涌。2月初,反动象征人物、莫斯科总督谢尔盖大公遭炸弹袭击身亡。谢尔盖大公是亚历山大二世之子,他们父子二人都因暗杀而死。为听取人民要求,圣彼得堡总督特列波夫设置了一个与群众协商的会议组织。而以此次事件为契机,整个社会日益向左倾化发展。从春季至初夏,农村地区也出现不稳态势。中央农业地带的农民要求降低村社规定的土地借用金,并提高劳动报酬;莫斯科还成立了全俄农民同盟的组织,要求召开制宪会议,以及"废除土地私有制"。

**"日本海海战"的败北**

俄罗斯的远东战况仍然没有改观。乃木希典指挥日军第三军在1月侵占旅顺,紧接着2月,俄军又在奉天(今沈阳)大败,损失惨重。为支援太

平洋舰队，罗杰斯特文斯基司令官率领波罗的海舰队加足马力向目的地符拉迪沃斯托克航行。5月上旬，舰队进入朝鲜海峡。日本一直弄不清楚俄军舰队是取道津轻海峡还是走朝鲜海峡。不过，日本并没有因此而兵分两路，反而是集中兵力在朝鲜海峡摆开迎击态势。结果，日本联合舰队成功地堵截了俄方舰队。

5月14日至15日（西历5月27日至28日），持续一天半的海战中，波罗的海舰队有19艘军舰沉没，其中包括6艘战列舰，约5000名士兵丧生，另有约6000人被俘。对俄罗斯来说，这不是一次失败，而是一场大灾难。6月，黑海的"波将金"号战列舰发生水兵暴动，红旗在船上飘扬了11天之久。

事态的发展让尼古拉政府陷入危机。俄罗斯已然丧失制海权，不可能以胜者的姿态出现在谈判桌上。没等俄罗斯主动提出和谈，日本便请美国总统出面调停。在美国斡旋下，俄日双方在朴次茅斯交涉和谈。俄方全权大使是谢尔盖·维特。虽然尼古拉二世并不待见维特，但朝中也派不出比维特更有能力的政治人物了。日方全权大使是小村寿太郎。尼古拉二世要求维特不可割让任何领土，也不支付战争赔款，但维特很清楚尼古拉二世的要求是不可行的。维特使用巧妙的外交手腕，将俄方的损失降至最低，不过俄方最终还是向日本让出了萨哈林岛南部。

日俄战争后，7万多俄国俘虏被关押在松山等29处日本国内的集中营。日本也有约2000人被俄方俘虏，被关押在诺夫哥罗德省伊尔门湖北面的梅德韦日村（熊村）。这个村子是亚历山大一世时代计划建立的屯田村之一。屯田计划虽然失败，但梅德韦日村的屋舍保留了下来。日俘被关押的时间虽然很短，但这是第一次有如此大规模的日本人生活在俄国的土地上。

**"十月诏书"与第一届国会**

战争虽然结束，但俄罗斯的国内政治、社会却仍处于风雨飘摇之中。农村不断发生焚烧地主屋舍事件，铁路罢工、工人罢工也此起彼伏。进入10月，要求召开国会、制定宪法的抗议活动在全国各地爆发。从莫斯科开始的抗议活动发展成为全国性的政治大罢工。参加者高呼"沙皇退位"口号，这也是人民第一次发出打倒专制君主制的声音。

局势至此，维特、尼古拉大公、玛利亚皇太后都出面劝说皇帝让步。于是，尼古拉二世发布了"十月诏书"，俄罗斯有史以来首次对人民言论、结社、信仰的自由予以承认，诏书还允诺开设国会。10月17日，在拥有大臣任命权与政策制定权的条件下，维特同意出任第一届内阁总理大臣。

但是，左派并不满足于此。"打倒专制"是他们的目标，他们当然会斗争到最后。激进的自由主义者结成的政党卡杰蒂——也就是立宪民主党等也要求皇帝将权力全权委让给政府，不过稳健派的十月党人满足于十月诏书。支持皇帝的右派组织"黑色百人团"的暴力活动虽然波涛汹涌，但左派的活动也活跃热烈了起来。年底，莫斯科爆发了以普列斯尼亚地区为中心的武装起义。

1906年2月至3月，俄罗斯进行国会选举。列宁领导的布尔什维克采取抵制政策，SR对选举也是不闻不问。结果，立宪民主党取得压倒性胜利，在448个议席中取得153席，占全体的三分之一。就这样，4月底俄罗斯终于召开第一届国会，但对立的格局并没有轻易得到消解。这届国会仅维持了两个月，便以解散告终。从此之后，直至"十月革命"的十二年间，国会共召集四次，不过尼古拉二世始终都对国会抱有敌意。因为"开设国会是'专制的葬礼'"，"我国一直以来统一的、可信赖的封建制度不复存在了"。

为削减国会权力，尼古拉二世改组国务会议，使之成为上院，即"第二议会"。国务会议代表共98名，任期九年，代表由钦点与选举产生，但通过选举产生的代表大多是具有"贵族身份的大地主"。假若国会中通过的法案对政府不利，国务会议则将这个法案否决。

4月23日，国家基本法——宪法——对外公布。这部宪法只是对1832年版做了一些改定，旧条文"俄罗斯皇帝是无限制的专制君主"中"无限制的"被删除，这部宪法被装扮成一部表面上的立宪制宪法。宪法中充满类似"任何新法律都必须获得国务会议与国会的通过，且未获皇帝陛下恩准不得生效"的条文。

德国社会学家马克斯·韦伯认真关注整个过程，一语中的地称之为"表面的立宪制"。他指出，俄罗斯政府"摆出了不诚实的态度,它一方面公开给予人民自由,但当人民将要行使自由权的一瞬间,却又有一只手伸出来把这项权利给吊销了",林林总总的限制事实上封堵了自由。宪法制定前夜,维特辞去总理大臣职务,接替他位置的是内务部保守官员戈列梅金。他的内阁也很短命。国会解散后的7月,内务大臣彼得·斯托雷平被任命为新的总理大臣。

**斯托雷平的改革与挫折**

斯托雷平出身名门贵族,圣彼得堡大学毕业后进入官场。1903年,斯托雷平出任萨拉托夫省省长,在恢复当地秩序方面做出过成绩,另外他还向圣彼得堡上呈了一份关于进行根本性农业改革的建议。革命后的1906年4月,他以政治手腕当上内务大臣,进而被擢拔为总理大臣。当上总理大臣时,他四十四岁。他很快便看准圣彼得堡的政治潮流,也获得了尼古拉二世的信任。就这样,"斯托雷平时代"开始了。

斯托雷平的政治形态用一句话来说就是"强大的权力与自由主义改革"的组合体。对恐怖活动者与反对派,他始终贯彻强硬态度,在其就任总理大臣的三年间,共有3796人遭处决,为此很多人把绞刑台上的绳子称为"斯托雷平的领带"。工会被解散,很多杂志、报纸、图书也遭禁。不过,斯托雷平虽然使用威力压制反对派,但他并不是要重建无限制的专制体制。"把依君主意志实行改革的祖国转型为法治国家"是他的信条。

**斯托雷平** 1906年出任首相，进行土地改革，1911年遭暗杀

斯托雷平首先着手进行的是土地改革。虽然帝国85%的人口是农民，但农业的停滞与萧条是尽人皆知的。民粹派对中世纪末以来的传统土地公有制与三圃制过度理想化，这种制度会招致农民自主性与生产性低下问题。农民的土地互相交错，每户几乎都是分散的小块土地，每户农民大概拥有50—100地条（细长形的土地划分）土地，不过也有拥有311地条土地的个别例子。地条的宽幅狭小到可以用农民穿的树皮靴来测量。俄罗斯有句话叫"五靴宽的地条"。在这样的土地上进行有效率的农业经营，几乎是无望的。

村社一直以来就是农民反抗运动的基点，到斯托雷平出任总理大臣的前后，农民反抗运动变得愈加剧烈。他认为必须解散村社，切断农民运动的链条，同时还希望引入个人主义农业。这种改革提案在农奴解放前即已有之，谢尔盖·维特也曾拿出废除"土地定期重分制"的方案，但由于担心招致政治上的不安定，因而没能付诸实施。针对这个土地改革问题的悬案，斯托雷平上台后立即制订出具体方案，并很快付诸实施。

1906年11月，俄罗斯最终决定解散村社。诏令规定，各省成立土地整理委员会，承认农民对自己土地的私有所有权，每户农民的土地需形成团块，不再四散交错。如此一来，原先以村社为单位的集体农业形态消失，每户农民不得不展开新的个人主义农业经营。为支持新的农业形式，农业银行会给予一些经济支持。原先村社中有一些"剩余人口"，他们靠村社养活，解散村社后，政府把这些人迁徙至西伯利亚地区。斯托雷平在回答某报记者采访时说，"国家如能有二十年的内外平静"，待这项事业完成后，诸君将会看到一个崭新的俄罗斯。

然而，土地改革进行得并不那么顺利。农民之间本来就存在贫富差距，大多数农民是仅拥有少量土地的贫农。斯托雷平虽知道这一点，但他把赌注都压给了富农，而贫农不买他的账。贫农不让任何人离开村社，也阻碍土地测量活动。有的村社农民甚至"殴打、打死离开村社的人"。另外，这一时期往西伯利亚迁徙的人口也达到顶点。1907年至1909年的三年间，分别有42万、65万、59万人迁至西伯利亚。西伯利亚大铁路的开通促进了农民迁徙的进程。

在斯托雷平土地改革之下，1906年以后的十年里，约20%的俄罗斯农民将生产模式改为近代个人经营模式。如何看待这个数字我们拿不准，但如果真如斯托雷平所愿，俄罗斯真有二十年的平静，那么他的土地改革应是能进一步推行下去的。1909年以后，农业生产没遇上什么自然灾害，算是比较风调雨顺，有的历史学家认为此时俄罗斯的农业生产率达到美国的70%。然而，平静却连十年都没有持续得了。1911年9月1日，斯托雷

第八章 战争、革命与王朝末日

平自己也在基辅的剧场遇袭，五天后身亡。犯人是从警备人员那里获得演出票进入剧场的。尼古拉二世虽然十分倚重斯托雷平，但并未出席他的葬礼。不久，科科夫佐夫被任命为新的总理大臣。

维特和斯托雷平都是有着超群能力的政治家，他们在俄罗斯充满危机时登上历史舞台，让俄罗斯披上了看起来不像"沙皇亲政"那样的外衣。但是，尼古拉二世贪恋皇权，舍弃不了"致命的思想错误"与"虚荣心"。这样评价尼古拉二世虽然有些严苛，但事实就是如此。斯托雷平死后，俄罗斯的政治很快呈现出支离破碎、无所适从的局面。

# 第一次世界大战与王朝末日

**罗曼诺夫王朝三百周年纪念**

第一次世界大战前夜，帝制的俄罗斯的确也在近代化的道路上前行。虽然有城市快速发展而农村陷入停滞的明显问题，但俄罗斯的经济形势并不差。当时的俄罗斯是世界第一的谷物生产国与出口国，1890年以后，钢铁与石油产量也呈现成倍增长的势头。尼古拉即位后，俄罗斯的工业产量增长四倍，铁路总里程因西伯利亚大铁路的贯通而大大延伸。年均保持5%高增长率的俄罗斯成为外国资本投资的热门地区。法国有退休金的人购买了大量俄罗斯国债。对他们来说,俄罗斯国债就如同迪亚吉列夫芭蕾舞团那样充满魅力。

文化方面,诗歌、文学、美术、喜剧等很多领域都产生了众多优秀作品,这个时期也因此被称为文化的"白银时代"。这是一个耀眼的创作时代,与曾经的"悔悟知识分子"完全不同,反政治的前卫风格是这一时期的文艺风向。俄罗斯的民众教育虽然积弱日久,但全国九所大学的教育与研究却是处于世界前列的。俄罗斯还设计出世界最大的飞艇"伊利亚·穆罗梅茨"号。1913年,罗曼诺夫王朝三百周年纪念活动就是在这种背景之下举办的。

圣彼得堡的纪念典礼在涅夫斯基大道对面的喀山大教堂举办,时间是2月21日,这一天是罗曼诺夫家族第一代沙皇米哈伊尔被全俄罗斯缙绅会议选为沙皇之日。典礼举办前,有传闻说革命派会在典礼前夜发动炸弹袭击,因此这次活动也是一场在军队与警察严密戒备下举办的典礼。当天,喀山大教堂前汇集了四千名高官与城乡代表,在哥萨克卫队的护卫下,皇帝夫妇乘坐马车来到现场,民众们高呼"乌拉"迎接皇帝夫妇。在喀山大教堂前,尼古拉二世发表了纪念讲话。彼得堡罗斯科要塞鸣放礼炮,首都所有教堂也撞响了钟声。

这日午后,皇帝在冬宫接受高官们的问候,接见了侍奉于第一代沙皇米哈伊尔的贵族们的后代。晚上,皇帝出席农民代表的晚餐宴会,对代表们说:"我们有神的信仰,有民众对沙皇之

罗曼诺夫王朝三百周年纪念活动，冬宫前的分列式

爱，有俄罗斯人民对皇帝的献身精神，因此我们俄罗斯将愈加强盛。"农民代表也向皇帝表达了感谢之意。随后，大家一起享用罗宋汤、俄式蛋糕、鸡肉，以及各种点心。招待会之后又举办舞会，然而舞会上谁都没有见到皇后。首都的庆祝活动共持续三天，不过据说气氛并不很热烈。

自5月16日开始，皇帝夫妇前往波罗的海沿岸的几座城市进行巡幸。巡幸高潮出现于传闻中米哈伊尔即位的伊帕切夫大教堂所在的科斯特罗马。科斯特罗马地方自治会权力很大，不过民众的热情还是十分高涨。皇帝在米哈伊尔雕像前接见了苏萨宁的后代，头戴象征权威的莫诺马赫皇冠的米哈伊尔雕像高高矗立在塔座之上，跪着的苏萨宁雕像侍奉在塔座之下。迎接的数千农民高呼"乌拉"，据说尼古拉二世当时热泪盈眶。傍晚，皇帝夫妇乘坐轮船驶离伏尔加河岸时，科斯特罗马所有教堂的钟声一齐敲响。

5月25日，尼古拉二世携家人乘坐马车从特维尔大街进入莫斯科克里姆林宫。莫斯科贵族与商人的热情欢迎场面与首都举办典礼时的冷淡气氛形成鲜明对比。莫斯科也有各种典礼仪式、招待会、舞会及宴会举办。尼古拉从心底里感受到莫斯科民众的欢迎之意。

然而，莫斯科民众看到八岁的皇太子不是自己走路，而要海军士兵抱着的场景，这让他们疑虑顿生。不仅如此，皇后看起来也不那么健康。不过，尼古拉二世自己认为这是一场很成功的巡幸。他在日记中写道："过去我俄罗斯沙皇与民众的重要纽带现在仍然存在着。"

## "妖僧"拉斯普京与皇后亚历山德拉

**小说与历史**　　三百周年纪念活动中的爱国热情转瞬之间就烟消云散。首都不断发生抗议事件，以皇帝为目标的攻击行动再次展开。批判的矛头还特别指向了"西伯利亚的平民""妖僧"拉斯普京。拉斯普京问题是王朝末期罗曼诺夫家族具有象征意义的问题。

1864年，格里高里·拉斯普京生于西西伯利亚托博尔斯克附近一个贫穷村庄。少年时，拉斯普京就离开家乡进入附近的一所修道院，从而开始了一段长期的巡游生涯。在此过程中，他展现出了宗教家才具备的特异天分。他的道行接近"苦行派"，但加进了催眠术。信他的人越来越多。据说，不管是谁，一旦将

第八章　战争、革命与王朝末日

目光投向拉斯普京那双微微发蓝的锐利眼睛,都好像是受到暗示一样,失去自我意识。1903年,拉斯普京得到一所神学院院长费奥凡的赏识来到首都。费奥凡把他介绍给皇帝叔父尼古拉大公的夫人。通过尼古拉大公夫人,拉斯普京认识了皇后亚历山德拉,大公夫人对皇后说,拉斯普京是一位"神人""圣人"。

据说,拉斯普京有通灵与疗愈能力。皇太子阿列克谢患有血友病,皇室极力保守着这个秘密。皇太子随时都可能出现出血症状。亚历山德拉皇后每时每刻为皇太子的安危保持高度警惕,生活在担惊受怕之中,身心俱疲,对亚历山德拉来说,拉斯普京就是"神派来的救世主"。据说,拉斯普京常常能给阿列克谢止血。这个传言是真是假,我们无从确认,但通过为皇太子治病,拉斯普京与皇后的亲密关系由此开始。

通过皇后的介绍,尼古拉二世也见过拉斯普京,印象极其震撼。在《尼古拉日记》中,1906年至1917年的十一年间,拉斯普京的名字共出现91次。特别是1909年、1910年以及1914年、1915年出现次数最多,分别为12次、13次和17次、18次。帝后二人与这位有着不可思议神秘力量的宗教人士结下深缘。

但是,拉斯普京的名声并不好,肮脏的酒宴与不道德的行为让大臣们对拉斯普京诟病不已。当时有媒体报道,拉斯普京不仅行为不端,还与女信众有着不正当关系。国会甚至还把媒体的报道当作议题讨论。斯托雷平首相于是将拉斯普京暂时流放到他的故乡西伯利亚。皇太后玛利亚也担心斯拉普京与亚历山德拉会给王朝带来毁灭性灾难。然而，不仅皇后对旁人的劝告充耳不闻，尼古拉二世也护佑着拉斯普京，也许帝后二人真的把拉斯普京当作耶稣基督了。虽然皇帝与皇后对拉斯普京宠信有加，但坊间风传拉斯普京与皇后有着"公开的情人关系"，极大地伤害了皇帝权威。

**拉斯普京与女性粉丝们，1915年前后** 拉斯普京具有独特灵异能力，在宫廷获得了极大的信赖

**第一次世界大战的开始**

1914年6月，奥地利皇太子遭一名塞尔维亚民族主义者刺杀，这一事件在欧洲引发了第一次世界大战。俄国国内，支持塞尔维亚的主战派与避战派产生对立，不过尼古拉二世选择站在主战派一边，发布了战争总动员令。欧洲国家中，德国对俄宣战，而英国与法国则与俄国结成军事同盟参战。皇帝考虑到国内反德情绪的高涨，因而把首都名称由德意志风格的圣彼得堡改为彼得格勒。

开战不久，俄国便显现出社会及经济上的脆弱性。军事物资仅能满足远征大军三个月之需，物资严重匮乏。地方的封锁切断了俄国的铁路网，物资无法像战前那样通畅地输送。不可收拾的局面很快出现。1915年春，无法抵挡德军攻势的俄军不得不从奥地利领加利西亚撤退。不久，俄国又丢失波兰。仅在这一

第八章 战争、革命与王朝末日

战场上的尼古拉二世，1915年

年的8月，俄军损失官兵总数就达到40万人之多。

为扭转颓靡的士气，尼古拉二世亲临战场激励将士，尼古拉二世有一张记录这一场景的著名照片留于后世。照片上，他手持圣像（可能是"圣尼古拉"）为官兵们行祝福仪式。这种行为虽然显得有些奇怪，但基于圣像崇拜的这些行为是俄罗斯古已有之的习惯，因为"在战场上战胜敌人，在外交场上缔结恒久的和平都来自神的帮助。他们（俄罗斯人）认为胜利与成功都需要圣像上的圣母与圣人的帮助与祈福"。这句批判之词是17世纪流亡外交官科托希欣说的，这种圣像祈愿行为在他看来不可理喻，而在对古俄罗斯有着强烈热爱的尼古拉二世来说，这是一个堂堂正正之举。

这一年的9月初，尼古拉大公因战势不利而引咎辞职后，尼古拉二世表示要亲任大军总司令。皇帝亲征会造成国政疲软，况且一旦战败，即意味着帝制的终结。出于这些考虑，大臣们

俄罗斯：罗曼诺夫王朝的大地

反对沙皇亲征,他们认为皇帝应坐镇中枢,稳妥行事。在这一关键时刻,拉斯普京对皇帝的想法表示支持。于是,尼古拉二世亲临位于莫吉廖夫的俄军大本营,而国务则交给了年老的首相。留在彼得格勒的皇后与拉斯普京对政治的干涉日益增多。皇后的心被拉斯普京紧紧抓住,对拉斯普京毕恭毕敬,言听计从。在尼古拉二世前往前线离京之后的短暂期间,心性狂乱的"圣人"就罢免了总理大臣、内务大臣、农业大臣、陆军大臣等21位大臣。

皇帝御驾亲征未能扭转战局,俄军的败象日渐明显。战争开始时,俄军动员的总兵力多达1430万人,这是个惊人的数字,然而开战后仅仅过了两年,俄军的死伤总数便超过了500万。也就是说,三人之中就有一人或死或伤。

1916年12月16日,夜半。皇帝的远亲尤苏波夫伯爵在自己的宫殿莫伊卡宴请拉斯普京。他进行了周密的布置,在地下室里把氰酸钾掺进酒中。拉斯普京喝下掺有氰酸钾的酒后,伯爵又朝他的胸部开了几枪。即便如此,拉斯普京仍然显现出"难以置信的生命力"。身负致命重伤的拉斯普京被绳子捆着投进了冰封的莫伊卡河。主犯尤苏波夫是尼古拉二世的侄女婿,而德米特里大公也参与了这一暗杀行动的谋划。大多数罗曼诺夫家族的大公对这一计划表示支持,在此问题上,皇帝夫妇备受孤立。

### "二月革命"与尼古拉二世退位

拉斯普京死了。但是进入 1917 年之后，俄国的国内状况仍然未获改善。交通运输网处于麻痹状态，前线的士兵及普通市民的粮食供给愈加困难。2 月 19 日，彼得格勒市当局决定实行粮食配给制，并向市民进行了通告。严寒之中，街头的面包店前开始排起长队。普奇洛夫工厂，这个雇用数万工人的俄罗斯最大军需工厂，也因物资原料不足，无法开工而开始解雇减员。对生活与未来不安的彼得格勒女性走上街头游行示威。

2 月 23 日"国际妇女节"当天，男工人也穿越冻结的涅瓦河，加入工人街区维堡区举行的女工人游行示威活动。游行队伍不仅高呼"给我们面包"，还呼喊着"打倒沙皇"等口号。这一次，哥萨克兵队并没有像以往那样尾随游行队伍。聚集到涅瓦大街的游行队伍人数越来越多，他们在喀山大教堂前举行集会，集会一直持续到深夜。第二天，游行示威继续进行。25 日，发展为政治总罢工。随着事态发展，问题已不仅仅是面包了。

国会议长向皇帝建议"任命一个能得到人民信任的内阁"，然而尼古拉二世还未意识到事态的严重性。军队奉他之命对"彼得格勒的暴动"予以镇压。26 日，彼得格勒进入戒严态势。市中心地带，警察与军队将枪口对准工人游行队伍，超过 150 人被杀害。不过，年轻的官兵们后悔向自己的工人兄弟开枪，开始拒绝开枪。这个动向迅速扩散开来，第二天 27 日，游行示威开始向"革命"演变。

工人与士兵游行队伍袭击了兵工厂，夺取了武器。现场并没有著名的领导人对"革命"进行"指导"。下午，工人代表苏维埃临时执行委员会在塔夫里达宫成立，但在另一间大厅内也成

**普奇洛夫工厂，1915年** 1872年创办的俄罗斯最大规模重型机械工厂，也是首都工人运动的中心

立了由国会（杜马）议员组成的"临时委员会"，双方进行了长时间的交涉。3月2日上午，以李沃夫为总理、米留可夫为外交部长的立宪民主党临时政府成立。苏维埃方面承认临时政府在制宪会议召集前具有临时权力，苏维埃方面入阁的仅有克伦斯基一人。

在尼古拉二世对革命的进展尚不了解的情况下，临时政府便已成立。而临时政府的成立在事实上已经意味着尼古拉二世丧失了一切权力。最高总司令阿列克谢耶夫建议尼古拉二世"为国家独立，为王朝延续"选择退位。阿列克谢耶夫打算以胞弟米哈伊尔大公为摄政，立病怏怏的十三岁皇太子为新沙皇，但这个想法未能实现。不久，尼古拉二世决定传召米哈伊尔大公并传位给他。消息传至彼得格勒后，彼得格勒随即爆发激愤的"打倒罗曼诺夫王朝"抗议行动，察觉到人民反对之意的米哈伊尔大公

第八章　战争、革命与王朝末日

拒绝接旨。于是,在王朝三百周年纪念仅仅四年后,罗曼诺夫王朝终于迎来了末日。3月3日,临时政府宣告成立。3月4日,沙皇尼古拉的退位诏书对外公布。

# 结语

## 俄罗斯社会史的尝试

本书以罗曼诺夫家族约三个世纪的统治为中心，尝试对俄罗斯社会史做一个整体性描绘。

正好两年之前，我为讲谈社精英知识选书系列写了一本《重看罗曼诺夫家族》。这本书并不是一本探寻莫斯科克里姆林宫往事及圣彼得堡宫廷故事的"王朝史"。我在书中把皇帝的动向放在社会与民众的相关历史中进行了思考，从这个意义上讲，这本书并没有以政治为主题，叙述的对象乃是社会史发展趋势与动向。然而，我在研究调查过程中发现，关于罗曼诺夫家族的"逸事"有着无穷的趣味，而如果缺少这些方面，对他们的政治的理解也会显得不甚充分。因此，书中对沙皇个人以及他周边的一些事情进行了详细的叙述。但也很遗憾，书中未能把社会与民众的历史写得很充分透彻。

本书不是"罗曼诺夫家族的历史"。写作的对象是罗曼诺夫家族统治下的"帝政俄罗斯"。因此，本书对沙皇个人及其周围的事迹尽可能地进行了削减，而把浓墨与重彩放到了社会与民众问题之上。为让本书具有通史的连贯性，对罗曼诺夫王朝之前的历史也单设了一章。作者比他人更清楚地知道，仅仅这样的章节安排仍存在很多不充分之处。通过对俄罗斯社会的思考，作者认为有三点特别重要，因此想把这些要点在本书的最后部分写出来。

**多民族国家俄罗斯的形成**

16世纪后半期，在多民族国家的形成史上，特别是俄罗斯向东拓展的历史上，伊凡雷帝征服喀山汗国具有划时期的意义，对阿斯特拉罕汗国以及西伯利亚汗国的征服又进一步让帝国领土在向南和向东得到了扩展。这一点在所有概论性书籍中也都会所有提及，但本书对其前提，也就是中世纪时长达两百四十年的"鞑靼人的桎梏"及其后遗症问题也进行了论述，这个问题是值得注意之处。关于这个问题，历史学家克柳切夫斯基曾写道："从8世纪大约持续到17世纪，俄罗斯人与草原地带的游牧民族、博罗维茨人以及噩梦般的鞑靼人的斗争在俄罗斯民族的记忆中留下了非常深刻的印记，正如他们的叙事诗里描绘的那样，这是一段极其痛苦的历史记忆。"

然而，18世纪以来，攻守形势出现逆转。俄罗斯势力越过伏尔加河进入哈萨克斯坦一带。不过，对这一地区真正意义上的征服是在19世纪以后。截止到19世纪后半期，俄罗斯进而征服了高加索地区的阿塞拜疆、亚美尼亚、格鲁吉亚，1865年之后的二十年里又对中亚进行了军事上的压制。

领土扩张的方向原本就不只是东方和南方。17世纪下半叶，乌克兰东部的粮仓地带以"自治国"的形式成为俄罗斯的一部分，到18世纪末，这一地区被俄罗斯完全合并。彼得时代，俄罗斯从瑞典手中获得了所谓"波罗的海三国"。在世纪末，俄罗斯与普鲁士、奥地利共同瓜分了中世纪大国波兰。俄罗斯的领土大为扩大。如此一来，俄罗斯在西面也持续着领土的扩张。

帝政之下的俄罗斯成为囊括波罗的海沿岸、波兰及乌克兰等欧洲地区、高加索地区、中亚地区、西伯利亚地区以及远东地区的庞大殖民地帝国。其结果是，帝国境内居住着多达两百个不同宗教、不同语言的"民族"，其中也有阿留申人那样的"少数民族"（据1910年调查，只有一千五百人）。罗曼诺夫王朝建立后不久的1646年，俄罗斯人约占全国人口的95%，而到了帝政末期的1917年，作为国家名称的民族俄罗斯族的人口仅占全国人口的约45%，其比例连一半都未达到。

结语

**多民族帝国的真实形态**

与获取经济利益相比，俄罗斯更优先考虑战略与政治上的利益，这是其领土扩张的显著特征。也就是说，与欧洲先进国家不同，经济利益与基督教的使命对俄罗斯的影响不是很大，而安全保障因素是其考虑的核心所在。不能否认，在叶卡捷琳娜二世女皇实行宗教宽容之前，俄罗斯曾实行过严格的改宗政策。但从帝国的民族政策来看，以19世纪中期为分水岭，可大致分为两个阶段。19世纪中期以前，帝国对异民族的统治仅限于行政上的支配，而19世纪中期以后，俄罗斯强力推行了改讲俄语、改宗东正教的"文化上的俄化"政策。例如，1863年内务大臣发布命令，禁止乌克兰人使用乌克兰语。另外，俄罗斯向全国各地派出了东正教传教团，对于民族运动也采取严酷手段进行控制。在这一点上，波兰两度爆发的反俄起义（1830、1863）具有划时代意义。而"犹太人迫害"这个词语更让俄罗斯对犹太人的压制举动广为人知。

不过，作为帝国中枢的官员与军人之中，"非俄罗斯人"所占比例并非少数。1868年，军队的军官之中有23%是"非正教徒"。与民族出身及宗教信仰相比，俄罗斯更看重他们对沙皇的忠诚、专业能力以及名门望族身份。而在民族地区，俄罗斯优先起用当地的出色人物出任这些地区的主要官员，以这种方式受到擢拔的人物绝不在少数。俄罗斯在强化"中央"的同时，希望以这样的方式"统合"那些距离较远的离心地带。

### 殖民地问题再思考

俄罗斯的扩大问题与本书在最前面所论述的殖民问题有着千丝万缕的深刻关联,也可以说,这两个问题互为表里,表里一体。

从彼得大帝时代开始的两百年间,俄罗斯领土平均每天增加约四百平方公里。虽说其中很多地区是人迹罕至的不毛之地,但也不乏土地肥沃地带。俄罗斯农民几乎随时都有条件迁徙移民,原有土地稍显不足时,农民即有可能迁居他处。一方面,圣俗两界的领主会把农民迁往肥沃的新领地;另一方面,未被迁走的农民有时也会未经许可自行迁徙,这也就是农民的逃亡。

某种意义上,农民对迁徙也有着理想化的憧憬。对逃亡农民来说,迁徙可以使自己摆脱领主不公正的榨取,同时迁徙也是找寻桃源乐土的一种尝试。每个人都很期待迁徙能给他们带来自由和宽裕的生活。由于"白水境"(别罗沃杰)传说的存在,俄罗斯人有着一个"远方富饶之乡"这种理想化的念想,"远方富饶之乡"念想可以从17世纪中叶"旧礼仪派"的说教中寻找思想渊源。"旧礼仪派"的确强化了农民追寻理想之乡的念头,但将迁徙行为理想化的倾向,早在中世纪时便已有了。

如上所言,农民的迁徙和逃亡与俄罗斯领土的扩展是表里一体的。应该说,在这一点上已毋庸多言。不过,必须指出这一现象也有着消极不利的一面,因为农民把"旧的农业方式"带进了土地肥沃的新地带。面对人口增长问题,俄罗斯农民并没有采用农业集约化与促进产量增长的方式处理应对,他们总是试图以迁徙至新土地的方式来解决这个问题。农业向集约化生产方式过渡需要时间、知识以及资金等方面的必要条件，同时也需要有这样的意愿与志向。只有在土地严重不足，而同时又没有新地区可供迁徙时，农民才可能尝试进行集约化农业生产，否则只要土地充足，有新土地可供迁徙，即使新的迁徙地土地肥沃，农民也还是会继续以旧的粗放方式进行农业生产。

俄罗斯的这种领土扩张方式阻碍了缺乏资金的农民向集约化农业过渡的进程。农业经济学有一个权威命题：包括农业集约化生产、农业生产规模的扩大等在内的"农业革命"从根本上讲是源自"人口压力"。从这个意义上讲，领土的扩张抵消了人口增加所带来的压力与效果。直至帝政末期，俄罗斯农民的生产效率仍然十分低下。以社会平等、"正义公正"为特征的中世纪以来的共同体农业方式仍在运行之中。俄罗斯没能产生16世纪英国那样的"农业革命"，也没能过渡到19世纪法国、德国那种个人主义的农业形态。虽然不能说俄罗斯的农业丝毫没有进步，但整体上"农民的传统"在农业生产中是占主导地位的。给这一农业生产方式打上终止符的是斯托雷平的土地改革。不过，由于第一次世界大战与革命的发生，斯托雷平的改革半途而废。虽然斯大林以强制方式推行的农业集体化从根本上结束了俄罗斯传统农业形态，但在这一过程中也付出了空前绝后的巨大代价。

**从都市所见的
"俄罗斯与欧洲"**

前面论述的农业形态及农民的状态是与俄罗斯弱小而不发达的城市有着深刻关系的。

书中讲过,俄罗斯的城市在"鞑靼人的桎梏"时期,即蒙古人入侵之时,受到了极大的破坏。而从桎梏中解放之后所建的城市,又大多从要塞发展而来。也就是说,这些城市的第一要义是军事行政之城。城市的安全得到确保之后,商人们的往来虽然在一定程度上降低了城市的军事性,但这些城市里是不会萌生自治与自由的。城市是侍奉于专制的"税赋共同体",这是俄罗斯城市一直具有的属性。不仅如此,俄罗斯的城市并没有与农村清晰地切割开来。17世纪中叶的城市暴动之后,商业与手工业等象征城市身份的活动成为城市生活的主体得到认可,但"商业农民"仍不绝其迹。众所周知,1755年实施地方改革之际,叶卡捷琳娜二世在全国每个乡都设置一座中心城市,为此不得不把大一点的村升格为城市。可以说,直至近代,城市在俄罗斯社会的形成方面都没有发挥出丝毫的积极作用。这与很多欧洲中世纪城市形成鲜明对比。

旧的学说认为,诞生于12、13世纪的欧洲中世纪城市并不是近代民主主义起源的"自治与自由堡垒"。自治与自由的旗手是"拥有市民权的市民",同时大量的非市民是被排斥在市政之外的。另外,城市里既有以寡头制独占市政的富裕市民,也存在平均占比约20%的城市贫民。而在这样的城市之中,"自治与自由"

恐怕业已成为人们的常识。

因此说，对这个传统是不能轻视的。苏联历史学家亚伦·古列维奇是公认的20世纪在中世纪史领域成绩最大的学者，他在《中世纪文化范畴》(1972)中指出，西欧中世纪的城市在具有中世纪生活最本质特征的同时，也给予了西欧文化上独一无二的特性。在他看来，城市的"市民既是城市自治体的成员，也是城市的所有者，同时又是城市劳动的主体。由于市民具有社会关系的多面性，因而比封建社会其他阶层的代表者更具优势地位"。

我个人认为，如若没有这种类型的城市与市民，给世界带来近代曙光的文艺复兴便不会发生。路德的教义在城市中扩散开来之后，市民们举办公开讨论会与市民总会来决定是否接纳路德的教义，还有的城市是由扩大参事会，也就是由市政厅来做出相关决定的。毋庸赘言，市民是通过自我武装来守卫自己的城市及相关特权的，这一传统在欧洲社会中根深蒂固。但无论这些城市多么具有排他性与特权性，应该可以说，欧洲近代的市民社会是以中世纪城市为源头的。

再回到古列维奇的论点。关于俄罗斯城市，他的确未发一言。但是对于"中世纪的东方城市"及"拜占庭帝国的城市"有如下认知。

> （城市）无论在经济与文化上多么发达，都不可能逾越中世纪发展阶段而成为引导整个社会进步的根源，因为这样的城

市缺乏作为城市共同体成员的、具有自治权的自由市民这种社会身份类型的群体。在独裁政治的支配下，或者整个社会都处于社会性无权利的条件下，这种社会类型是无从产生、无法想象的。

这种认知基本可以用于解释俄罗斯的城市类型与功能角色等问题。顺便说一句，犹太人出身的古列维奇在苏联史学会中不是很受待见。

**俄罗斯的固有要素**

自998年"受洗"以来，俄罗斯一直是西洋基督教世界的一员。虽然俄罗斯的基督信仰是经由君士坦丁堡传入的希腊正教，但很少有历史学家在基督教中寻求俄罗斯人的历史身份。当然，正如本书中很多地方对教会与信仰问题所论述的那样，我对这种看法也并无异议。但同时需要指出的是，"鞑靼人的桎梏"的经历让俄罗斯人走上了与欧洲不同的道路，而这一点在俄罗斯人身份认同问题产生的影响甚至更为深远。即便摆脱桎梏后建立起来的莫斯科专制国家，首都也经常遭到鞑靼人的蹂躏，蹂躏之后很多俄罗斯人被作为俘虏掳走。很长时期内，防卫特别是国境警备是政府最重要的课题。俄罗斯向南、向东扩张领土可以看成是"鞑靼人的桎梏"所带来的后遗症，这种说法应该是基本准确的。结果，俄罗斯成了一个包罗伊斯兰人等非俄罗斯人的"殖民帝国"。近代俄罗斯的结构性特征——"强大的沙皇权力"与"脆弱的社会",应该也是与这样的历史经历密切相关的。

地理条件从宏观上决定了俄罗斯的历史。处于欧亚大陆东部的"欧洲与亚洲中间地带"的地理位置是俄罗斯无法回避的固有客观条件,在这样的地理位置上,俄罗斯人不得不与草原游牧民族进行长达千年的敌对斗争。先前介绍的克柳切夫斯基敏锐的论述中也有这样的说法。虽然这种看法并不是什么新颖的观点,但当我们重新审视历史时,这一观点仍是我们无法回避、必须讨论确认的。

# 主要人物小传

**菲拉列特（Filaret，约 1544—1633）俗名费奥多尔·尼基蒂奇·罗曼诺夫**
（Fedor Nikitich Romanov）

罗曼诺夫王朝第一代君主米哈伊尔之父。罗曼诺夫家族的历史可追溯至 14 世纪，是一个名门贵族。留里克王朝绝嗣后，菲拉列特也成了沙皇候选者之一。鲍里斯·戈东诺夫被选为沙皇之后，罗曼诺夫家族短暂失势。戈东诺夫之后，他以教区牧首（后成为大主教）的身份重新得势，但又遭波兰囚禁。1613 年，其子米哈伊尔之所以被全俄罗斯缙绅会议选为沙皇，与人们对菲拉列特的同情也不无关系。重获自由后的 1619 年，菲拉列特作为米哈伊尔的共同统治者掌握着实权，俄军在与波兰的斯摩棱斯克战争中失利，菲拉列特也在失意中死去。

**鲍里斯·伊万诺维奇·莫罗佐夫**
（Boris Ivanovich Morozov，1590—1661）

沙皇阿列克谢·米哈伊洛维奇的宠臣。他的家族出身并不显耀，但因 1633 年出任日后成为罗曼诺夫王朝第二代沙皇的皇子阿列克谢的扶育官而获赐贵族身份。阿列克谢即位后掌握政治实权，而且与阿列克谢的皇后之妹再婚，加强了与皇家的姻亲关系。不过，1646年他提高盐税的税制改革招致莫斯科市民的强烈反弹与抵制买盐，他的盐税改革不得不因此撤回。莫斯科的盐税起义成为社会改革的契机，而莫洛佐夫也因此退出政治舞台。另外，他还以强烈的贪欲著称，在全国19个省中，莫洛佐夫拥有330个村庄，是一位向9100户农奴征收地租的大领主。

### 瓦西里·瓦西里耶维奇·戈里津
### (Vasily Vasilyevich Golitsin, 1643—1714)

索菲娅摄政的宠臣。戈里津家族无须具有宫廷官的经历便可获得贵族官位，是莫斯科公国拥有这项特权的十六个名门望族之一。他以外务官衙长官的身份侍奉于索菲娅摄政，发挥出优秀的外交能力。戈里津通晓拉丁语、波兰语、德语以及希腊语，拥有庞大藏书，是当时著名的"西欧派"。从这个意义上讲，他是"彼得大帝的先驱"，但因为在克里米亚战争中无功而返且伪造战况的事实，而失去信任。彼得派获得政权后，戈里津失势，在北方度过了二十五年的流放生活。不过，戈里津家族也有支持彼得派的族人，因此整个家族并未全部受到他的牵连。

### 亚历山大·丹尼洛维奇·缅希科夫
### (Aleksandr Danilovich Mensikov, 1673—1729)

彼得大帝的协助者，莫斯科平民出身，据说他的父亲是一名马夫。少年时期，他便加入彼得的"游戏连队"，并在其中崭露头角，是彼得改革的左膀右臂。在北方战争的要局中，他率领的部队发挥了决定性作用。实行省制后，缅希科夫被任命为省长。不过，由于数度贪污与滥用职权而常遭彼得呵斥。彼得死后，他拥立皇后叶卡捷琳娜为帝，并因此掌握实权。他还与女皇约定将自己的孙女嫁给彼得大帝之孙彼得二世。但他无尽的权力欲最终引发了与名门贵族间的冲突。1727年，缅希科夫在政治斗争中失败，其庞大财产被没收，家庭成员则被流放到西伯利亚的别列佐夫。

### 比隆（Ernst Johan Buren, 1690—1772）

安娜女皇的宠臣，波罗的海沿岸库尔兰德的德意志人小贵族出身。全名叫耶伦斯特·约翰·比隆，但在俄罗斯一般都叫他比隆。自1718年，他便侍奉于库尔兰德的宫廷，是库尔兰德大公遗孀安娜·伊万诺夫娜的宠臣。1730年，安娜成为俄罗斯皇帝后，他也追随安娜而来。其后的十年间，他通过安娜女皇事实上掌握着俄罗斯的权力。因庇护德意志人与波罗的海德意志人而颇受俄罗斯人反感。安娜去世时，在政变的骚乱中，比隆失去权力。在安娜时代，他因追逐利益而被人冠以"比隆诺夫斯齐那"的恶名。然而，正确地说来，他与奥斯特尔曼、米尼赫一起创造了"德意志人的时代"。比隆能够如同彼得大帝一样任用德意志人作为手足，其原因在于当时缺少一个强力的皇帝。

### 彼得·伊凡诺维奇·舒瓦罗夫
（Peter Ivanovich Shuwarov, 1710—1762）

伊丽莎白女皇政府的首脑，曾参加拥立伊丽莎白女皇的政变，并与女皇近亲结婚，18世纪40年代末成为政府第一号权力人物。在俄罗斯经济的近代化上做出了特别贡献。这方面的政策有：废除国内关税及提高进口税等关税政策，设立以领地农奴为担保向贵族贷款的贵族借贷银行，向间接税转变，酿造业的贵族独占化，等等。不用多言，这些政策是有利于贵族的政策，也给社会带来了一些负面影响，但从经济近代化角度来说，他的政策还是有值得肯定之处的。他的从兄弟伊凡·舒瓦罗夫接受过西欧教育，是法国启蒙运动的崇拜者，在创办莫斯科大学、艺术学术院等文化教育机构方面做出过贡献。

### 格里高利·阿列克山德洛维奇·波将金

(Grigorii Aleksandrovich Potemkin, 1739—1791)

女皇叶卡捷琳娜二世的宠臣,斯摩棱斯克省的小领主家庭出身,曾参加 1762 年 6 月拥戴叶卡捷琳娜二世的政变。其后,得到女皇宠爱,也有一说认为他与女皇秘密结婚。在与奥斯曼帝国的战争中,波将金发挥出军人的出色手腕,成功合并克里米亚,完成俄罗斯的多年夙愿。此外,他还着手开发黑海北岸地区,在克里米亚构筑塞瓦斯托波尔城,创建黑海舰队。晚年,他接待叶卡捷琳娜二世女皇的克里米亚巡幸。女皇巡幸中,他急急忙忙拼凑出很多"波将金村","波将金村"后来成为形象功臣的代名词,给他的声誉带来污点。为表彰波将金的功业,叶卡捷琳娜二世女皇授予他"塔乌里达(克里米亚的古称)公爵"。

### 阿列克谢·安德列维奇·阿拉克切耶夫

(Aleksei Andreevich Arakcheev, 1769—1834)

亚历山大一世的宠臣,诺夫哥罗德省中小领主家庭出身,贵族士官学校毕业后以优秀的炮兵士官身份崭露头角,1808 年晋升为陆军大臣。在亚历山大一世对政治失去兴趣的 1815 年后的十年间,阿拉克切耶夫成为国家管理事实上的负责人,这一时期也被称为"阿拉克切耶夫的时代"。反法战争后,为重建国家财政,俄罗斯采取了屯田制,而阿拉克切耶夫就是这一政策实施的负责人,这也是他值得特别提及的功业。这一政策标榜能够削减军费,更灵活地补充兵源,也可以解决老兵的生活安定问题,但过于严酷的实施方法招致屯田兵的叛乱。他诚心诚意地侍奉亚历山大一世,也是皇帝的最后一位宠臣。

### 德米特里·阿列克塞耶维奇·米柳京

(Dmitrii Alekseevich Milyutin, 1816—1912)

帝政时期的陆军大臣,贵族出身,莫斯科大学附属贵族寄宿学校毕业。作为开明派官员，他参与了农奴解放有关方案的制订。解放后，作为陆军大臣，他还在引进军管区制、培养士官、全面皆兵等方面实施了军制改革。改革后，俄罗斯的臣民不分身份等级都平等地负有兵役义务。现役服役时间缩短为六年（海军为七年），同时新增为期九年的预备役。在1877年开始的俄土战争中，他领导俄军取得胜利并为《圣斯托凡诺条约》的签订做出努力，也因此而立下汗马功劳。他的二弟尼古拉是内务部次官，小弟弗拉基米尔是一名经济学者，二人也较为知名。

### 谢尔盖·尤里耶维奇·维特（Sergei Yulievich Vitte, 1849—1915）

帝政时期财务大臣，俄罗斯第一位首相。出生于格鲁吉亚的梯弗里斯（今第比利斯），敖德萨大学物理、数学系毕业后进入民间铁路公司。赏识他才能的铁路事业局局长对其拔擢有加。1892年，维特成为财务大臣。他的改革包括：以引入酒类专卖制为方式的财政改革，以保护关税为中心的产业保护政策，确立金本位制，积极吸引外国货币，等等。西伯利亚大铁路等铁路建设及铁路对相关产业的促进是维特工业化政策的象征，也是其政策的标志性成果。1905年革命爆发后，他请求尼古拉二世做出让步，起草了十月诏书。他试图开设俄罗斯历史上第一个拥有立法权的议会，给予市民自由权，以这种方式平息革命，但却招致尼古拉的疏远而不得不辞职。虽然可以说他是一名保守政治家，但他并不固执于现状的维持，也在思考着如何把俄罗斯改革为适应时代的大国。不过他的想法未获皇帝的理解。

### 格奥尔基·瓦连廷诺维奇·普列汉诺夫
### (Georgii Valentinovich Plekhanov, 1856—1918)

俄罗斯马克思主义理论家，孟什维克领导人。坦波夫的小地主家庭出身，在矿业专门学校读书期间接触民粹派思想并加入运动，成为1876年创办的《土地与自

主要人物小传

由》理论指导者。民粹派分裂后,他属于"土地总重分派"。逃亡后,他转向马克思主义并创建"劳动解放社",同时对民粹派的俄罗斯资本主义没落论进行了理论与实证的批判性先驱分析。他认为俄罗斯的现在与未来都是资本主义的,革命运动的主体应是无产者;不过,在进行无产阶级革命之前,当下最迫切的课题是进行打倒专制体制的资产阶级革命,这也是他所主张的"非连续两阶段革命论"。他最初与列宁有着协作关系,1905年革命后与列宁分离。普列汉诺夫学识丰富,著述颇多,如《论一元论历史观的发展》《俄罗斯社会思想史》等。

## 彼得·阿尔卡季耶维奇·斯托雷平

(Peter Arkadievich Stolypin, 1862—1911)

帝政末期首相。名门贵族出身,圣彼得堡大学毕业后进入内务部工作。曾担任格罗德诺省和萨拉托夫省省长,1906年出任内务部大臣。在俄罗斯第一次国会运营方面,斯托雷平展现出其出色的手腕。同年,成为首相的他一方面以戒严令、军事法庭、行政性流放等手段压紧社会,另一方面又推进着言论、出版、结社、集会的自由与地方自治的近代化改革。特别是在废除共同体农业、改造近代自耕农方面倾注大量精力。他认为这场改革需要国内外的"平静"环境,但第一次世界大战的爆发让他的土地改革半途而废。他自身也在基辅观看演出时遭警察刺客暗杀。

## 巴维尔·尼古拉耶维奇·米留可夫

(Pavel Nikolaevich Milyukov, 1859—1943)

立宪民主党领导人。曾师从莫斯科大学历史文献学院克柳切夫斯基,1886年成为专任讲师,研究并讲授俄罗斯历史。后因抗议政府的反动政策辞去教职。1905年组建立宪民主党,以自由主义立场进行政治活动。1917年二月革命后就任临时政府外交部部长,因主张"取得胜利之前继续进行战争"而在4月的抗议活动后下台。十月革命后,长期在巴黎过着流亡生活。著作有《18世纪前二十五年的国家经济与彼得大帝的改革》《俄罗斯文化史概论》等。

# 参考文献

以下选列文献以较易入手的日语文献为主。但文学、思想作品及其相关研究，因数量庞大，故此从略。

**本书整体性的参考书目**

川端香男里，《俄罗斯》，讲谈社学术文库，1998 年。

高尾千津子，《俄罗斯与犹太人》，东洋书店，2014 年。

田中阳儿，《世界史学与俄罗斯史研究》，山川出版社，2014 年。

田中阳儿、仓持俊一、和田春树编，《世界历史大系·俄罗斯史》全 3 卷，山川出版社，1994—1997 年。

中岛毅编，《新史料俄罗斯史》，山川出版社，2013 年。

中村喜和、和田春树，《世界历史之旅·俄罗斯—莫斯科·圣彼得堡·基辅》，山川出版社，2013 年。

藤本和贵夫、松原广志编，《俄罗斯近代史》，密涅瓦书房，1999 年。

米川哲夫编，《世界女性史·俄罗斯》，评论社，1976 年。

《新版俄罗斯事典》，平凡社，2004 年。

克柳切夫斯基，《俄国史讲义》全五卷，八重樫乔任译，恒文社，1979—1983 年。

史密斯·克里斯蒂安，《面包和盐：俄罗斯文化史试论》，藤野幸雄译，勉诚出版，2000 年。

范·德·奥义艾，《俄国的东方主义》，浜由树子译，成文社，2013 年。

米尔纳·加兰德、捷夫斯基,《俄罗斯·苏联史》,吉田俊则译,朝仓书店,1992年。

俄罗斯史研究会编,《俄罗斯史研究入门》,彩流社,2012年。

利哈乔夫,《文化生态学》,长绳光男译,群像社,1988年。

霍普斯金,《俄国:人与帝国》,哈佛大学出版社,1997年。

米罗诺夫,《帝俄时期社会史(18世纪—20世纪)》,圣彼得堡,1999年。

里阿萨诺夫斯基,《俄国人身份认同的历史分析》,牛津大学出版社,2005年。

### 第一章

《伊戈尔远征记》,木村彰一译,岩波文库,1983年。

石户谷重郎,《俄罗斯的农奴》,大明堂,1980年。

井上浩一,《都市君士坦丁堡》,岩波讲座《世界历史》第七卷,1998年。

古列维奇,《维金远征记》,中山一郎译,大陆书房,1971年。

栗生泽猛夫,《鲍里斯·戈东诺夫与伪德米特里》,山川出版社,1997年。

栗生泽猛夫,《鞑靼人的桎梏》,东京大学出版会,2007年。

栗生泽猛夫,《读〈俄国斯原初年代记〉》,成文社,2015年。

斯克鲁因尼科夫,《伊凡雷帝》,栗生泽猛夫译,成文社,1994年。

中村喜和编译,《俄罗斯中世纪物语集》,筑摩书房,1970年。

中村喜和编译,《阿凡那西耶夫·俄罗斯民间故事集》上下,岩波文库,1987年。

滨本真实,《"神圣俄罗斯"的伊斯兰》,东京大学出版会,2009年。

哈尔巴林,《俄罗斯与蒙古》,中村正己译,图书新闻,2008年。

松本荣三,《俄罗斯中世纪都市的政治世界》,彩流社,2002年。

三浦清美,《俄罗斯的源流》,讲坛社选书技巧(メチエ),2003年。

森安达也,《东方基督教的世界》,山川出版社,1991年。

亚宁,《寄了白桦书信》,松本荣三、三浦清美译,山川出版社,2001年。

利哈乔夫、潘奇恩科、波尼卢科,《中世纪俄国之笑》,中村喜和、中泽敦夫译,平凡社，1989 年。

《俄罗斯原初年代记》，国本哲男、中条直树、山口严等译，名古屋大学出版会，1987 年。

《俄罗斯的家训》，佐藤靖彦译，新读书社，1984 年。

## 第二、三、四章

阿尼西莫夫，《彼得改革及其对于俄国历史的归结》，田中良英译，《现代思想》25-4，1997 年。

加列尔·当科斯，《叶卡捷琳娜二世》上下，志贺亮一译，藤原书店，2004 年。

黑泽岑夫，《俄罗斯皇帝亚历山大一世的时代》，论创社，2011 年。

关口武彦，《圣职者单身制的形成》，《历史学研究》754，2001 年。

高田和夫，《俄罗斯帝国论》，平凡社，2012 年。

土肥恒之，《斯捷潘·拉辛》，山川出版社，2002 年。

土肥恒之，《彼得大帝与他的时代》，中公新书，1992 年。

土肥恒之，《"死魂"的社会史》，日本艾吉塔学校出版部，1989 年。

土肥恒之，《俄国社会史的世界》，日本艾吉塔学校出版部，2010 年。

土肥恒之，《彼得大帝》，山川出版社，2013 年。

丰川浩一，《俄罗斯帝国民族统合史的研究》，北海道大学出版会，2006 年。

鸟山成人，《俄罗斯·东欧的国家与社会》，恒文社，1985 年。

长绳光男，《评传盖尔岑》，成文社，2012 年。

中村喜和，《寻找神圣的俄罗斯》，平凡社，1990 年。

涅克鲁伊罗娃，《俄罗斯的缘日》，坂内德明译，平凡社，1986 年。

坂内德明，《俄罗斯文化的基层》，日本艾吉塔学校出版部，1991 年。

普希金，《普加乔夫叛乱史》，草鹿外吉译，现代思潮社，1971 年。

马卡，《俄罗斯出版文化史》，白仓克文译，成文社，2014 年。

松木荣三编译，《彼得前夜的俄罗斯》，彩流社，2003 年。

森永贵子,《俄国的扩张与皮毛贸易》,彩流社,2008年。
森永贵子,《伊尔库茨克商人与基亚夫塔贸易》,北海道大学出版会,2010年。
矢泽英一,《帝政俄罗斯的农奴剧场》,新读书社,2001年。
吉田金一,《近代俄中关系史》,近藤出版社,1974年。
拉基西切夫,《圣彼得堡到莫斯科之旅》,涉谷一郎译,东洋经济新报社,1958年。
罗特曼,《俄罗斯的贵族》,桑野隆、望月哲男、渡边雅司译,筑摩书房,1997年。

## 第五、六章

有马达郎,《俄国工业史研究》,东京大学出版会,1973年。
瓦尔茨基,《俄国资本主义论争》,日南田静真等译,密涅瓦书房,1975年。
石川郁男,《戈尔岑与车尔尼雪夫斯基》,未来社,1988年。
欧文,《未完的布尔乔亚》,野口建彦、栖原学译,文真堂,1988年。
菊地昌典,《俄国农奴解放研究》,御茶水书房,1964年。
基里亚罗夫斯基,《世纪末的莫斯科》,中田甫译,群像社,1985年。
凯南,《西伯利亚与流刑制度》全两卷,左近毅译,法政大学出版局,1996年。
扎伊恩切科夫斯基,《俄国农奴制的废止》,增田富寿、铃木健夫译,早稻田大学出版部,1983年。
佐藤芳行,《帝政俄罗斯的农业问题》,未来社,2000年。
下里俊行,《神圣俄罗斯的"乞食"》,坂内德明等编,《俄罗斯:神圣与世俗》,彩流社,1995年。
铃木健夫,《帝政俄罗斯的共同体与农民》,早稻田大学出版部,1990年。
托尔戈涅夫,《俄国与俄国人》,山本俊郎译,广文堂书店,1962年。
高田和夫,《近代俄国社会史研究》,山川出版社,2004年。
高桥一彦,《帝政俄罗斯的司法制度史研究》,名古屋阿雪出版会,2001年。
竹中浩,《俄国的近代转变》,东京大学出版会,1999年。

田中真晴,《俄国经济思想史研究》,密涅瓦书房,1967年。
外川继男,《戈尔岑与俄国社会》,御茶水书房,1973年。
富冈庄一,《俄国经济史研究》,有斐阁,1998年。
桥本伸也,《叶卡捷琳娜的梦:索菲亚之旅》,密涅瓦书房,2004年。
桥本伸也,《帝国·身份·学校》,名古屋大学出版会,2010年。
畠山祯,《近代俄国家族史研究》,昭和堂,2012年。
巴恩兹,《V. O. 克柳切夫斯基》,清水昭雄等译,彩流社,2010年。
巴隆,《普列汉诺夫》,白石治朗等译,恒文社,1978年。
肥前荣一,《德意志与俄国》,未来社,1986年。
冯·拉维,《谢尔盖·维特与俄国的工业化》,菅原崇光译,劲草书房,1977年。
布列维、戈尔曼,《伏尔加德意志人》,铃木健夫、半谷史郎译,彩流社,2008年。
别留斯琴,《19世纪俄国农村司祭的生活》,白石治朗译,中央大学出版部,1999年。
马兹阿,《十二月党人起义》,武藤洁、山内正树译,光和堂,1983年。
山本俊朗,《亚历山大一世时期史研究》,早稻田大学出版部,1987年。
列宾,《伏尔加的纤夫》,松下裕译,中央公论社。
和田春树,《恐怖与改革》,山川出版社,2005年。

## 第七章

青木恭子,《帝政末期俄国的西伯利亚移住政策》,《富山大学人文学部纪要》41,2004年。
带谷知可,《"近代"的胎动:殖民地经历·革命·民族》,间野英二、堀川彻编著,《中亚的历史·社会·文化》,放松大学教育振兴会,2004年。
木村英亮、山本敏,《苏联现代史II,中亚·西伯利亚》,山川出版社,1979年。
阪本秀昭,《帝政末期西伯利亚的农村共同体》,密涅瓦书房,1989年。

塔巴，《走向大海：西伯利亚铁路建设史》，铃木主税译，富士出版社，1971年。
浜由树子，《欧亚主义是什么》，成文社，2010年。
原晖之，《符拉迪沃斯托克物语》，三省堂，1998年。
黛秋津，《三个世界之间》，名古屋大学出版会，2013年。

**第八章**

池田嘉郎，《革命俄国的共和国与国民》，山川出版社，2007年。
韦伯，《俄国革命论》1—2：雀部幸隆、肥前荣一等译，名古屋大学出版会，1997、1998年。
加纳格，《俄罗斯帝国的民主化与国家统合》，御茶水书房，2001年。
卡列尔·当科斯，《醒悟的尼古拉二世》，谷口侑译，藤原书店，2001年。
小岛修一，《俄国农业思想史研究》，密涅瓦书房，1987年。
小岛修一，《二十世纪初期俄国经济学者群像》，密涅瓦书房，2008年。
西琴，《书籍人生》，松下裕译，图书出版社，1991年。
铃木健夫，《近代俄国与农村共同体》，创文社，2004年。
崔在东，《近代俄国农村社会经济史》，日本经济评论社，2007年。
土屋好古，《"帝国"的黄昏、未完的"国民"》，成文社，2012年。
马科雷诺尔兹，《"游玩"俄罗斯》，高桥一彦等译，法政大学出版局，2014年。
横手慎二，《日俄战争史》，中公新书，2005年。
保田孝一，《尼古拉二世的改革与挫折》，木铎社，1985年。
保田孝一，《最后的俄国皇帝尼古拉二世日记》，朝日新闻社，1985年。
和田春树、和田亚纪子，《喋血星期日》，中公新书，1970年。
和田春树，《日俄战争》（上、下），岩波书店，2009、2010年。

# 历史年表

| 西历 | 俄罗斯 | 世界其他区域 |
| --- | --- | --- |
| 4—8世纪 | 斯拉夫诸民族向各地分散、迁徙 | |
| 860年前后 | 西里尔和梅乌迪奥斯设计创制西里尔文字 | |
| 862年 | 瓦良格人留里克兄弟占领诺夫哥罗德 | |
| 882年 | 奥列格实现基辅国家统一 | |
| 988年 | 基辅大公弗拉基米尔（980—1015）迎娶拜占庭公主，引入东正教 | |
| 1019年 | 雅罗斯拉夫一世（贤公）成为基辅大公 | |
| 1037年 | 基辅修建索菲亚大教堂 | |
| 1054年 | | 1054年，东西罗马教会分裂 |
| 1096年 | | 1096年，第一次十字军东征 |
| 1110年前后 | 《原初年代记》编纂 | |
| 1156年 | 尤里·多尔戈鲁基修建莫斯科城 | |
| 1187年 | 基辅罗斯的代表性叙事文学《伊戈尔远征记》成书 | |
| 1206年 | | 1206年，铁木真统一蒙古 |
| 1237年 | 拔都指挥蒙古大军进攻俄罗斯 | |
| 1240年 | 基辅陷落 | |
| 1242年 | 亚历山大·涅夫斯基在"冰上战役"中攻破条顿骑士团 | |
| 1243年 | 钦察汗国建立，萨莱为首都，"鞑靼人的桎梏"开始 | |
| 1260年 | | 1260年，忽必烈即蒙古汗位 |
| 1270年 | 诺夫哥罗德加入汉萨同盟 | |

|  |  |
| --- | --- |
| 1299年 | 教区牧首由基辅迁往弗拉基米尔 |
| | 奥斯曼王朝建立 |
| 1325年 | 伊凡一世（钱包大公）成为莫斯科大公。教区牧首由弗拉基米尔迁往莫斯科 |
| 1340年前后 | 谢尔盖圣三一大教堂建立 |
| | 1328年，法国瓦卢瓦王朝建立 |
| | 1338年，足利尊氏成为征夷大将军 |
| 1380年 | 莫斯科大公德米特里·顿斯科伊在库利科沃之战中击破蒙古军队 |
| 1425年 | 瓦西里二世（失明公）成为莫斯科大公。争夺大公之位的内乱发生（1425—1450） |
| 1462年 | 伊凡三世（大帝）即位成为莫斯科大公 |
| | 1453年，君士坦丁堡陷落，拜占庭帝国灭亡 |
| 1472年 | 伊凡三世与拜占庭皇帝的侄女索菲亚结婚 |
| 1476年 | 停止向汗国纳贡 |
| 1478年 | 莫斯科公国合并诺夫哥罗德 |
| 1480年 | 摆脱"鞑靼人的桎梏" |
| 1497年 | 编纂"法典" |
| | 1501年，亚美利哥·韦斯普奇进行新大陆探险 |
| 1505年 | 瓦西里三世即位。此时，普斯科夫修道士斐洛菲斯提出"第三罗马，莫斯科"的说法 |
| | 1517年，德意志宗教改革开始 |
| 1533年 | 伊凡四世（雷帝）即位，实权由其母叶琳娜掌握 |
| 1547年 | 伊凡四世加冕"沙皇"，亲政开始 |

| 1549年 | 设置"选拔会议"(1549—1560) |
|---|---|
| 1552年 | 征服喀山汗国,在红场建立瓦西里大教堂。四年后,征服阿斯特拉罕汗国 |
| 1558年 | 利沃尼亚战争开始(1558—1583) 英国,伊丽莎白一世即位 |
| 1565年 | 伊凡四世的"特辖制"政策开始 |
| 1570年 | 掠夺诺夫哥罗德,开始大批屠杀反对派 |
| 1571年 | 克里米亚汗国给莫斯科造成破坏 勒班陀海战 |
| 1581年 | 在"尤里日"限制农奴迁移 |
| 1582年 | 叶尔马克征服西伯利亚汗国 |
| 1584年 | 伊凡雷帝去世,费奥多尔一世继位 |
| 1589年 | 设置莫斯科大牧首 |
| 1591年 | 费奥多尔一世之弟德米特里"意外去世" |
| 1598年 | 费奥多尔一世死去,留里克王朝绝嗣 全俄罗斯缙绅会议选举鲍里斯·戈东诺夫为新君主。"动乱时代"开始 法国亨利四世发布"南特敕令",胡格诺战争终结 1600年,英国东印度公司成立 |
| 1601年 | 大饥荒,灾害极大(1601—1603) |
| 1606年 | 波洛特尼科夫叛乱(1606—1607) 1611年,古斯塔夫二世成为瑞典国王 |
| 1612年 | 国民军解放两年前被波兰占领的莫斯科 |

|  |  |
|---|---|
| 1613 年 | 米哈伊尔·罗曼诺夫被选举为沙皇,罗曼诺夫王朝开始 |
| | 1618 年,三十年战争开始 |
| 1619 年 | 米哈伊尔之父菲拉列特自波兰归来,成为大牧首并开始统治 |
| 1632 年 | 与波兰进行斯摩棱斯克战争 |
| 1637 年 | 顿河哥萨克占领亚速要塞(1637—1642) |
| 1645 年 | 阿列克谢即位 |
| 1648 年 | 莫斯科爆发盐税起义。全俄罗斯缙绅会议召集开会 |
| | 威斯特伐利亚条约缔结 |
| 1649 年 | 指定《会议法典》,农奴制强化 |
| 1652 年 | 大牧首尼孔开始教会改革。莫斯科郊外出现"外国人村" |
| 1654 年 | 吞并乌克兰 |
| | 1661 年,中国清朝康熙帝即位。法国路易十四亲政 |
| 1662 年 | 莫斯科发生铜币起义 |
| 1666 年 | 教会会议(一1667)认可礼仪改革。"古礼仪派"出现 |
| 1670 年 | 斯捷潘·拉辛哥萨克叛乱发生(一1671) |
| 1676 年 | 费奥多尔三世即位 |
| 1682 年 | 费奥多尔三世死去。"双沙皇"体制与摄政索菲娅的统治开始。废除门第制 |
| 1687 年 | 莫斯科设立斯拉夫·希腊·拉丁学院 |
| 1688 年 | 克里米亚远征失败,索菲娅失势 |

|  |  |
|---|---|
| 1689 年 | 与中国清政府缔结《尼布楚条约》 |
| 1694 年 | 彼得一世亲政 |
| 1695 年 | 第一次亚速远征。第二年即 1696 年第二次远征中击败奥斯曼帝国 |
| 1697 年 | 向西欧派遣"大使团",雇用大量"外国人" |
| 1700 年 | 与瑞典之间的北方战争开始,在纳尔瓦之战中失败 |
| 1702 年 | 日本漂流民传兵卫谒见彼得一世 |
| 1703 年 | 开始建设圣彼得堡 |
| 1705 年 | 实施征兵令。阿斯特拉罕起义 |
| 1707 年 | 布拉文叛乱 |
| 1708 年 | 俄罗斯全国分为八个省,实施地方与军队改革 |
| 1709 年 | "波尔塔瓦之战"中战胜卡尔十二世的瑞典军队 |
| 1712 年 | 首都由莫斯科迁往圣彼得堡 |
| 1714 年 | 汉科湾海战中战胜瑞典海军。设立算术学校。规定贵族有上学义务 |
|  | 1716 年,德川吉宗开始享保改革 |
| 1719 年 | 实施全国人口调查 |
|  | 1720 年,清军入藏 |
| 1721 年 | 北方战争以"尼斯塔德和平"终结。彼得大帝获得"皇帝""大帝""祖国之父"的称号,俄罗斯帝国成立。圣职参议会建立,第二年改为"宗教事务衙门" |

松尾芭蕉《奥之细道》

|  |  |
|---|---|
| 1722 年 | 指定帝位继承法。发布"职级表" |
| 1724 年 | 引人人头税。波索什科夫《论贫富》 |
| 1726 年 | 设置最高枢密院 |
| 1727 年 | 彼得二世即位 |
| 1730 年 | 限制专制权力的努力失败。安娜·伊万诺夫娜即位 |
| 1731 年 | 陆军少年学校建立 |
| 1736 年 | 贵族勤务又务缓和 |
| 1741 年 | 伊凡六世在政变中退位。伊丽莎白·彼得罗芙娜即位 1740 年, 奥地利王位战争开始<br>1751 年, 法国《百科全书》开始刊行 |
| 1753 年 | 废除国内关税 |
| 1754 年 | 圣彼得堡营建冬宫。开办贵族借贷银行 |
| 1755 年 | 创办莫斯科大学 |
| 1761 年 | 彼得三世即位 |
| 1762 年 | "贵族解放令"公布。叶卡捷琳娜二世女皇在政变中即位 卢梭《社会契约论》刊行 |
| 1765 年 | 自由经济协会设立 |
| 1767 年 | 召集法典编纂委员会。发布"训令" |
| 1768 年 | 与奥斯曼帝国的战争开始 |

| | | |
|---|---|---|
| 1772年 | 第一次瓜分波兰（第二次1793年，第三次1795年） | |
| 1773年 | 普加乔夫大起义爆发（1773—1775） | |
| 1774年 | 与奥斯曼帝国缔结《库楚克·凯纳吉条约》，俄罗斯势力进入黑海 | |
| 1775年 | 发布地方行政基本法 | 美国独立战争（1775—1783） |
| 1776年 | 波将金组建黑海舰队 | |
| 1782年 | "青铜骑士像"揭幕 | |
| 1785年 | 御赐贵族和城市特权诏书 | |
| | | 1786年，最山德内到千岛探险 |
| | | 1789年，法国革命 |
| 1790年 | 拉季舍夫《从彼得堡到莫斯科旅行记》 | |
| 1791年 | 日本人大黑屋光太夫谒见叶卡捷琳娜 | |
| | | 1792年，俄罗斯使节抵达根室 |
| 1796年 | 叶卡捷琳娜去世，保罗即位 | |
| 1799年 | 俄美公司成立 | |
| 1801年 | 保罗在政变中被杀。亚历山大一世即位 | |
| 1802年 | 废除参议会，设置八个省。创设大臣会议 | |
| 1803年 | "关于自由耕作民"的敕令 | |
| | | 1804年，俄罗斯使节雷萨诺夫抵达长崎 |

| | | |
|---|---|---|
| 1806年 | 卡拉姆津《俄罗斯国家史》开始刊行（1806—1826） | |
| 1807年 | 与法国缔结《提尔西特利约》 | |
| 1810年 | 成立国务会议 | |
| 1812年 | 拿破仑远征俄罗斯。莫斯科大火 | |
| 1814年 | 亚历山大率领俄军进入巴黎 | |
| 1816年 | 实行屯田制 | |
| 1819年 | 创办圣彼得堡大学 | |
| 1825年 | 尼古拉一世即位。十二月党人起义 | |
| 1830年 | 斯佩兰斯基开始编纂《俄罗斯法律大全》 | |
| 1832年 | 创设"荣誉市民"身份 | |
| 1834年 | 高加索战争（1834—1861） | |
| 1836年 | 格林卡的歌剧《向皇帝献身》，恰达耶夫《哲学书简》 | 1837年，英国维多利亚女王即位<br>1840年，鸦片战争爆发 |
| 1842年 | 果戈理小说《死魂灵》第一部发表 | |
| 1848年 | 欧洲革命，俄罗斯派出军队。彼得拉舍夫斯基事件发生 | |
| 1851年 | 莫斯科圣彼得堡之间铁路开通 | |
| 1853年 | 克里米亚战争开始 | 佩里浦贺来航 |

| | | |
|---|---|---|
| 1855年 | 尼古拉一世去世，亚历山大二世即位 | |
| 1856年 | 巴黎条约。着手准备"自上而下的解放" | |
| 1861年 | 农奴解放宣言。"大改革时代"开始 | 林肯就任美国总统。南北战争爆发（-1865年） |
| 1863年 | 车尔尼雪夫斯基《怎么办》发表 | |
| 1864年 | 实行地方自治会议制度。司法改革开始 | |
| 1865年 | 托尔斯泰《战争与和平》发表 | |
| 1866年 | 卡拉克佐夫事件。陀思妥耶夫斯基《罪与罚》发表 | |
| 1867年 | 阿拉斯加卖给美国 | 马克思《资本论》第一卷刊行 |
| 1868年 | 占领中亚的撒马尔罕与布哈拉 | |
| 1874年 | "到民众中去"运动开始 | 1875年，日俄签订《桦太千岛交换条约》 |
| 1878年 | 与土耳其签订《圣斯托凡诸条约》 | |
| 1881年 | 亚历山大二世遭暗杀。亚历山大三世即位。发布维护专制制度的诏书 | |
| 1882年 | 犹太人迫害事件频发，指定犹太人特别规定 | |
| 1882年 | 马克思主义团体"劳动解放社"成立 | |
| 1891年 | 西伯利亚大铁路开工。南俄发生大饥荒 | |
| 1892年 | 谢尔盖·维特出任财政大臣 | |

|  |  |
|---|---|
| 1894年 | 尼古拉二世即位 |
| 1897年 | 施行金本位制。第一次国情普查 |
| 1898年 | 莫斯科大剧院创办 |
| 1901年 | SR党成立。宗教事务衙门开除特鲁斯托伊 |
| 1902年 | 农民运动爆发。高尔基《底层》发表 |
| 1903年 | 社会民主工党（后来的共产党）第二次大会。基什尼奥夫发生犹太人迫害事件 |
| 1904年 | 日俄战争爆发。内务大臣普列韦遭暗杀 |
| 1905年 | "流血星期日"事件与第一次革命。与日本在朴次茅斯签订和约。十月诏书给予"市民的自由"。立宪民主党成立 |
| 1906年 | 指定国家基本法（宪法）。开设国会。斯托雷平的土地改革开始 |
| 1909年 | 斯徒卢威等刊行《路标》 |
| 1911年 | 斯托雷平首相在基辅遭暗杀 |
| 1912年 | 西伯利亚勒拿金矿枪杀工人事件。《真理报》创刊 |
| 1913年 | 举办罗曼诺夫王朝三百周年纪念活动 |
| 1914年 | 参战第一次世界大战，对德国宣战 |
| 1915年 | 灵异人士拉斯普京对皇帝夫妻的影响增加 |
| 1916年 | 拉斯普京遭杀害。战况恶化 |
| 1917年 | 二月革命，废除帝制，临时政府成立。十月革命，列宁领导的布尔什维克取得政权 |